本书在"中国特色高等教育体系985创新平台"完成。系"现代大学制度原理与中国大学模式探索"(课题号：11JJD880021)及福建省社会科学研究2013年度规划青年项目"依法治校视角下大学教师学术权利保障之制度分析"(项目批准号：2013C036)课题研究成果。

Quanli yu Suqiu
Daxue Jiaoshi Zhuanye Zizhuquan
Shizheng Yanjiu

权利与诉求
——大学教师专业自主权实证研究

谢素蓉 著

厦门大学出版社 国家一级出版社
XIAMEN UNIVERSITY PRESS 全国百佳图书出版单位

摘　要

　　大学教师专业自主权是大学从事教育教学、科研及其相关工作的专业人员在所负责的专业事务中,在遵循社会规范、教育规范及教育规律的前提下,因其职业特点而应在其专业方面享有的自由和自主权,是大学教师作为专业人员所特有的权利,包括专业决定权、专业管理权、专业发展权和专业服务权等四个方面的主要权利,它们是大学教师权利的重要组成部分。

　　鉴于大学教师在大学组织的权利结构中严重缺位的现实及专业自主权是大学教师学术权利的基石这一认识,本研究选取"大学教师专业自主权"这一主题,通过自制问卷对福建省7所不同层次、类型高校的大学教师和行政人员进行实证调查,以了解大学教师专业自主权的具体状况及其影响因素;在此基础上,又进一步选取10个案例对各项具体的专业自主权进行案例分析,以期进一步了解大学教师在专业自主权上的具体诉求;进而在借鉴国外有效经验的基础上,提出依法治校,保障大学教师专业自主权的对策。本研究的基本假设是:只有大学教师专业自主权得到了有效保障,他们工作的主动性和创造性才能得到有效发挥;只有找到了影响大学教师专业自主权的具体因素,才能找到具有针对性的解决对策;只有了解了大学教师专业自主权的结构,才能确定大学教师专业自主权的现实状况。所以本书的正文从以下三个部分展开。

　　第一部分(第一章):关于大学教师专业自主权的理论探讨。本部分在文献综述的基础上,界定并解读了大学教师专业自主权的内涵,划分了具体的专业自主权并确定其权利内容,构建了对影响大学教师专业自主权的因素进行实证分析的框架。

第二部分(包括第二章至第七章):关于大学教师专业自主权状况及其影响因素的分析。本部分首先通过自制问卷对福建省7所不同层次、类型高校的大学教师和行政人员进行问卷调查以获取基本数据,从中笔者了解到大学教师在专业决定权(包括教学自主权和科研自主权)、专业管理权、专业发展权、专业服务权等几方面的专业自主权实际状况;然后从社会、学校、个人三方面来分析影响大学教师专业自主权的因素并探讨其结构性特征;之后再把大学教师背景情况作为自变量,分析其对大学教师专业自主权的影响差异,研究大学教师背景情况与大学教师专业自主权之间的关系。除进行问卷调查外,本书还选取各项专业自主权的一些具体案例进行剖析,分析我国大学教师在专业自主权上的具体诉求。

第三部分(第八章):关于保障大学教师专业自主权的对策研究。在第二部分对影响我国大学教师专业自主权的因素进行分析的基础上,从外部学术环境的完善、大学教师个人专业素质的强化和外部环境与大学教师之间沟通反馈机制的构建几个方面,对保障我国大学教师专业自主权提出对策。

本研究的主要结论如下:

(1)影响大学教师工作自主性的原因不在于大学教师的职业地位,而在于工作中过大的压力和缺乏专业性组织对大学教师专业自主权的保障。这些工作压力具体体现在大学教师专业自主权的各项权利难以得到真正实现上。在各项具体专业自主权中,大学教师在专业决定权上所受到的困扰最大,特别是科研自主权。

(2)影响大学教师专业自主权实现的因素来自大学教师个人、外部的宏观体制和大学内部的管理体制三方面。本研究的调查显示,影响我国大学教师专业自主权实现的主要因素是在传统管理体制惯性下所形成的高校内部行政化趋势和社会经济转型给高校带来的市场化冲击;在高校内部管理体制上,矛盾集中在量化的管理模式上。

(3)要保障我国大学教师专业自主权,除了要在社会、高校和教师个人三个层面有针对性地采取对策外,更重要的是建立大学、社会和大学教师个人之间的有效沟通和反馈机制。构建这一机制主要通过专业性组织功能的完善、法律制度的支持和大学教师与行政人员之间的互相信赖来实现。

以上这些结论不仅明确了影响大学教师工作自主性的原因,也对大学教师专业自主权的影响因素的结构进行了清晰定位,同时也提出了保障大学教师专业自主权的基本途径。

关键词: 大学教师　专业自主权　实证研究

Abstract

Professional autonomy right of University teachers is the freedom and autonomy possessed by university faculty engaged in teaching, scientific and associated professional work. It is endued with university teachers' professional characteristic and limited by social, educational norms and laws of education. It is a specific right of university teachers as professionals, including discretion right, self-management right, development right and services right of profession, which are important components of the rights of University teachers.

Professional autonomy is the cornerstone of university teachers' academic power. In view of the serious absence of university teachers' academic power in the university power structure, this paper will do research from the perspective of University teachers professional autonomy right, which is based on questionnaire case study of seven different types of universities in Fujian Province. Through the investigation of university teachers and administrators, we can analyze the condition of university teachers' professional autonomy right and its effective factors. Based on the analysis, we can put forward the countermeasures to safeguard university teachers professional autonomy right by drawing successful experience from other countries' universities.

The fundamental assumption of the study lies in the following three aspects. Firstly, only when university teachers' professional autonomy right be effectively ensured can their initiative and creativity be inspired in their work. Secondly, only by finding out the specific factors which influence university teachers' professional autonomy right can we put forward solutions to this problem. Thirdly, in order to know the implementing condition of university teachers' professional autonomy right, we should analyze its structure first. Therefore, this paper will study the project from three sections:

The first part (Chapter One) will discuss the theories of university teachers' professional autonomy right. Based on the overview of reseach situation, the writer will define and interpret the meaning of University teachers' professional autonomy right, dividing it into detailed types and confirming their contents so that a framework will be formed to analyze the factors influencing University teachers' professional autonomy right. The second part of this paper (from Chapter Two to Seven), is the survey of university teachers professional autonomy right condition and its effective factors. Based on the investigation of University teachers and administrators of seven universities of different types and levels in Fujian province, the writer learns the real condition of professional discretion rights (including teaching and scientific autonomy right), professional self-management right, professional development right and professional services right. Then I will analyze the factors influencing University teachers' autonomy right and explore its structural characteristics from the perspectives of social environment, university management system and university teachers professional quality. After that, I will use the basic conditions of University teachers as an argument to analyze their varied influences on teachers' autonomy right. At the same time, the relationship between teachers' basic situation and their professional autonomy right will be explored in this part. In addition to the questionaire, the writer also selected some specific cases to study, combining with our social macro-institutional context, analyzed the factors influencing University teachers professional autonomy right in our country. The third part is the countermeasures of how to ensure University teachers professional autonomy right. Based on the analysis of the second part, this section will propose countermeasures including the improvement of the academic environment, the strengthening of university teachers' professional quality and the construction of communication and feedback system between university teachers and the external environment.

At last, the Conclusion consists of three points. Firstly, it is not the professional status of university teachers, but too much pressure at work and lack of professional autonomy right protection organization to guarantee varsity teachers rights, all that influence the university teachers professional autonomy. The working pressure embodied in the difficulty in realizing the rights of university teachers professional autonomy, including the professional discretion (teaching and research autonomy) right, professional management right, professional development right and professional services right. Among them, what troubles teachers most is the professional discretion right, especially the right in scientific autonomy.

Secondly, the factors influencing university teachers professional autonomy right come from university teachers themselves, the social environment and the university management system. The survey shows that the university teachers professional autonomy right mainly effected by the administrative power which is dominant in uiniversity power structure under the influence of social traditional management system; it is also effected by the market impact caused by socio-economic transformation. In the University Management System, the conflict focused on the quantitative management model.

Finally, to ensure university teachers' professional autonomy, we have to take countermeasures targeting on social environment, universities mangement system and individual teachers quality. Besides that, the most important way is to build the effective communication and feedback system between external environment (including social environment, the university management system and the university individual teachers) constructing this mechanism is mainly through the improvement of professional organization function; the support of the legal regime and the mutual trust between university teachers and administrators.

The conclusions aboved not only clarified the factors influencing the work initiative of university teachers and the structure of these factors, but also put forward the countermeasures on how to guaranfee university teachers professional autonomy right effectively.

Key words: University Teacher; Professional Autonomy; Empirical Study

目 录

绪 论 …………………………………………………………………………… 1
  第一节 问题的提出 ………………………………………………………… 1
  第二节 研究现状 …………………………………………………………… 5
  第三节 研究目的、意义与方法 …………………………………………… 12
  第四节 研究的思路与框架 ………………………………………………… 14

第一章 大学教师专业自主权的理论探讨 …………………………………… 16
  第一节 大学教师专业自主权的内涵 ……………………………………… 16
  第二节 影响大学教师专业自主权的因素 ………………………………… 24

第二章 大学教师专业自主权问卷设计与实施 ……………………………… 33
  第一节 大学教师专业自主权问卷设计 …………………………………… 33
  第二节 大学教师专业自主权问卷的调查过程 …………………………… 41

第三章 大学教师专业自主权状况及其影响因素 …………………………… 45
  第一节 大学教师对专业自主权状况的整体评价 ………………………… 45
  第二节 对大学教师各项专业自主权状况的具体分析 …………………… 48
  本章小结 ……………………………………………………………………… 62

第四章 大学教师专业自主权影响因素的结构性特征 ……………………… 64
  第一节 影响大学教师专业自主权因素的结构分层 ……………………… 64
  第二节 影响大学教师专业自主权因素的结构性特征 …………………… 66
  本章小结 ……………………………………………………………………… 72

第五章 大学教师背景对专业自主权状况的影响差异 ……………………… 74
  第一节 院校类型对大学教师专业自主权状况的影响差异 ……………… 74
  第二节 学科性质对大学教师专业自主权状况的影响差异 ……………… 82
  第三节 性别因素对大学教师专业自主权状况的影响差异 ……………… 88
  第四节 职称因素对大学教师专业自主权状况的影响差异 ……………… 91
  第五节 学历因素对大学教师专业自主权状况的影响差异 ……………… 94

第六节 教龄因素对大学教师专业自主权状况的影响差异…………… 101
第七节 年龄因素对大学教师专业自主权状况的影响差异…………… 105
本章小结……………………………………………………………… 111

第六章 大学教师背景对专业自主权影响因素结构的影响差异………… 113
第一节 院校类型对大学教师专业自主权影响因素结构的影响差异
……………………………………………………………………… 113
第二节 学科性质对大学教师专业自主权影响因素结构的影响差异
……………………………………………………………………… 118
第三节 性别因素对大学教师专业自主权影响因素结构的影响差异
……………………………………………………………………… 120
第四节 职称因素对大学教师专业自主权影响因素结构的影响差异
……………………………………………………………………… 122
第五节 学历因素对大学教师专业自主权影响因素结构的影响差异
……………………………………………………………………… 124
第六节 教龄因素对大学教师专业自主权影响因素结构的影响差异
……………………………………………………………………… 127
第七节 年龄因素对大学教师专业自主权影响因素结构的影响差异
……………………………………………………………………… 129
本章小结……………………………………………………………… 132

第七章 案例分析:大学教师专业自主权诉求…………………………… 134
第一节 专业决定权案例分析………………………………………… 135
第二节 专业管理权案例分析………………………………………… 150
第三节 专业发展权案例分析………………………………………… 160
第四节 专业服务权案例分析………………………………………… 167
本章小结……………………………………………………………… 172

第八章 依法治校,保障大学教师专业自主权…………………………… 175
第一节 依法治校,完善外部学术环境………………………………… 176
第二节 依法执教,增强大学教师的专业素质………………………… 183
第三节 依法治教,构建大学教师专业自主权保障机制……………… 187

结 语………………………………………………………………………… 203
附 录………………………………………………………………………… 206
参考文献……………………………………………………………………… 224
后 记………………………………………………………………………… 230

Contents

Introduction ··· 1
    Section 1: Research background ······································ 1
    Section 2: Overview on research situation ························· 5
    Section 3: Purpose, significance and method of the study ········ 12
    Section 4: Logic and schedule of the research ···················· 14
Chapter 1: Theoretical study on university teachers professional autonomy right ·· 16
    Section 1: The contonation of university teachers professional autonomy right ·· 16
    Section 2: Effective factors of university teachers professional autonomy right ·· 24
Chapter 2: Designing and implement of the questionnaire ········ 33
    Section 1: Designing steps of the questionnaire ··················· 33
    Section 2: Process of the investigation ······························ 41
Chapter 3: University teachers professional autonomy right conditions and its effective factors ··· 45
    Section 1: Overall evaluation of professional autonomy right condition by university teachers ··· 45
    Section 2: Analysis on the rights condition of university teachers professional autonomy ··· 48
    A brief summary of this chapter ······································ 62
Chapter 4: The structural characteristics of university teachers professional autonomy right effective factors ··· 64

Section 1: The structure of university teachers professional autonomy right effective factors 64

Section 2: The structural charateristics of university teachers professional autonomy right effective factors 66

A brief summary of this chapter 72

Chapter 5: Analysis on influential discrepancies of personal profile for professional autonomy right conditions of university teachers 74

Section 1: Analysis on influential discrepancies of university type for professional autonomy right conditions 74

Section 2: Analysis on influential discrepancies of teaching subject for professional autonomy right conditions 82

Section 3: Analysis on influential discrepancies of teachers sexuality for professional autonomy right conditions 88

Section 4: Analysis on influential discrepancies of professional title for professional autonomy right conditions 91

Section 5: Analysis on influential discrepancies of educational experience for professional autonomy right conditions 94

Section 6: Analysis on influential discrepancies of professional experience for professional autonomy right conditions 101

Section 7: Analysis on influential discrepancies of teachers age for professional autonomy right conditions 105

A brief summary of this chapter 111

Chapter 6: Analysis on influential discrepancies of personal profile for effective factors structure of professional autonomy right 113

Section 1: Analysis on influential discrepancies of university type for effevice factors structure of professional autonomy right 113

Section 2: Analysis on influential discrepancies of teaching subject for effevice factors structure of professional autonomy right 118

Section 3: Analysis on influential discrepancies of teacher sexuality for effevice factors structure of professional autonomy right 120

Section 4: Analysis on influential discrepancies of professional title for effevice factors structure of professional autonomy right 122

Section 5: Analysis on influential discrepancies of educational experience for ef-

fecive factors structure of professional autonomy right ·················· 124
Section 6: Analysis on influential discrepancies of professional experience for effecive factors structure of professional autonomy right ·················· 127
Section 7: Analysis on influential discrepancies of teachers age for effecive factors structure of professional autonomy right ·················· 129
A brief summary of this chapter ·················· 132

Chapter 7: Case study: what are the teachers want ·················· 134
Section 1: Case study on the teaching and researching rights ·················· 135
Section 2: Case study on the professional autonomy right of management ·················· 150
Section 3: Case study on the professional autonomy right of self-development ·················· 160
Section 4: Case study on the professional autonomy right of social-service ·················· 167
A brief summary of this chapter ·················· 172

Chapter 8: About the countermeasures of implementing university teachers professional autonomy right in our country ·················· 175
Section 1: Improvement of the external academic environment ·················· 176
Section 2: Enforcement of the university teachers professional quality ·················· 183
Section 3: Construction of the communication mechanism between external environment and university teachers ·················· 187

Conclusions ·················· 203
Appendix ·················· 206
References ·················· 224
Postscript ·················· 231

绪　论

第一节　问题的提出

一、大学教师正在遭遇尴尬

在很多其他行业的人眼里,当大学教师是一份舒服的工作,除了寒暑两个长假,工作也倍显轻松。而作为一名大学教师,笔者和许多同行一样却倍感工作的压力。适度压力能鞭策人不断地努力工作,而过度压力则带来说不清道不明的无奈与困扰,严重压抑了教师学术创造的激情,影响了其工作的效率,甚至干扰了教师的身心健康。为了找出这些困扰与无奈,有人尝试从心理学的角度,对教师的情绪、职业倦怠、成就动机等职业压力状况进行调查研究。例如:2005 年,鲁小彬以实证调查资料为依据,从中观的大学体制结构和大学教师内隐性社会角色冲突出发,对引起大学教师心理压力和困惑的因素及其结构性特征进行了分析。① 有人尝试从大学治理的角度,探索建立促进学术增长、激发教师潜能的现代大学制度。例如:张影在《科层制下教师专业自主权的规约与寻求》一文中,认为现代学校科层化的管理模式可以带来学校工作的高效率,但也严重地牵制与约束了教师的专业自主权,进而从提倡人本管理和领导放权两方面探寻了实现教师专业自主权的途径。② 有人则尝试从法

---

① 鲁小彬. 大学教师心理压力和困惑的调查与分析[J]. 复旦教育论坛,2005(4).
② 张影. 科层制下教师专业自主权的规约与寻求[J]. 沈阳教育学院学报,2009(2).

律上给教师赋权增能,因此围绕教师权利的确立、保障与救济进行研究。① 这些研究从各自不同的角度对解决教师深层困扰,提高教师积极性和创造性给出了许多有效的建议。存在于这些建议中的普遍共识是,教师的劳动具有特殊性,是集高度个体性、复杂性、创造性和艺术性于一体的工作,教师只有在相对自由自主的条件下,以非强制的方式进入工作状态,才会有人格的舒展、思维的活跃与激荡,才会有创新潜能迸发及教育智慧的生成,才能较好地完成教书育人的艰巨任务,并能实现在育人的同时育己的双赢目标。然而,在计划经济时代传统的管理体制下,我国大学教师在权力结构中一直处于无权地位。张意忠通过实证研究对大学教师的学术权力现状进行了调查,指出教授在学术事务,如学科发展、教学计划、教师聘用等方面缺乏决策权,建议赋予教授学术权力。②

改革开放以后,为适应市场经济的要求,我国高等教育管理体制发生了重大的变革,政府开始逐步下放高校办学自主权,然而,随着高校办学自主权的不断扩大,高校内部权力并没有相应得到合理的分配。长期以来,行政人员居于高校的核心地位,在大学中掌控着社会制度所赋予的权力,使得教师专业自主权一直处于严重缺失状态。而且在教育改革过程中,教师往往只是被当作管理的对象,对于与其密切相关的事情缺乏参与决策权。从学术成果的评定和职称晋升到大学专业设置以及科研课题的立项等等,基本上都要通过行政的认可才能取得其合法性,有时甚至完全由行政人员决定,导致我国高校教师在专业领域内不能很好地运用自己的权利;高校长期以来在计划经济体制下形成的科层制的学校管理模式仍未发生根本变化,教师权利名不符实,只能被动地从事教学和科研。高校教师权利薄弱的问题,已经成为我国学者关注和研究的焦点。季洪涛指出教师除了享有《教师法》规定的权利以外还享有特殊权利,这些特殊权利包括学术自由权、管理参与权和行业自律权,但这些权利仍属于应然层面。③ 陈小明、杜学元则指出高校教师在学术性事务中缺乏发言权和决策权。学校行政主导,缺乏对教授、学者建议的关注。④ 可见,专业权利的缺失在一定程度上削弱了教师在高校中的主体地位。这样既不利于

---

① 熊华军.教师权利观及其法律救济:教师专业化发展的前提[J].医学教育探索,2004(4).
② 张意忠.大学教授学术权力的调查与思考[J].辽宁教育研究,2007(2).
③ 季洪涛.论高校教师的法律地位及其权利保障[D].吉林:吉林大学,2004:32.
④ 陈小明、杜学元.关于学术权利弱化问题思考[J].当代教育论坛,2007(2).

教师潜能的发挥,也不利于高等教育事业的发展。

百年大计,育人为本;育人大计,教师为本。在学校各种资源中,教师是最重要的。在很大程度上,高校的师资水平是高校的灵魂和品牌,是其核心竞争力。哈佛大学前校长科南特曾说过,"大学的荣誉不在于它的校舍和人数,而在它一代一代教师的质量。一个学校要站得住,教师一定要出色"①。大学教师是大学这个学术性的社会组织机构中的主要成员,其主要职能是进行教学、科研等学术性活动,为达到学术目的,完成学术任务,必须按照学术性组织的特点进行管理,赋予大学教师和科研人员充分的专业自主权,才能激发教师潜能,提高大学的办学质量和水平。

二、大学教师专业化概念的提出

人们对于高等教育质量更高的期望,促成了社会各界对教师职业专业化的普遍关注。教师是一种古老而崇高的职业,自古以来,教师这一职业就不是任何人都可以担当的。学校教育诞生初期,"智者为师"、"能者为师"是最起码的要求。工业革命后,由于对教师需求的数量与质量都有了更高的要求,师范教育应运而生,教师开始走上了专门化培养的道路。二战以后,以计算机应用与开发为主的第三次技术革命在全球兴起,标志着知识社会和信息时代的到来。一方面,大学成为社会中心。社会的发展程度取决于高等教育所培养人才的数量与质量。而高等教育的质量,主要取决于大学教师的素质。另一方面,从20世纪50年代开始,世界各国高等教育,从精英教育阶段,陆续进入大众化阶段。随着大学生数量的不断增加,新任大学教师的人数也迅速增长,同时学校对大学教师的专业知识与技能的要求也不断提高。以"专业"标准来规范教师职业成为一种"共识",按照"专业化"的要求加强师资队伍建设也成为大势所趋。②

为提高教师的专业化水平,许多国家都提出了大学教师专业化发展的新理念和新模式。如:20世纪80年代中期以来,美、日两国都致力于教师专业化发展的研究,美国主要采取教师发展工作坊(workshop)、教学改革实验小额资助等多种方式促进教师专业化发展;而日本在20世纪末就制定了教师发展制度FD(Faculty Development),并重视教学方法与技术的培训,以促进大学教

---

① 陶爱珠.世界一流大学研究[M].上海:上海交通大学出版社,1993:9.
② 潘懋元、罗丹.高校教师发展简论[J].高校教师发展简论,2007(1).

师专业化发展。① 在教师专业化的进程中,人们对什么是教师的"专业"以及界定专业的标准等问题历来有不同的看法;但当我们尝试从各种不同的专业标准中寻找某些共同之处时,"相当"的专业自主权得到普遍的关注,教师职业能否成为一种"专业",关键是它能否达到"专业"的基本要求。随着教师专业化研究的推进,专业自主权成为教师迈向专业化的重要条件。1995年再版的《国际教学与教师教育百科全书》②对专业提出了五个判断标准:①提供重要的社会服务;②具有专业理论知识;③在本领域的实践活动中个体具有高度的自主权;④进入该领域需要经过组织化和程序化过程;⑤对从事该项活动有典型的伦理规范。刘捷在综合分析国内外关于教师专业化标准的各种研究成果基础上,总结出成熟的专业应具备的六个特征:①运用专门的知识与技能;②强调服务的理念与职业伦理;③经过长期的培养与训练;④需要不断地学习进修;⑤享有有效的专业自治;⑥形成坚强的专业团体。③ 通过上述简单的列举,我们发现,不管评判教师专业化的具体标准有几条,教师的专业自主权作为教师专业化的一个重要衡量指标,得到了普遍认可。

三、专业自主权与学术创造

大学教师的专业化身份赋予大学教师在自己领域的发言权。正如布鲁贝克所言:"教师最清楚高深学问的内容,因此他们最有资格决定应当开设哪些科目以及如何讲授。此外,教师还应该决定谁最有资格学习高深学问,谁已经掌握了知识,并应获得学位(毕业要求),更重要的是教师比其他人更知道谁最有资格成为教授。"④与医生等职业一样,大学教师是一个高度专业化的职业,大学教师在工作中具有职业权威性。正如医生诊治病情,开出药方不受他人干扰一样,大学教师在教书育人、科学研究和社会服务等专业工作中只有享有充分的自主权,才能更有效地工作。作为大学这个学术性组织的重要成员,教师具有教育者和研究者的双重身份。作为教育者,强调教师作为主体对教育教学活动拥有的自由、自主的权利,这是教师在实践中能否顺利进行教育教

---

① 马敬华.美、日教师专业发展之比较[J].辽宁教育行政学院学报,2005(3).
② L. W. Anderson (ed). International Encyclopedia of Teaching and Teacher Education [M]. New York:Pergamon,1995:6.
③ 刘捷.专业化:挑战21世纪的教师[M].北京:教育科学出版社,2002:62-64.
④ [美]约翰·布鲁贝克.王承绪等译.高等教育哲学[M].杭州:浙江教育出版社,2001:32.

学活动的基本条件之一。作为研究者,教师是公共知识分子,肩负着建设精神家园、推动知识文化进步的重任。大学教师正是通过对社会文化的传承、批判和创新而促使社会进步的。在追求学术、追求真理的道路上教师必须抱有坚贞的信仰,努力摆脱外在的诱惑与控制,避免沦为学术工人,进而丧失学术的批判性和创造性。

因此,"如何激发教师潜能,发挥教师创造性,从而提高办学水平和教育教学质量"就是本研究所关注的核心问题。鉴于大学教师在大学组织的权利结构中严重缺位的现实及专业自主权是大学教师权利基石的认识,本研究确立了"大学教师专业自主权"这一主题,它所内含的基本假设是:只有大学教师专业自主权得到了有效保障,他们工作的主动性和创造性才能得到有效发挥;只有找到了影响大学教师专业自主权的具体因素,才能找到具有针对性的解决对策;只有了解了大学教师专业自主权的结构,才能确定大学自主权的现实状况。本研究试图通过实证调查的方式,在大学内部治理的框架下,探讨大学教师究竟具有哪些专业自主权,特别是在教师管理实践当中,哪些专业自主权受到威胁并影响到教师工作的主动性和创造性的发挥。进而借鉴国外有效经验,提出保障这些权利的对策,以促进教师工作主动性和创造性的发挥。这些构成了本研究的基本逻辑思路。

第二节 研究现状

本研究对于文献资料的搜索,时间限定为 1990 至 2011 年,检索范围为中国期刊网、优秀硕博论文库、台湾 eThesys 分散式学位论文共建共享计划、PQDD 硕博士论义数据库等电子数据库,以及厦门大学馆藏图书。其中,以"专业自主权"或"teacher autonomy"为关键词进行模糊搜索,共搜得我国大陆地区期刊论文 22 篇、硕士论文 2 篇,台湾地区专著 1 本,硕博士论文 2 篇;以"教师专业发展"为关键词进行模糊检索:共搜得期刊论文 56 篇、博士论文 2 篇、硕士论文 2 篇;以"学术自由"为关键词进行精确初级检索:中国期刊网有 3480 篇,优秀硕博论文库有 274 篇,再用"大学教师"为主题在检索结果中进行二次模糊检索:共搜得期刊论文 351 篇、博士论文 4 篇、硕士论文 27 篇、专著 4 本;以"学术权利"为关键词,进行精确初级检索:中国期刊网有 425 篇,优秀硕博论文库有 25 篇,再用"大学教师"为主题在检索结果中进行二次模糊检索:共搜得期刊论文 203 篇、博士论文 2 篇。最新搜索时间为 2013 年 9

月15日。

一、教师专业自主权研究现状

自从20世纪60年代联合国教科文组织和国际劳工组织把教师认定为专业以来,特别是80年代以后,教师专业化逐渐成为世界各国教师教育发展的潮流。我国虽然是教师教育起步较晚的国家,但近些年来,教师专业化问题逐渐成为研究的热点。然而,作为教师专业化发展水平重要衡量标准的"教师专业自主权"的研究却相对落后。从已有文献看,自20世纪80年代开始,美国就已开展关于教师专业自主的研究,而我国开始关注教师专业自主的研究是在21世纪初。

(一)对教师专业自主权研究结果的分析

对于教师专业自主权的研究主要集中在以下几个方面:

1. 关于教师专业自主权意义的研究

在教师专业自主权的意义研究方面,国内外研究者多从探讨专业人员特征入手,总结教师作为专业人员所必须具备的特征要素。1968年豪尔(Hall)提出专业人员特征要素包括专业自主、专业伦理、专业服务、专业团体和长期训练五项。而刘捷则提出专业自治、专业知识、专业伦理、不断学习、专业团体和长期训练六项。[①] 国内外的研究普遍认为教师专业自主权是构成教师专业的重要条件之一。正如王为国在《"国小"教师专业自主——一所"国小"的个案研究》中所说:"我们认为教师应朝专业化发展,才能发挥最大的教育功能。因此,教师专业化是一种不得不如此的期待、理想,而专业自主和该专业的关系是一体两面的,教师拥有专业自主是教师迈向专业化的重要条件。"[②] 由此看来,目前关于教师专业自主权意义的研究都突出教师专业自主权对于教师专业化的意义,较少从教师专业自主权作为教师权利中最重要的基本权利所具有的意义这个角度进行探讨。

2. 关于教师专业自主权内涵的研究

国外研究多把教师专业自主权内涵分为个人和团体两个层面。教师个人层级的专业自主权包括教学反思、专业决定、专业评鉴、独立自由的感受、专业发展等方面的自主权。教师团体的专业自主权包括建立教师聘任资格与协议、制

---

① 刘捷.专业化:挑战21世纪的教师[M].北京:教育科学出版社,2002:62-64.
② 王为国."国小"教师专业自主——一所"国小"的个案研究[M/CD].台中师范学院初等教育研究所,1995.

订教师伦理规范、安排专业发展计划、改善工作环境与待遇、影响政府决策。

国内研究多放在教师与学校层面。学校层级的专业自主包括教师参与专业团体以及教师在学校层级的专业自主;教师层面强调教师必须拥有专业自主权,教师在教师层面上拥有教学活动自主权是专业自主权的最低底线,包括课程与教学方面以及学生辅导方面。

对教师专业自主权内涵的界定散见于研究者对其的分类上,归纳起来主要存在着三种结论,即层次论、结构论、组织论等。①

层次论者以教师行使专业自主权的层级来划分,认为教师专业自主权的内涵应从三个方面进行分析,即教师个人层面、教学层面和学校层面,其中教师个人层面包括教学反省、专业决定、独立自由的感觉等,教学层面则主要包括教学目标、方法、内容和教材编选等,而学校层面则是指教师参与课程改革、进修活动,以及制定教师专业伦理规范等方面。②

另有研究者从教师专业自主权结构的角度入手,将教师专业自主权视为一个双层同心圆,外圈为次级的专业自主权,代表专业和它所服务的大众的交互作用。内圈则为专业应致力的活动,称为基本的专业自主权,这个领域是专业人员执行他的任务的范围,不容他人的干扰以达成预期的效果等。③ 这种分类我们称之为结构论。

组织论者则是以教师行使专业自主权是个人的还是团体的来分析教师专业自主权的内涵。持这种论点的研究者认为教师专业自主权包括个人自主权和团体自主权,教师个人专业自主权指教师在执行教学工作时,个人所拥有的自主权,而团体自主权指教师的工作团体所拥有的自主权。④

由此可见,关于教师专业自主权内涵的研究趋于多元化,从不同的角度对教师专业自主权的内涵进行分类便会呈现出不同的结论。层次论和结构论对教师专业自主权内涵的划分从不同角度体现了专业自主权内容的结构性特征,但并没有把团体自主权和个体自主权区分开。本研究的目的是找出困扰大学教师专业自主权的具体因素,从而提高大学教师工作积极性和主动性,故

---

① 张磊、孙有平.我国教师专业自主权研究的现状与趋势[J].当代教育论坛,2007(3).

② 马学斌.关于我国中学教师专业自主权权之探讨[J].教育探讨,2004(4).

③ 林彩岫."国民中学"教师专业自主性之研究[M/CD].台湾师范大学教育研究所,1987.

④ 高强华.教师专业自主与学校教育[M].台北:台湾师范大学出版社,1997.

本研究偏向于组织论的划分方法,并把研究重点集中在大学教师的个人自主权上。但是,关于大学教师个人自主权究竟包括哪些内容,以及该怎样划分并没有形成定论,因此需要根据本研究的目的要求,做进一步的具体划分。

3. 关于教师专业自主权影响因素的研究

国外以及我国台湾地区相关研究认为,不同背景下成长的教师对教师专业自主权的感受不同,区域文化等因素对教师专业自主权影响也较大。研究者多从心理学角度进行变量分析。主要的影响变量既包括教师的年龄、学历、性别等个人情况因素,还包括学校的规模、办学层次与组织特征等环境因素。例如,我国台湾学者林彩岫主要用问卷法和访谈法对教师专业自主权进行研究,把教师的性别、学历、年龄、教龄、职务、任教科目以及城乡差别因素分别与教师专业自主权做影响差异分析,来找出影响教师专业自主权的因素。[1]

我国大陆地区相关研究结果显示,我国大学教师在专业自主权上的困扰更多的来自于外部环境,我们认为这有我国大陆地区体制背景的深刻原因。这种情况反映在研究角度上,研究者更多地从我国传统管理体制等具体实践语境出发,研究在科层制下教师专业自主权缺失的原因。例如李斯颖把教师权利放到"学校场域"下进行研究,发现教师权利的缺失在于学校场域中行政权利与学术权利的失衡,以及场域外行政体制的惯性力量和官权利的共同作用。[2] 对于影响教师专业自主权现状的因素,研究者一般都分为国家、学校内部和教师个人三个层面,在具体分析上呈现出多角度分析方式。研究结果显示在国家、学校内部和教师个人三个层面上,来自学校层面的因素对教师专业自主权影响比较大,但是各高校内部层面又受大的体制环境影响,影响因素趋同,并且多集中在高校现行制度安排(教学、科研、人事)上,比如科层管理、职称评审压力等;研究者也注意到教师个人的能力与意识对教师专业自主权的影响,但在教师自身影响变量的具体界定上,研究尚未达成一致结论。

(二)对教师专业自主权研究方法的分析

1. 研究对象和样本的选取

国内外教师专业自主权研究对象多集中在中小学教师身上[3],在笔者以

---

[1] 林彩岫."国民中学"教师专业自主性之研究[M/CD]. 台湾师范大学教育研究所,1987.
[2] 李斯颖. 学校场域中的教师权利[D]. 湖南师范大学硕士学位论文,2008.
[3] 张磊、孙有平. 我国教师专业自主研究的现状与趋势[J]. 当代教育论坛,2007(3).

"专业自主权"或"teacher autonomy"为关键词进行的模糊搜索中,我国大陆地区有期刊论文22篇,仅有2篇以大学教师为研究对象;硕士论文2篇,其中1篇以地方高校教师为研究对象。在同一搜索中,我国台湾地区有一部论著以台湾大学教师为研究对象;另有硕士论文2篇,均以中小学教师为研究对象。我国大陆地区研究多以新课程改革的权力下放为切入点,在实证调查研究中,样本选取最多的是小学教师,其次是中学教师,较少专门针对大学教师专业自主权的研究。这大概是因为大学教师在人们的视野中专业化程度比较高,必然享有更大的自主权,而中小学教师虽然与大学教师的职业重要性相当,但其专业认可度、社会威望和专业自主权与后者相差较大,所以,以中小学教师为研究对象更具有针对性和现实意义。

2. 研究方法的选取

国外研究多采用实证调查方法,其中常用的是问卷法和访谈法,少数研究采用观察法、实验法。例如皮尔森和豪尔的研究就是通过编制教学自主量表(Teaching Autonomy Scale)来测量教师的教学自主的。[1] 我国台湾地区的相关研究与国外相似,除了量的研究还包括质的研究。例如王为国就是通过个案对教师专业自主进行研究的。[2] 我国大陆地区的研究多采用文献研究法和案例研究法,少数采用问卷法和访谈法。2006年,林成堂在《教师专业自主权研究的述评》中对国内外包括我国台湾地区的相关研究做了一个比较,其中以文献法为主要研究方法的全部为中文论文与论著,其中包括1篇我国台湾地区的论文;以问卷调查法、访谈法为主要研究方法的论文和著作有18篇来自国外研究、9篇来自我国台湾地区研究、1篇来自我国大陆地区研究。以实验法为主要研究方法的两篇都来自于国外研究。[3] 当然随着我国教师专业自主权研究的深入,国内学者也开始越来越多地运用实证调查方法,比如吴海燕在其硕士论文中,运用实证调查方法对地方高校教师的赋权问题进行了研究。[4] 在研究角度上,国外研究多从心理学角度进行变量分析,通过详细的量表对专业自主权的具体内容和影响因素进行测量,对测量结果的数字性特征进行分

---

[1] Pearson L. C., Hall B. W.. Initial Construct Validaton of the Teaching Autonomy Scale [J]. Journal of Education Research, 1993, 86(3).

[2] 王为国."国小"教师专业自主——一所"国小"的个案研究[M/CD]. 台中师范学院初等教育研究所, 1995.

[3] 林成堂. 教师专业自主权研究的述评[J]. 浙江工贸职业技术学院学报, 2006(2).

[4] 吴海燕. 地方高校教师赋权问题研究[D]. 河北师范大学硕士学位论文, 2010.

析并得出结论。国内研究则多从制度和法律角度进行理论探讨。

总之,相对于教师专业化的研究来说,教师专业自主权的研究相对落后,而且无论国内外的专业自主权研究都主要集中在中小学教师的专业自主权研究上,大学教师专业自主权的研究非常少,目前已有一篇论著专门研究我国台湾地区大学教师的专业自主权[①],我国大陆地区关于大学教师专业自主权的系统研究则很少。在研究结果上,教师专业自主权内涵界定过于宽泛,教师专业自主权的意义分析突出专业化而忽视了教师的权利与利益诉求。在研究方法上,国外实证研究方法较为成熟,在该领域的研究更具深度和广度。由于中外教育研究方法的传统差异,国内研究方法在实证调查方面还需进一步深入和细化,以增强科学性和说服力。

二、其他相关研究

大学教师专业自主权涉及大学教师专业化理论、现代大学教师管理制度中大学的治理、教师权利的维护、学术自由的保障等许多方面的研究,为更好地进行研究,笔者对相关文献进行搜索,在此基础上进行筛选,与本研究密切相关或有借鉴意义的论文共165篇,国内相关研究79篇,其中包括4篇博士论文,国外相关研究86篇,其中包括14篇硕士论文。

国内研究包括两大类:一类集中在大学教师效能、成就动机、情绪、满意度、心理压力与困惑等方面的实证调查。例如:我国青年学者林杰基于全国高校的抽样调查,对高校教师对于高校现行制度安排的满意度进行分析。研究发现:在教师聘任、晋升制度,评价、激励制度等涉及教师权益的核心制度上,教师参与决策和管理的程度低,没有发言权。这类研究还指出我国高校在内部现行制度建设上还存在较大的改进空间。[②] 另一类研究则集中在大学理念与精神、行政权力与学术权力关系、关于学术自由的理论探讨、学校内部管理结构与教师权利实现等方面。

学术权力与学术自由是与大学教师专业自主权密切相关的概念。有关学术权力的界定很多,主要是指管理学术事务的权力。从管理的主体来看,主要包括广义和狭义两类。从广义的角度看,管理学术事务的主体包括教育主管

---

① 刘兴汉.我国台湾地区大学教师专业自主权之研究[M].台北:台湾书店,1993.
② 林杰.普通高校教师对高校现行制度安排满意度的分析[J].教育学报,2009(3).

部门、行政人员、学术机构和教师等各层级主体。① 从狭义的角度看,以知识的掌握为前提,主体限定为学者、学术机构、教师等,甚至包括学生在内②,而把行政人员排除在外,这就把学术权力和行政权力区分开来。和狭义的学术权利主体一样,享有大学教师专业自主权的主体也必须以掌握知识为前提;不同点在于,大学教师专业自主权是为保障专业事务顺利进行而由大学教师这一职业赋予的专业权利,享有主体不仅要掌握专业的知识,更要获取国家教师资格成为在聘的大学教师。学生和没有获取教师资格的学者都不享有教师专业自主权。

与行政权力相对应,学术权力强调对学术事务的"管理"权利;而大学教师专业自主权是对大学教师专业事务的自主决定、自主管理和自我反思。因为大学教师所从事的专业事务与学术密不可分,所以大学教师专业自主权不仅来自于教师这一职业也来源于学术权力。

学术自由是公民基本的宪法权利,因此,从法律的角度出发,有学者认为任何公民都享有学术自由权。③ 但从学术活动实践的角度看,其主体应包括大学教师在内的一切从事学术活动的人和学术机构;而大学教师专业自主权则是专门针对在聘的大学教师这一主体的职业权利。学术自由包括研究自由、讲学自由、学习自由、国家的学术促进义务及大学自治等;无论是学术权利、学术自由还是大学教师专业自主权,其自由都是相对的,都必须遵守国家法律、学术道德和公民的基本道德规范,在限定的范围内发挥作用。

以上相关研究都对本研究的理论探讨以及问卷设计、访谈提纲制定等实证调查具有参考价值。

国外研究主要关注美国、德国、日本等国的情况和各国教师管理制度的比较。美国情况资料较多,有60篇,其中6篇是关于美国教授协会AAUP的研究,有25篇是关于终身教授聘任制度的研究。这些对于本书研究大学教师专业自主权的实现途径,有很好的借鉴意义。应当注意的是,鉴于东西方大学文化、宏观背景和制度的差异,对国外经验的借鉴必须建立在本土化基础上。因此,笔者以本国实证调查为主,根据调查结果选取其可资借鉴之处。

---

① [加]约翰·范德格拉夫. 王承绪译. 学术权利——七国高等教育管理体制比较[M]. 杭州:浙江教育出版社,2001:186-198.

② 张应强. 学校管理中的学术权利与行政权利[J]. 海军学校教育,2003(6).

③ 谢海定. 作为法律权利的学术自由权[J]. 中国法学,2005(6).

第三节 研究目的、意义与方法

一、研究的目的

从以上的文献梳理来看,国内外学者在教师专业自主权研究上侧重于对中小学教师专业自主权的研究,对大学教师专业自主权的研究非常少。我国关于大学教师自主权的研究多见于期刊论文,缺乏系统的实证研究,且多从专业化的角度进行研究,忽视了教师权利与利益的诉求,不能深入触及困扰大学教师获得专业自主权的内在因素。因此,本研究从大学教师的权利与利益诉求这一视角出发,探索大学教师专业自主权的实现途径。包括:大学教师专业自主权的内涵界定、我国大学教师各项专业自主权的影响因素及其结构性特征以及大学教师专业自主权的保障和实现等方面。

二、研究的意义

(一) 理论意义

随着我国教师专业化进程的不断推进,加强高校教师专业自主权理论基础建设的呼唤越来越迫切。但理论建设必须以大量的经验事实为基础。本研究从调查研究出发,将为我国专业自主权理论建设提供基础性的实证数据,此举无疑将有助于我国高校教师专业自主权的理论建设。尽管本研究还无法进行大面积的实证调查,但对福建省7所高校教师进行的抽样调查分析已经能够说明一定的面上的问题,这些数据将直接推动关于大学教师专业自主权的理论建设。

(二) 实践意义

当前,扩大办学自主权、给教师更大的赋权是我国高等教育改革的总趋势,也是激发大学教师工作潜能、提高大学办学质量的关键。我国关于大学教师专业自主权的研究刚刚起步,从这个角度来说,大学教师专业自主权的研究对于促进大学教师专业化发展、提高大学办学质量有着很重要的意义。

众所周知,在学校各种资源中,教师是最重要的资源。我们认为,建立现代大学制度的核心目的是建立激发教师学术潜能的机制,而大学教师专业自主权研究将关系到教师创造性的发挥,也关系到教师的自我价值的实现。

因而,本研究课题不仅是一个亟须探讨的理论问题,更是一个亟待解决的实践问题。从理论上讲,本研究将有助于探讨我国大学教师专业自主权的特殊规律,从而促进我国大学教师自主权的理论建设;从实践上讲,本研究对提高我国大学教师专业积极性和创造性以及完善大学教师管理制度都具有实践意义。

三、研究的方法

本研究主要采用文献法、访谈法、问卷调查法、统计法、比较法和个案分析法。

(一)文献法

文献法主要是梳理前人研究的成果,包括国内外对教师专业自主权,特别是大学教师专业自主权的研究,对学位论文、期刊论文、论文集以及网络资料等进行文献分析与整理,了解、把握目前研究的进展与不足,为本研究的开展提供理论基础和新的突破口。

(二)访谈法

目前关于大学教师专业自主权的调查问卷可供参考的不多,为提高调查问卷的质量,通过对高校行政人员、专任教师和关注教师权利维护的高校专家进行访谈,获取第一手资料,为本研究的问卷设计做准备,也为本书的写作提供思路上的帮助。在问卷调查的基础之上,再进一步通过访谈进行案例研究。

(三)问卷调查法

在经过多次的问卷设计修改并征求专家意见的基础上,对设计的问卷首先进行了试测。经过试测后再加以修改并最终确定问卷,之后采用目的性抽样和随机抽样相结合的方法,对福建省7所高校从事教学、科研工作的专职教师以及校、院系两级行政人员进行问卷调查。

(四)统计法

在实施问卷调查和回收问卷之后,本研究开始对问卷调查结果进行处理。在录入问卷数据的过程中,对问卷进行了有效性鉴别,剔除了无效问卷。之后,运用SPSS16.0统计分析软件,对问卷进行信度、效度检验并对调查数据进行差异性分析、均值分析、描述性分析以及其他相关分析,然后对结果加以说明。对于不能采用SPSS16.0统计分析软件进行分析处理的数据,则采用手工处理方法,以使数据分析全面准确。

(五)比较法

本书重点选择美国、英国、法国、日本等国的经验作为参照系。在国外,大学教师实现和维护自身利益的制度化方式主要是通过工会和教授会等专业组织,其正好与我国大学的教代会与学术委员会相对应。但我国的实际情况与外国却不太相同,也存在不少问题,虽然造成这种情况有背后的深层次的体制原因,但在不少方面还是可以借鉴国外在教师专业组织建设和教师维权方面的经验。

(六)个案分析法

从我国大学教师和行政人员当中选取典型案例进行研究,以反映我国大学教师专业自主权在我国具体体制背景下所遇到的困扰。国外案例部分,主要从法律角度选取学术自由判例进行分析、借鉴。

第四节 研究的思路与框架

一、研究的基本思路

本研究的逻辑起点是"自主","自主"具有"相对的自由性"和"能动性"两个基本特征,教师专业自主权也相应地包括教师专业自主权利和专业自主意识与能力;本研究主要从专业自主权利的角度出发,重点分析我国大陆地区大学教师职业赋予了他们哪些专业自主权利,然后通过实证调查,找出教师在专业自主权利实现过程中受到了哪些因素的影响,之后从国家、学校和教师个人三个层面来分析这些影响因素的结构性特征。最后根据调查结果,结合国外经验,提出相应的对策。因此本研究题目定为"大学教师专业自主权实证研究"而非"大学教师专业自主研究"。

二、研究的主要步骤

基于以上研究思路,本研究的研究步骤如下:

第一步,理论探讨。通过文献研究进行理论探讨,分析已有研究成果的成绩和不足,之后提出本研究的基本理论架构。

第二步,实施访谈。根据理论架构和研究假设拟定针对高校专任教师和行政人员的访谈提纲,在研究中具体使用开放式访谈和深度访谈,对访谈进行整理与总结,为问卷设计做初步的准备工作。

第三步,问卷设计。在文献整理和访谈的基础上,进行问卷设计。为确保问卷质量,经过多次小组讨论和专家论证,然后进行试测和修改,最终确定问卷。由于尝试在大学治理框架下探讨教师专业自主权问题,因此,在实证调查问卷的设计时不仅要考虑到大学教师,也要考虑到管理层面的行政人员。

第四步,抽样调查。本研究采用目的性抽样和随机抽样相结合的方法,确定对7所高校行政人员和从事教学科研的大学教师进行问卷调查。

第五步,统计分析。本研究运用SPSS16.0统计分析软件,对调查数据进行统计分析,主要对不同高校、不同专业、不同背景的专任教师在教学、科研、发展、参与管理、服务社会等5个方面的专业自主权进行分析,并从国家、学校、教师三个层面探究影响专业自主权的原因。

第六步,案例分析。通过典型事例说明大学教师自主权的困扰现状。

第七步,比较借鉴。根据调查结果对国外经验主要是美国经验进行借鉴。归纳总结我国大学教师专业自主权状况和实现途径。

第八步,结论建议。综合前面研究提出本研究的基本结论和建议。

三、研究框架与内容

本研究共分四部分(绪论、正文、结论、附录),正文共分八章,具体内容如下:

绪论
第一章　大学教师专业自主权的理论探讨
第二章　大学教师专业自主权问卷的设计与实施
第三章　大学教师专业自主权状况及其影响因素
第四章　大学教师专业自主权影响因素的结构性特征
第五章　大学教师背景对专业自主权状况的影响差异
第六章　大学教师背景对专业自主权影响因素结构的影响差异
第七章　案例研究:大学教师专业自主权诉求
第八章　依法治校,保障大学教师专业自主权
结语
附录

第一章

大学教师专业自主权的理论探讨

本研究的逻辑起点是"自主",自主具有"相对的自由性"和"能动性"两个基本特征,反映在大学教师专业自主上,要求赋予大学教师充分的专业自由、专业自主权,也要求大学教师具有相当的专业自主意识和能力,在享有专业自主权的同时,承担起相应的责任与义务。本研究的侧重点为大学教师所应具有的专业自主权及其影响因素,是对大学教师专业自主中专业自主权的研究而非专业意识与能力的研究。

第一节 大学教师专业自主权的内涵

一、相关概念界定

(一)自主

自主,通俗言之,就是自己做自己的主人,指不受外在的或他人的控制,自己有决定自己事务的权利,除受法律的约束外不受其他外在的束缚。

自主(Autonomy)一词源自古希腊的政治术语,是希腊文"自我"(Autos)和"法律"(Nomos)的组合,用来描述希腊城邦的自我规范和自我管理[1],意指

---

[1] Scott P. A., Valimali. Metal. Autonomy, Privacy and Informed Consent 1: Concepts and Definitions[J]. British Journal of Nursing. 2003, 12(1).

法律制定不受外来者操控或监视。《牛津高阶英汉双解词典》对"自主"的解释是：autonomy（自主）：self-government（自我管理），independent（独立）。① 由此可见，自主是一种独立、自由、自我导向的特质或状态，是一种个人或团体的自由。本书所要探讨的自主是指个人自主，强调个体的能动性，是自愿自发并为之负责任的行为。

以上对"自主"的解释体现了"自主"的两个基本特征：

其一是相对的自由性，即能够按照自己的意志和计划行动，不受别人的管束。当然自由并不是无限制的绝对自由，"自主是建立在个体尊重自己和他人的基础之上的"，②这意味着人们可以拒绝干涉，自由选择；同时也不能把自己的意志或价值观念强加于人。此外，自主还受法律、社会规范等的限制，是在合理限制的范围内最大限度地实现自由。这种不受别人支配的自由性是外在的自主，是自主的条件。

其二是能动性，这是自主的内在驱动力，是自主的高级阶段，是自主的价值目标，它的实现在于个体的自主意识与自主能力。自主意识是指能明确意识到自身的主体地位，当其受到不当干预时会进行有力反抗，并对自己的自主行为负责的意识。自主能力是指自己做主，自我管理。在实施自主权时能够使自己的行为处于自己的意志控制和调节下，不盲目、不任性，并能对其产生的后果负责，体现了一定的自律性。

（二）教师专业自主

本书探讨的"教师专业自主"是教师在其专业领域中的自主，而不是承担其他社会角色时的自主。教师的"自主"来自于"专业"，是教师职业所赋予的自由，是教师作为教育教学专业人员所特有的专业权利。

根据前面对"自主"的分析，"自主"具有"相对的自由性"和"能动性"两个基本特征。"相对的自由性"要求在专业领域里赋予教师充分的自主权利，以保障教师专业活动的顺利进行；"能动性"要求教师具有足够的自主意识与自主能力，在享有专业自主权的同时，还要承担起相应的责任。"教师专业自主权利"是教师在专业领域拥有的不受外界控制和干涉的权利。这种权利是相对的，受到法律、社会伦理和教育规律的保障和限制，它是教师专业自主的

---

① ［英］A. S. 霍恩比. 牛津高阶英汉双解词典（第 7 版）（Oxford Advanced Learner's English – Chinese Dictionary）[S]. 北京：商务印书馆，2009.

② Rodgers D. B.，Leslie A. L. Tension, Struggle, Crowth, Change: Automomy in Education[J]. Childhood Education. 2002, 78(5).

首要条件;"教师专业自主意识和自主能力"不仅包括教师的自觉性、自律性和自控性,还包括相应的专业知识和能力,它是个体能否真正自主的关键,若个体缺乏自主能力,即使给他再多自由,他也不自主,反而将陷入盲目、非理性的状态中。由此,关于"教师专业自主"的研究主要集中在两方面:一方面从法律或制度保障以及专业化的角度出发研究教师应有的专业自主权利;另一方面则关注教师自身层面,从心理学或教师发展等多种角度研究教师的专业自主意识与自主能力。

本书在研究和实证调查中侧重分析专业赋予大学教师的具体权利和影响因素,而非大学教师所应具备的专业自主意识和具体专业能力。必须指出的是,"专业"与"自主"密不可分,"自主"来自于"专业","专业"要靠"自主"来实现。因此,不论是哪种研究角度,对于二者的研究都不可缺少,只是侧重点不同而已。本书虽侧重研究教师应具备的专业权利,但研究的最终目的是希望有助于建立一个能保障大学教师专业自主权充分实现的机制,从而充分发挥大学教师自身的能动性和自主能力,使其在专业领域中获得快乐和自我满足感,进而提高工作效率和办学质量。所以在本书的研究和实证调查中,我们也将对大学教师专业自主意识和能力进行必要的考察。

(三)教师专业自主权

教师专业自主权是一个内涵丰富、涉及范围较广的概念,其涵义具有多面性特征,只有从不同视角、不同层面对其加以认识,才能全面正确理解其要义。因此在教师专业自主权内涵的界定上,出现了多样化的趋势。

正如本书文献综述部分所述:目前国内外关于教师专业自主权内涵的研究主要集中在三种表述类型上:层次论、结构论和组织论。[①] 层次论和结构论的表述侧重体现教师专业自主权所包含内容的结构性特征,而没有区分个体专业自主权和团体专业自主权。本书从研究目的出发采用组织论的观点,主要研究大学教师个体专业自主权。团体专业自主权虽然不是本书的研究对象,但与个体专业自主权密不可分。团体专业自主权主要是教育行政主管部门的权利让渡,通过对教师专业组织或机构赋权,使它们拥有专业权威,代政府行使教师资格审查、教师职称评审,制定行业规范和行业标准等权力,同时加强行业监管。这样,既可以避免政府过多的行政干预,免除外行领导内行的尴尬;又能尊重教师职业的专业地位,使其有效行使专业自治权,真正做到行

---

① 张磊、孙有平. 我国教师专业自主研究的现状与趋势[J]. 当代教育论坛,2007(3).

业自律。因此在探讨大学教师个体专业自主权的实现途径时必然涉及团体专业自主权的研究。

二、大学教师专业自主权的内涵解读

(一)大学教师专业自主权的内涵

从目前的研究来看,对什么是"大学教师专业自主权"的思考角度各不相同。有的研究把大学教师专业自主权作为教育法学研究的重要内容之一,对于教师专业自主权的解读从法理层面出发,探讨教师作为教育法律关系中的主体所具有的特殊教育权利。① 有的研究在对教师专业自主权进行解读时,是以教师专业化发展为重点,将教师专业自主权作为衡量教师专业化发展水平的一项重要指标来展开的;②相应地,大学教师专业自主权被认为是大学教师为执行专业服务所需要的自主空间,从而把大学教师的专业自主权作为教师专业化的组成部分进行研究。还有的研究者从学理、法理、实践等多层面对教师专业自主的要义进行解读,在此基础上,给出了教师专业自主权的定义:"教师专业自主权就是指教师作为主体,在遵循社会、教育规范及教育规律的前提下,自由地选择教育行为,并不断地追求自我超越的教育自主的权利。"③

笔者认为,首先,教师专业自主权不能简单等同于法律赋予教师的专业权利,"教师专业自主权既包括国家教育法律、法规所确认的教师专业权利,也包括学校和其他相关组织所制定的规章上的权利,同时还有教育伦理、教育传统和习惯所认可的权利"④。也就是说教师专业自主权利只有一部分随同教师义务通过法律规范得到确认与保障,其余部分则通过各种规章,通过教育伦理、教育传统和习惯来认可与支撑。因此可以从法理的角度对大学教师专业自主权进行研究,但是在概念表述上却不能把大学教师专业自主权简单等同于法律赋予的特殊权利;而教师专业自主权从根本上说来自于专业的赋予,教师专业自主权的研究最早也源于专业化研究,因此在概念表述上,笔者倾向于专业权利而非法律权利。

其次,虽然笔者倾向于从专业权利角度表述大学教师专业自主权,但是笔

---

① 王玉伟.论高校教师专业权利[J].煤炭高等教育,2008(4).
② 王为国."国小"教师专业自主——一所"国小"的个案研究[M/CD].台中师范学院初等教育研究所,1995.
③ 吴小贻.教师专业自主权的解读及实现[J].教育研究,2006(7).
④ 徐敏.专业自主权:从应有权利到现实权利的转化[J].集美大学学报,2009(3).

者的研究并不是以教师的专业化发展为重点,而是从大学教师的专业自主权的赋权角度出发的。因此在内涵界定上要对大学教师专业自主权应包含的具体内容进行划分。

最后,从法理、学理、实践三个层面对大学教师专业自主权进行解读比较全面,这样定义能够较好地体现教师专业自主权在学理层面的自由性、在法理层面的责任性和在实践层面的发展性,能较好地反映教师专业自主权含义的多面性。此外,这样定义所包含的要素比较全面,指出了教师专业自主权的享有主体,强调了教师专业自主权的有限性,体现了教师专业自主权的自由性。但是大学教师专业自主权与中小学教师相比有其自身的特殊性,因此本研究在对内涵进行界定时还需进一步说明其特点,否则不利于对大学教师专业自主权特殊规律的把握;也即,在界定大学教师专业自主权时,既要体现教师专业自主权的共性和本质特征,也要反映出大学教师在专业自主权上的特殊性。由此,笔者根据本研究的目的对大学教师专业自主权的内涵从专业权利的角度作出界定:大学教师专业自主权是在大学里从事教育教学、科研及其相关工作的专业人员在其所负责的专业事务中,在遵循社会规范、教育规范及教育规律的前提下,因其职业特点而应在其专业方面享有的自由和自主权;它是大学教师作为专业人员所特有的权利,包括专业决定权、专业管理权、专业发展权和专业服务权等四个方面的主要权利,它们是大学教师权利的重要组成部分。

(二)大学教师专业自主权的内涵解读

根据大学教师自主权概念表述作出如下内涵界定:

1. 大学教师专业自主权的享有主体是"大学教师"

本研究的"大学"专指研究高等学问的、正规的、本科以上的高等学校。本书以研究型的综合大学为重点研究对象,研究我国大陆地区大学教师专业自主权问题。通常意义上,"大学教师"指在大学环境中工作的知识分子,包括从事教学科研的专任教师和教学辅助人员、从事管理的行政人员和学校工勤人员。本研究的"大学教师"专指大学里从事教育教学、科研及其相关工作的专业人员,与专业特性密切相关,是狭义概念。

大学教师专业自主权是"因其职业特点"而赋予其的"特定权利",与中小学教师相比,大学教师在专业自主权利和专业自主意识与自主能力上侧重点不同,具有自己鲜明的特点:

(1)专业权利范围广,科研权利的维护是重心

教学、科研、服务是高校的三大职能,由此大学教师在教学、科研和社会服务上的专业权利也比普通教师范围更广。大学教师主要通过科研来促进教育

教学、提高社会服务质量;科研评价与管理也与大学教师的专业发展和切身利益密切相关。因此人们谈到中小学教师专业权利时,通常想到的是"课程权利";谈到大学教师专业权利时,学术自由、学术权利等与科研权利密切相关的问题则成为焦点。在文献综述中我们也谈到,国内外关于大学教师专业自主权的相关调查结果显示,科研方面的相关权利维护是大学教师普遍关心的重要问题,在我国,科研评价、职称晋升成为大学教师的主要压力来源。此外,大学教师社会服务的程度和范围都远比中小学教师大,专业自主权受到更多的市场化和行政化影响。

(2)专业自主意识与能力更强,专业自主权的维护更加复杂

大学教师对于专业权利的意识较中小学教师强,也更注意维护自身的权利。大学是研究高深学问和培养高级人才的场所,大学教师在专业知识和能力上的要求更为严格。大学教师不仅是"知识的传授者",更是"知识的创新者",应当富有批判和创新意识,追求个性和学术本真价值。因此,大学教师会更主动地参与学术事务的管理,努力摆脱不当的行政干预,追求学术自由。这成为国内外大学教师专业自主权维护中的主要问题,国外关于学术自由就有许多经典判例,我国某知名教授因为对行政体制的不适应,进而辞职也在社会上引起很大反响。大学里行政权力和学术权力的关系成为关注的热点。大学教育是建立在普通教育基础上的专业教育,各专业的内容和国民经济、文化、政治各部门紧密联系,是复杂、多样化的,不像普通教育那样简单,教育内容全国可以是基本趋同的。在不违背国家法律的情况下,高校教师可以自由地宣扬自己的学说和见解,这种情况在中小学基本是很少的。

2. 大学教师专业事务与大学教师专业自主权内容划分

本书研究的是个体层面的大学教师专业自主权,目前关于个体层面的大学教师专业自主权内容划分因划分标准不同而各不相同。按教师专业权责范围可分为自主选择、自主管理和自主评估;按教师专业自主具有的相对自由性和能动性两大特征来分,可划分为教师专业自主权利、教师专业自主意识与自主能力。本书主要从大学教师专业自主权利角度出发进行研究,重点研究专业赋予大学教师的具体权利和影响因素,对于大学教师专业自主能力仅作必要的考察。而在大学教师具体专业权利的划分上,本书按大学教师专业事务所包含的内容进行划分。这是因为把专业权利和大学教师的职业密切联系起来,按照专业事务各部分内容的内在联系划分专业权利,有利于研究过程中更好地分析各专业权利之间的逻辑关系,以便更好地进行问卷设计和调查;也有利于把握大学教师专业自主权的特殊规律,因为它与其他教师专业自主权的

主要区别在于具体专业事务的不同。此外,我国教育法的相关条例也是按照教师专业事务所包含的内容来划分的。①虽然教师专业自主权不能简单地等同于法律规定的教师专业权利,还包括学校制度、教育规范等赋予的专业权利,但是法律规定的教师专业权利的落实是教师专业自主权实现的最起码的条件。因此,按照专业事务内容划分,有利于在研究中对照相关法律规定,调查我国大学教师专业自主权的实现情况。

大学教师是高级专门人才培养的主要承担者,是知识和文化的创造者,是应用知识和技术服务于社会这项工作的重要参与者。即大学教师承担了传承文化、创造文化和服务社会三项职责。为更好地完成这三项基本职责,教师还需不断学习,促进自身专业化发展并对专业事务进行自我管理和督导。因此大学教师专业事务包括教育教学、科学研究、应用知识和技术服务社会、专业发展和专业自治。

根据大学教师专业事务的内容我们对大学教师专业自主权内容作如下划分:

专业决定权。专业人员力求避免外人的干预,依据自身专业素养作出符合专业规律的最佳判断和选择。专业自主权的内容包括教育教学自主权和科学研究自由权。教育教学自主权主要表现为大学教师在教育教学活动中拥有的自由、自主的权利。它是大学教师的一项职业权利,以确保大学教师顺利进行教育教学活动,保障教育教学质量,包括对学生的指导、评价和管理权。任何人不得非法剥夺在聘大学教师这一基本权利,享有这项权利的主体仅限于已经取得大学教师资格的在聘的大学教师,没有取得大学教师资格的人,或虽具备教师资格,但尚未受聘或已被解聘的人员,不能行使这一权利。科学研究自由权是指高校教师有从事科学研究、学术交流、参加专业学术团体、在学术

---

① 《中华人民共和国教师法》对教师的专业权利作出了明确规定,其中与教师事务相联系的专业自主权部分是按照教师所从事的专业事务包含的内容进行划分的。

第七条 教师享有下列权利:

(一)进行教育教学活动,开展教育教学改革和实验;

(二)从事科学研究、学术交流,参加专业的学术团体,在学术活动中充分发表意见;

(三)指导学生的学习和发展,评定学生的品行和学业成绩;

(四)按时获取工资报酬,享受国家规定的福利待遇以及寒暑假期的带薪休假;

(五)对学校教育教学、管理工作和教育行政部门的工作提出意见和建议,通过教职工代表大会或者其他形式,参与学校的民主管理;

(六)参加进修或者其他方式的培训。

活动中发表意见的自由与权利。这是教师作为专业技术人员所享有的一项基本权利。

专业管理权,特指教师参与学校事务的民主管理权和教师在专业领域的管理权。专业管理权强调充分尊重大学教师的学术权威,将学术管理置于教师的管理范围之内,表现为学者广泛地控制学术活动。赋予大学教师专业自治权是学术自治的必然逻辑,因为只有学者最明了学术的逻辑和学术的价值。

专业发展权。大学教师的专业自主权来自于职业的权威性,只有大学教师的专业水平不断提高,才能不断提升教育教学质量,确立教师地位的不可替代性。专业发展是大学教师提高专业化水平的途径,教师通过不断的学习与探究来拓展其专业内涵,进而达到专业成熟的境界。这就要求赋予大学教师专业发展权。使他们有权决定自己的专业发展事宜,学校也要为其发展提供充足的保障。

专业服务权。随着经济的发展,社会分工的细化,大学在社会中所承担的角色越发多元化,逐渐由社会的边缘走向社会的中心①,因而大学教师也就相应地有权利和义务利用自己的专业知识与能力直接或间接向社会提供服务或参与社会活动。这是大学教师区别于其他层次教师的一项重要权利。

3. 专业自主权与教师权利的关系

大学教师专业自主权不能等同于大学教师权利。大学教师权利包括两部分:一部分是大学教师作为普通公民的权益,主要包括大学教师作为一般公民的经济权利和政治权利;另一部分是教师作为教育教学专业人员所特有的专业权利,主要包括教育教学自主权、学术自由权、指导评价权、参与教育管理权、培训进修权及申诉权等,②即本书探讨的教师专业自主权。因此大学教师的专业自主权是大学教师权利中除经济权利和政治权利等普通公民权益之外的专业权利,是大学教师权利的重要组成部分。大学教师的基本权利为教师享有专业自主权提供外部条件,而大学教师专业自主权是大学教师权利的核心。从法理层面来说,教师专业自主权具有权利与义务的一致性和权利的公益性等特征,是责、权、利的统一。因此,本书把它表述为"专业自主权利",而非"专业自主权利"。

4. 专业自由、自主权的有限性

大学教师专业自主权具体表述为"专业方面享有的自由和自主权利",其

---

① 孙健.浅析大学学术自由及其实现条件[J].前沿,2004(1).
② 王玉伟.论高校教师专业权利[J].煤炭高等教育,2008(4).

中自由权利强调教师摆脱环境和利用环境的外在自主及教师支配自己内心世界的内在自主,凸现的是大学教师的学术自由。自主权利表明大学教师需要足够的专业知识和专业化能力使其在专业事务中能够自主选择、自主管理、自我反思,并对其专业行为负责,突出的是教师的专业自主能力。自由是自主的最基本条件,在自由的基础上才能谈自主的实现。无论是自由权利还是自主权利都是有一定范围内的,这种权利终究要受到大学教师所处的外部关系的总体制约,即大学教师工作必须接受教育规律和社会规范的制约。因此,大学教师的自主不是为所欲为的绝对自由,而是具体的、有限的、相对的自由。或者说,大学教师的自主是按照教育规律和社会规范来限制自己的意志而得以实现自己的自由意志的结果。

第二节　影响大学教师专业自主权的因素

目前,国内外的研究普遍认为影响大学教师专业自主权的因素来自于教师自身和外部环境两个层面。教师自身的自主能力、自主意识是其能否充分行使专业权利的根本,不同的大学教师能力水平、人力资本状况、承担的具体社会角色不同、面临的角色冲突不同,从而在专业自主权上存在差异性。外部环境通过教师内部因素产生作用,包括社会、学校两个层面。其中社会因素通过学校层面折射其影响,大学体制内部结构中存在的"反向趋势"是造成大学教师专业自主权困扰的主要来源。所谓"反向趋势"是由美国社会学家刘易斯·科塞提出的,包括:职业压力、知识的门类化、时间压力、学者的顾问角色、研究主持人、官僚的障碍。[①] 该概念主要是指大学体制内在基本机制中存在的一些对大学教师的学术水平发展和工作自主性发挥不利的因素。例如学术晋升的一些要求可能和知识进步最理想的条件未必一致。大学教师为了尽快出成果,在规定年限内达到职称聘任的要求,就可能放弃那些需要长时期进行的大型研究或者自己感兴趣的冷门研究。这些都阻碍了大学教师专业自主性的发挥。这种看法主要说明了影响大学教师专业自主权因素的结构性特征,即国内外研究普遍认为影响因素来源于社会、学校、个人三个层面。这三个层面中哪个层面影响最大?各层面之间的关系如何?具体到各个层面是哪些因

---

① [美]刘易斯·科塞.郭方等译.理念人——一项社会学的考察[M].北京:中央编译出版,2001:303-319.

素困扰大学教师的专业自主权?对于这些问题,国内外的研究角度和研究结果各不相同:

国外的研究认为专业自主权受教师个人层面影响最大,偏向于从心理学角度出发,编制量表测量教师个人基本情况、态度变量与教师专业自主之间的关系。比如教师的职业压力研究、工作效能研究、职业满意度研究等等。对于外部环境,他们认为教师所处的文化环境、区域、学校,甚至所教年级也会对专业自主权产生不同影响。这些外部环境主要通过影响教师态度变量来影响教师专业自主。因此,越是与教师专业生活直接接触的具体环境影响也越大,学校层面比社会层面的影响要大,不同学校甚至同一学校不同年级的教师专业自主权也不同。因此,在数据分析上,国外主要通过差异性分析来研究个人和环境对专业自主权的影响差异。

1993年豪尔(Hall)编制了教师自主量表进行调查,研究结果表明:教师自主与教师的学术能力、教龄、性别、年龄、学历以及是否受到培训之间并不显著相关;但是,教师自主在所教年级之间存在显著差异。2005年皮尔森(Pearson)的研究则表明:学生缺乏学习动机、学生存在严重的学习纪律问题、教师工资偏低、教师工作压力大等因素与教师自主并没有显著的相关性;但是教师自主与教师满意度之间存在显著相关。这些都对本研究制定问卷进行实证调查提供了参考。

国内对于大学教师专业自主权影响的研究,主要是文献研究,也包括实证研究,实证调查更多的是从社会学角度出发,认为影响教师专业自主权的因素主要来自于外部环境,集中在学校层面的"反向趋势"①上,在中国则具体表现为大学教师的基本晋升制度,职称评审制度,教学、科研评价制度,与校内行政机构的关系等。这些学术制度受我国大的体制环境影响,遇到的问题是趋同的。不同高校的教师所处的学校环境差别不大,遇到的困扰相似。因此,尽管教师反映的问题大多来自于学校内部层面,但国内不同高校的教师自主权情况趋同,而与国外高校相比,我国大学教师专业自主权具有明显的特点。在数据分析上,国内偏向于以描述性分析来描述影响因素的结构性特征。

虽然外部环境中学校内部层面的影响因素是国内研究的重点,但是也有研究者把关注点放在教师个人层面上。例如2004年,宋宏福从管理理论的"人性"假设、社会文化的开放程度以及教师本身的缺陷三方面对造成教师专

---

① [美]刘易斯·科塞.郭方等译.理念人——一项社会学的考察[M].北京:中央编译出版,2001:303-319.

业自主权薄弱的现象进行了分析。"人性"假设所争论的焦点在于人是否是值得信赖、自觉上进的,由此展开的管理方式也截然不同。① 这也为本研究提供了新的思路。

以上两种研究角度分别从教师自身和外在环境两个方面对影响大学教师专业自主权的因素进行深入的分析,把两种研究角度结合起来有助于对影响大学教师专业自主权的因素进行全面审视,但是在我国究竟是哪些具体的大学教师专业自主权没有充分实现?影响每一项专业自主权实现的具体因素分别又是什么?如何才能有效地促进大学教师专业自主权更好地实现?目前对这些问题尚没有定论。因此,本研究结合前面对专业自主权内容的具体划分,对影响大学教师专业自主权的因素按如下步骤进行分析:

我们先对大学教师在专业决定权(包括教育教学自主权和科学研究自由权)、专业管理权、专业发展权和专业服务权中的具体权利内容进行划分,整理成访谈提纲,然后通过大量的访谈,看看在实践中,具体哪些专业权利最常遇到阻碍,通常受到什么因素影响,并把它们整理成调查问卷的基本题目,通过实证调查和数据分析从中找出基本的影响因素。

我们从社会、学校、个人三个层面结合已有的心理学研究对这些影响因素进行考察,分析这些影响因素的结构性特征。其中大学体制结构内部的问题是我们研究的重点。

由此,对影响大学教师专业自主权的因素我们可以确立以下分析框架:

一、大学教师专业自主权结构

大学教师专业自主权是由其职业所赋予的专业权利,最终目的是提高教师工作效能,保障专业事务顺利进行。所以,大学教师专业自主权与大学教师的专业事务密切相关,具体体现在专业事务当中,以专业事务为权利运行的载体而得以实现。因此,在大学教师专业自主权内涵解读中,本研究以大学教师具体专业事务所包含的内容为标准对专业自主权进行划分,分为专业决定权(包括教育教学自主权、科学研究自由权)、专业管理权、专业发展权和专业服务权。但要了解大学教师专业自主权实现的状况和具体遇到的问题,我们还需根据具体的专业事务内容进一步细化各项专业自主权。

(一)专业决定权的构成

包括教育教学自主权和科学研究自由权。根据大学教师在教育教学和科

---

① 宋宏福. 论教师专业自主权[J]. 中学教师培训,2004(3).

研工作中的具体内容,我们对教育教学自主权和科学研究自由权内容进行进一步具体划分:在履行教育教学职责过程中,大学教师拥有一定程度的课堂自主权,包括教育教学内容的选择、教学过程的组织、教学形式方法的使用,在不违反法律和对学生负责的前提下,大学教师可以自由宣讲自己的学术主张和见解,还有开展教育教学改革和实验的权利和管理学生权。对学生的管理和指导评价权利是大学教师专业权利不同于学术自由权的最显著区别,也是高校教师为履行自己职责所必须具备的一项权利。

在完成规定的教育教学任务的前提下,大学教师有权进行科学研究、技术开发,撰写学术论文、著书立说、完成科研课题;有权参加相关的学术交流活动,包括学术会议、学术访问、学术合作等;有权参加依法成立的学术团体并在其中兼任工作;有权在学术活动中发表自己的观点,并决定是否出版论文、著作等。

(二)专业管理权的内涵

专业管理权是大学教师在专业事务方面享有的自主权和自治权。大学教师参与管理的专业事务主要包括学校的教育教学工作、管理工作和对教育行政部门工作的监督与建议。大学教师的专业管理权包括对专业事务的参与管理权、知情权和申诉权。在教育教学工作上:教师有权参与教育教学实验或改革等重大事项,为学校的各项发展计划、重要政策和改革措施等提供咨询,并提出意见和建议;有权监测学校教学质量水平,并提出合理化建议。在管理工作上:教师有权参与学校教师管理,对学校拟引进人才,教学、科研系列岗位拟聘人员提出评议方案并进行评价;有权参与教师考核、奖惩管理办法及其他有关规章制度的制订。

大学教师的教学和研究工作具有高度的创新性,只有赋予大学教师充分的专业管理权,才能充分发挥他们的主动性和创造性,他们才有可能在其研究领域有所成就。美国学者绍特(Short)和瑞内哈特(Rinehart)对教师赋权增能的意义进行了研究。在教师专业管理权方面,他们认为"在直接影响教师工作的重要决策中,教师的参与程度"以及"作为影响学校工作的指标,教师所具备的影响力"对提高教师自主性和积极性非常重要。教师参与民主管理有多种形式,在我国,参加教职工代表大会是重要途径;当专业管理权受到侵犯时,大学教师可以向行政部门进行申述。

(三)专业发展权的内涵

专业发展权包括两个方面:一是教师有权获取发展的机会,决定与自己发展相关的事务;二是教育行政部门和学校及其他教育机构应当采取各种形式,多渠道保证教师发展权的实现。大学教师发展更重视教师的自主性和个性化,要使专业发展成为教师自己的事情。因此,在具体内容上不仅包括教师有权参加进修和接受其他多种形式的培训,还包括教师的自主学习和自我提高不受干扰。与中小学教师不同,大学教师的工作中心不止是教学,科研也是其核心工作。大学教师为促进科研水平提高而进行的科研交流等一系列活动,也是其重要的发展途径,不仅教师的科研自由权受保护,专业发展权也受保护。

(四)专业服务权的内涵

大学教师有权利用自身的专业知识与能力为社会提供直接或间接的服务。为社会服务的形式是多种多样的,包括:大学教师参与政府科研课题的研究,对政府重要决策提供理论支持和建议;大学教师为企业提供专业技术咨询,参与企业科研课题的研究,为企业的发展出谋划策;大学教师将自己的科研成果转化为技术和产品,使之服务社会以及大学教师自己创办企业或公司。这些都是大学教师利用自己的专业知识和技能服务社会的形式,在保障教学科研本职工作正常进行的前提下不得受到外力包括行政力量的干预;大学教师也应秉承为社会服务的目的,防止自身在市场经济的冲击下,为追求物质利益,耽误本职工作,迷失学术的本真追求。

以上四项权利与大学教师的专业事务密切联系,构成其专业生活必不可少的部分。对应于教学、科研和社会服务三大职能,大学教师被赋予了专业决定权(包括教育教学自主权和科研自由权)和专业服务权,为更好地实现大学教师专业职能,大学教师需要不断发展自身专业能力,提高专业化水平;还要积极参与学校的民主管理,把学术事务置于专业人员的管理之中。由此产生专业发展权和专业管理权。各项具体的专业自主权是否受到影响表现在三个方面:大学教师能否决定与专业工作相关的事务;大学教师能否展现自身的能力;大学教师能否不断获得新能力和扩展知识。本研究在对大学专业自主权状况及其影响因素进行调查时,主要就各项具体权利在这三方面的表现和受制因素进行分析。例如对大学教师专业发展权的各项具体权利的分析要看大学教师能否选择自己的发展方式与内容,能否体现自身在专业发展上的主动性,学校能否为其专业发展提供足够的机会和条件等。

在大学教师的基本专业权利中,专业决定权特别是其中的科研自由权是核心。大学教师不仅是"知识的传授者",更是"知识的创新者",这要求大学教师具有高度的创新性和批判精神,要避免大学教师成为被动的科研者,必须赋予教师充分的科研自由权。而科研是大学教师促进教学、实现社会服务的重要途径,也是专业发展和专业管理的重要内容,又与教师的考核、评价、晋升等密切相关,成为大学教师普遍关注的焦点。因此在诸项专业自主权里,科研自由权的实现情况成为本研究的核心内容,在对其他各项专业自主权的实证调查中也突出科研的内容。例如在对专业管理权进行调查时,应把教师参与学校学术管理、科研管理的情况作为调查重点之一。

二、大学教师专业自主权影响因素的结构性特征

我们探讨大学教师专业自主权的影响因素,目的是为了针对影响因素提出对策,更好地提高大学教师的自主性和工作绩效。美国心理学家勒温(K. Lewin)的场论认为,一个人所创造的绩效,不仅与能力和素质有关,而且与他所处的环境有着密切的关系。由此,他提出了个人与环境关系的公式:$B = f(P, E)$,其中,B = 个人的绩效,P = 个人的能力和条件,E = 所处的环境。在分析大学教师专业自主权的影响因素时不仅要考虑大学教师个人的自主意识和自主能力、大学教师所处的学校和社会环境,更要考虑大学教师个人与环境之间的互动对专业自主权发挥所产生的相乘效应。而各国由于具体的国情、历史文化背景、政治制度不同,个人、学校、社会各个层面的具体影响因素各不相同,因此要从我国特有的背景出发分析我国大学教师专业自主权的影响因素。

(一)大学教师个人对大学教师专业自主权的影响

大学教师由于性格、学术能力、工作经历、工作现状不同,其专业自主权状况也不同。影响大学教师专业自主权的个人因素主要包括专业自主能力与专业自主意识两方面:

具备专业自主能力是实现大学教师专业自主权的前提条件。专业自主权在于其专业的价值,只有获取教师资格的在聘大学教师才能享有。一个人要获取大学教师资格,顺利完成大学教师的专业事务必须具有相当的专业能力。专业能力按照专业事务内容可分为:完成教学、科研工作所应具备的知识与能力,表现为教师的资历、学历等人力资本情况和建立学术关系、合理利用学术资源的能力等;在大学教师权利结构内对学术事务的管理能力,表现为对直接影响教师工作的重大决策的影响力,对学校工作的监督、评价、建议能力;在自身专业发展中的持续学习能力和选择能力以及运用自身知识与技术为社会服务的能力。这些专业能力是影响各项专业自主权实现的重要因素,也是我们实证调查的重点。

专业自主意识是实现大学教师专业自主权的关键和内驱力。在专业自主

意识里首要的是大学教师要对自身拥有的专业自主权有充分的认识和维护意识。此外,专业自主意识还包括在专业工作中可以由大学教师自己控制和确定的因素,即大学教师的自我效能感,认为自己有能力并创造条件主动地去完成专业工作。由此,对专业自主意识这一影响因素的分析我们从两方面来进行:一是大学教师对各项具体专业自主权是否有充分的认识和维护意识,二是在各项专业自主权上大学教师自身的能动性。

本研究对于大学教师个人专业自主能力与意识的问卷调查主要通过设置大学教师个人情况(包括年龄、学历、教龄等)的题目进行,其中也包括教师所在高校类型这一影响教师态度变量的外部环境因素,对于调查结果的数据采用差异性分析。此外,问卷也设置一些具体题目对大学教师的专业自主能力与意识进行调查,通过描述性分析来反映情况。

(二)外部环境对大学教师专业自主权的影响

外部环境主要从社会和学校两个层面对大学教师专业自主权产生影响。社会层面包括国家体制环境的宏观影响以及相关教育制度和法律制度的影响。各国由于文化传统、体制环境不同,大学教师专业自主权的状况也不相同。由于社会层面的宏观体制背景不同于大学教师直接接触的具体工作环境,与大学教师的直接互动程度最低,这层因素对大学教师群体总体产生影响,而对个体产生的影响较低。即不同国家的大学教师专业自主权状况差异性明显,而同一国家的大学教师专业自主权状况趋同。

学校是大学教师的具体工作环境,也是大学教师个体控制度最强的层面,而且社会层面的因素也是通过学校层面的折射对大学教师专业自主权产生影响的,所以这一层面对大学教师专业自主权的影响也最大。美国社会学家刘易斯·科塞提出的职业压力、知识的门类化、时间压力、学者的顾问角色、研究主持人、官僚的障碍以及学术晋升等大学制度的"反向趋势"是我们影响因素调查的重点。由于各高校具有差异性,这些问题在各高校的表现不同,各高校大学教师的专业自主权状况也不同。因此,在国外的研究中,不同高校甚至同一高校不同年级的大学教师专业自主权状况都很不相同。研究认为教师的具体环境通过影响教师的态度变量而影响其专业自主权,在实证调查中,研究者常把一些环境因素和教师年龄、学历等个人情况一起与专业自主情况做差异性分析。

虽然不同高校之间具有一定的差异性,但是同一社会体制背景下的各高校具有制度结构上的相似之处。特别是在我国,受传统计划经济体制下统一管理模式的影响,各高校在职称评审与晋升制度、教学和科研管理制度等基本制度,大学教师与校内行政机构的关系,大学内部宏观政策的偏向性等方面都是趋同的,大学教师专业自主权遇到的困扰也趋同。因此,在实证调查中我们倾向于把大学制度结构中的时间压力、学术晋升、官僚障碍等与我国的学术管理基本制度结合起来,做描述性分析。研究也考虑把一些环境因素与教师个人情况放在一起做差异性分析,但主要选择大学教师所在高校类型这种比较能反映各高校差异性的因素进行重点分析。

(三)大学教师个人与外部环境互动对大学教师专业自主权的影响

根据美国心理学家勒温的场论,大学教师个人与外部环境的互动才能对提高大学教师绩效产生加乘效应。二者之间的互动以大学教师为主体,包括"大学教师与自我对话"和"大学教师与环境对话",表现在行为上就是教师支配自己内心世界的内在自主和教师摆脱环境和利用环境的外在自主。

1. **大学教师个人层面有助于互动的个人因素**

在"与自己对话"的过程中大学教师的专业意识和能力很重要,大学教师只有对自身专业自主权有充分的认识才会努力去实现和维护它,不断规约自己;才能对自身工作充满信心,提高自我效能,具有自主工作、不断学习的动力。职业地位的权威性以及教师个人的学术地位和工作能力是否得到同行的尊敬会影响到大学教师对专业自主权的认识和对自身工作的信心。

在"与环境对话"的过程中,大学教师对自身专业自主权有充分的认识才会努力去维护它,并为实现专业自主权与外部环境互动起来,才会为维护自身专业自主权对外部干预进行反抗。教师个人方面比如学术性格的缺陷、官本位观念等都会影响到他自身对专业自主权的维护。此外,大学教师的学历、资历等人力资本情况,拥有的学术关系、学术资源情况各不相同,使得大学教师个人在与环境互动过程中的影响力以及面对冲突时思考问题和解决问题的方式各不相同,大学教师专业自主权状况也因而不同。

2. **外部环境层面有助于互动的沟通渠道**

在大学教师个人和外部环境之间建立有效的沟通反馈渠道,大学教师才能更有效地"与外部环境对话",外部环境也才能及时得到反馈,不断完善制度环境。大学教师在"与外部环境对话"中,要考虑自己作为专业人员,什么样的资源和帮助才可以实现自己与外部环境的沟通反馈,大学教师专业团体组织是实现二者之间交流的有效途径。政府和高校行政机构通过一定的权利让渡,由大学教师专业团体组织来负责管理专业事务,包括制定大学教师资格准入制度、行业规范等。比如通过建立学术委员会等学术组织来管理相关学术事务,这样可以使得专业事务置于专业人员的有效管理之下,避免行政权利对学术权利的干预以及外行管理内行的尴尬。专业自主本来就包括大学教师的个体自主和大学教师专业团体的自主,这些专业团体组织不仅应成为大学教师参与专业事务管理的重要渠道,还应当成为大学教师维护专业自主权的重要渠道。法律也是大学教师维护专业自主权的重要手段,应通过专业自主权的法律化来保障专业自主权的实现,当大学教师的专业事务受到不当干预时可以诉诸法律。同时外部环境中相关管理制度的规范与贯彻实施也离不开法律的保障。

第二章

大学教师专业自主权问卷设计与实施

通过对大学教师专业自主权的内涵、内容划分和影响因素分析,我们对于大学教师专业自主权的理解也趋于深入和清晰。基于理论分析,本研究运用问卷调查法和访谈调查法,以福建省为例进行调查。

要对大学教师专业自主权进行实证调查,首先要设计出科学合理的问卷,如此才能获得可信的数据展开研究。[①] 问卷的设计与调查是本研究的基础工作,问卷的设计是否科学合理,关系到调查问卷的质量。同时,问卷实施得科学与否,也关系到所获得数据的真实性和客观公正性。本章内容主要介绍本研究的问卷设计过程和实施过程。

第一节 大学教师专业自主权问卷设计

一、问卷设计的目的

大学教师专业自主权研究关系教师创造性的发挥,关系教师自我价值的实现。为了解大学教师专业自主权情况,我们进行了本项调查。本研究主要针对大学教师专业自主权的现状和影响大学教师专业自主权的因素展开调查。希望通过问卷调查,真实地反映大学教师在教育工作中教学、科研和个人

---

① 为了行文方便,本书正文部分在引用问卷各具体选项的内容时,文字不一定与附录中问卷的文字完全一致。

发展等各方面遇到的问题，进一步找出影响大学教师专业自主权发挥的各项因素，以促进我国大学教师在工作中更好地发挥自主性。

需要强调的是，本研究的问卷调查重点是从大学教师的视角出发来研究和探讨大学教师专业自主权的状况的，同时另行设计问卷对大学行政人员进行辅助调查。

二、问卷设计的步骤

首先，进行问卷具体内容的设计前，对调查的相关问题进行初步了解。这一步的工作主要包括两个方面：一是进行文献梳理和理论的探讨，这在文章的绪论和第一章里已经完成，本研究主要探讨了大学教师专业自主权的内涵，划分了具体的权利内容并构建了大学教师专业自主权影响因素的分析框架；二是设计访谈提纲。本研究根据大学教师从事的专业事务所包含的内容，把大学教师专业自主权分为专业决定权（包括教育教学自主权和科学研究自由权）、专业管理权、专业发展权和专业服务权，并把每一项专业自主权的具体权利内容进行了细化。本研究以这些具体权利内容为基础形成访谈提纲，对部分教师和领导者进行半结构式访谈，了解在大学教师的工作中哪些具体专业权利遇到的问题最多，遇到什么样的问题，是由哪些因素引起的，以获取对所调查的相关问题的基本信息，为问卷设计奠定基础。

笔者从访谈中了解到，大学教师在专业领域中普遍感到科研方面的压力最大，而这种压力又主要来自于职称评审制度中的量化考核。此外学术霸权、学术功利化，教师个人的职业态度、能力、人力资本和人际关系等因素都给大学教师造成不同程度的困扰。这些都给问卷的设计提供了有效参考。

其次，根据相关研究文献以及访谈结果，编制了关于大学教师专业自主权的调查问卷。本研究涉及大学教师和大学行政人员两大群体，因此根据两大群体的不同特点采用不同的问卷，但以大学教师为重点调查对象。问卷设计预想达到以下目的：通过对问卷调查所获数据进行分析，了解大学教师的基本信息情况；通过调查，了解大学教师在教学、科研、专业发展、社会服务、参与管理五方面的专业自主权的影响因素；从社会、学校、个人三个层面来了解这些影响大学教师专业自主权的因素并找出其结构性特征以及大学教师和行政人员对实现教师专业自主权提出的建议、对策等。

三、问卷内容的设计

大学教师专业自主包括大学教师专业自主权利和大学教师专业自主能力

与自主意识,但是,本研究以大学教师专业自主权利为研究对象,而非大学教师专业自主能力与自主意识,因而调查问卷的标题拟为:大学教师专业自主权调查问卷。并在封面信(即一封致被调查者的短信,它的作用在于向被调查者介绍和说明调查者的身份、调查内容、调查目的、意义等①)中介绍了本问卷调查的目的是"真实地反映大学教师在教育工作中教学、科研、个人发展等各方面遇到的问题,以便找出影响教师专业自主权发挥的各项因素",以使被调查者充分了解本调查的侧重点和意义。

对于本研究中的调查题目,是在明确研究的目的以及在探索性工作和学术沙龙讨论②的基础上,对问卷所要测量的变量和所要调查的问题及答案进行设计的。大学教师专用问卷为本研究的核心问卷,在初步施测的基础上,根据结果进一步访谈并征求专家意见,反复修改、逐题论证,最终形成正式问卷。

具体如下:

(一)大学教师专业自主权问卷(教师用)的构成与内容

问卷共由三部分组成:第一部分是关于教师基本情况的调查,共7个题目;第二部分单项选择题,共24题,主要调查内容包括影响大学教师各项专业自主权实现的因素及其结构性特征以及教师提出的建议和对策;第三部分排序题,共3题,其中包括两个开放型题目,是对影响教师工作积极性的具体因素的调查。

1.大学教师个人基本信息

根据研究目的和研究内容,问卷设计的基本信息主要包括:所在学校、学科性质、性别、职称、学历、教龄、所处年龄段7个方面。基本信息部分的题目设置如表2-1所示:

表2-1 教师基本信息一览表

所在学校	学科性质	性别	职称	学历	教龄	所处年龄段
		A. 男 B. 女	A. 教授 B. 副教授 C. 讲师 D. 助教	A. 博士后 B. 博士 C. 硕士 D. 学士 E. 其他	A. 10年以下 B. 10~20年 C. 20年以上	A. 30岁以下 B. 30~39岁 C. 40~49岁 D. 50岁及以上

---

① 洪小良主编.社会调查研究原理与方法[M].北京:华文出版社,2000:108.

② 学术沙龙讨论:指导老师带领博、硕学生经常性定期举办的学术讨论,以便大家一起研讨在研究、学习中遇到的问题和困惑,相互学习借鉴。

其中基本信息里"所在学校（教师所在高校的类型）"这一信息，笔者调查的福建高校是以大学教师所在学校层次、学科领域为向度选择的7所不同类型的院校。因为问卷调查是在7所院校分别完成，分别收集、归类整理的，预先在问卷包上注明调查学校和学校类型，所以在基本信息里没有显示学校类型一栏，但在问卷录入时对不同大学进行编码并录入。

笔者在问卷设计之初，对不同类型高校的教师进行访谈，发现研究型大学教师较少感觉在教学上不自主，而教学型大学的教师对于教学管理和考核的现状颇多怨言。2009年11月16日笔者对武汉科技大学中南分校进行调研时曾访谈过商学院和文学院的两名老师，他们提到"经常要开教学会议，教学制度也很严格，虽然有利于教学质量的提高，但是管得太多、太死，开的会太多，有点流于形式，让人厌烦"。"教学任务太重，哪还有心思搞科研。"2010年3月至4月期间，笔者在厦门大学先后访谈了9位教师，提到最多的是科研困扰，教学困扰基本没有提及，仅有一位教师提到"学生评教流于形式，不合理。不过对教师影响也不大"。由此假设，不同的高校类型会对教师专业自主权造成差异性影响。调查的这7所大学包括部属、省属和地方高校，既有综合型大学也有单科院校，既有"985"、"211"研究型大学也有一般地方本科院校。其中福师大福清分校是由高职高专升本，再并入福建师范大学的独立二级学院，在类型上有其特殊性。学科涵盖了综合、师范、经济、理工、医学各个门类。抽样较均衡，具有一定代表性。

"学科性质"一栏，原本要设定答案选项，但是由于划分专业的标准不一，而且在试测、修改中，有教师提出自己是学经济的，在专业划分上不知道该算在文科还是理科，还是要单列，所以由教师自己填写，笔者录入时把具体专业归为人文、理工、医学三大类并分别编码为1（人文）、2（理工）、3（医学）。访谈中有教师提出法律专业的教师维权意识强，对专业自主权应该有更强的意识；思政类教师思想活跃，教育教学中对于专业自主权的相对自由性有更多的体会；教育学教师本身研究教育，更能从教育规律角度理解教师专业自主权；经济学的教师社会服务多，自身受市场化影响比较大，自身常面临物质与精神的角色冲突，对专业自主权的实现产生影响。因此问卷在人文类专业中突出对人文类法学、教育学、思政教师的调查，经济类被归在人文类，为此再设定二级编码，分别为10（人文类其他专业）、11（法学）、12（经济）、13（教育）、14（思政）。

基本信息除"教师年龄"外，本来不包括"教师教龄"，但在问卷试测、修改过程中，有教师提出还应补充"教龄"一栏，认为教师从事职业年限不同，对于专业的体会和认同就不同，专业自主意识也会有所差异。

在数据处理上,用方差分析方法,分析不同学科领域不同教龄等背景下教师在专业自主情况和影响因素上的差异性,并进行深入访谈,同时结合理论探讨找出一些规律性特点。

2. 单项选择题部分

单项选择题共24题,是调查问卷中的核心部分。围绕三个方面的内容进行设计,即对大学教师各项专业自主权影响因素及其结构性特征的调查以及对大学教师提出的建议和对策的调查;经过已有文献的梳理和访谈,以及学术沙龙讨论,本部分的设计框架为:从教育教学自主权、科学研究自由权、专业管理权、专业发展权、专业服务权五个方面对影响大学教师专业自主权的因素展开调查;以社会、学校、个人三个层面为向度对影响因素的结构性特征进行考察。举例说明:

2. 作为大学教师存在这样的自我冲突:一方面作为知识的传授者,要保持自己的职业权威性,另一方面又要不断反思自我,敢于自我批评与纠正。您同意吗?
A. 非常同意　B. 比较同意　C. 一般　D. 不太同意　E. 不同意

5. 目前教师在科研课题申报过程中,行政性干预的因素还很大。您同意吗?
A. 非常同意　B. 比较同意　C. 一般　D. 不太同意　E. 不同意

6. 专业的发展需要广泛的学术界联系,但是自己在这方面做得还不足。
A. 非常同意　B. 比较同意　C. 一般　D. 不太同意　E. 不同意

可以看出,第2题考察的是大学教师作为专业人员从事知识传授时"与自我对话"过程中自我角色冲突对教学教育自主权的影响,所考察的影响因素属于大学教师个人层面的影响因素;第5题考察的是大学教师科研自由权,所考察的影响因素是学校层面的行政干扰;第6题考察的是大学教师专业发展权,所考察的影响因素是大学教师个人层面的学术关系和资源。

3. 排序题部分

排序题共3题,是对影响教师教学科研工作积极性的具体因素的调查。考虑到教师的科研困惑和工作驱动力具有多样性,设置开放型答案选项,也为研究开拓思路。具体题目设置如下:

不定项选择,若选择多项,请按重要程度排序,标出1、2、3……

25. 作为大学教师,在科研中您常遇到的困惑是什么?
   A. 研究能力薄弱,写不出有价值的东西来( )
   B. 论文难以发表( )
   C. 科研课题申报难( )
   D. 难以集中精力从事自己感兴趣的基础研究( )
   E. 教学和科研工作相冲突( )
   F. 其他(请注明)( )

26. 教学和科研顾此失彼的主要原因是什么?
   A. 教学负担过重挤占科研时间( )
   B. 科研任务过重影响教学( )
   C. 科研内容与兴趣和教学不一致( )
   D. 教学科研关系协调,没有这个问题( )

27. 您认为促使您进行教学和科研工作的最大驱动力是什么?
   A. 职称评定( ) B. 工作职责( ) C. 创收驱动( )
   D. 面子和攀比( ) E. 个人兴趣( ) F. 其他(请注明)( )

对于问卷最后三题排序题,结合描述性分析(描述被选次数最多的因素)和均值分析(描述排序最前的因素)找出科研教学中教师的深层困扰和动力。

关于大学教师专业自主权状况的调查部分,本研究通过均值比较,在描述大学教师各项专业自主权的影响因素时,找出教师专业自主权所受困扰最大的方面。根据访谈结果,我们初步假设:教师在科研方面的困惑最大。通过把问卷题目分成教学、科研、参与管理、专业发展和社会服务五组,计算每组里各题目的均值大小和各组总均值大小,再对均值进行比较找出困惑最多的因素组来验证假设是否成立,并进一步对各项专业自主权所遇到的问题进行具体分析。

关于影响大学教师专业自主权因素结构性特征的调查,用均值分析方法,分析影响教师专业自主权的因素。通过把问卷题目分为教师个人因素、学校制度因素、环境政策因素三组,然后做均值比较,之后找出哪个层面因素影响最大。根据访谈结果,我们的研究假设是,在学校内部制度层面,问题集中在教师评聘制度和量化管理方式上。我们通过数据分析验证假设是否成立,以及从数据上探寻深层原因。

此外,选取问卷中有内在联系的题目,两两进行相关分析,以进一步进行数据分析和理论验证。对于问卷中设置的征求教师意见类题目,在数据处理上我们采用描述性分析。

(二)大学教师专业自主权问卷(行政人员用)的构成与内容

为帮助全面了解大学教师专业自主权状况,本研究设计大学教师专业自主权问卷(行政人员用),从行政人员角度做辅助性调查。问卷包括两个部分,共4道题目:

1. 单项选择题

调查行政人员基本信息。第一题调查行政人员工作所属序列。题目设置如下:

> 您所从事的工作是:
> A. 党群组织序列　　B. 科研管理序列　C. 教学管理序列
> D. 人事行政部门序列　E. 其他行政部门序列

在答案设置上,党群组织序列、科研管理序列、教学管理序列、人事行政部门序列这些与大学教师专业自主权实现密切相关的序列被单列出来,其他行政部门如后勤保障部门对大学教师专业自主权影响不大,被统一列入"其他行政部门序列"选项。对于行政人员信息的调查还包括行政人员所在部门属于校级机构还是院系机构,因为问卷由各校专人负责发放,在回收问卷时发放人员已经注明行政人员所在层级,所以问卷里没有设置该项题目。这部分数据主要用于分析不同层级、不同行政部门因素对大学教师专业自主权影响的差异。

2. 不定项选择题

总共3个套题,由11个子题目组成:第2题考察在行政人员所在部门的决策过程中,教师参与管理的情况,包括参与程度、参与态度和参与管理的影响力。题目设置如下:

> 您所在部门在决策制定前是否向教师征求过意见:
> A. 是　B. 否　C. 不清楚
> 如果有相关活动,教师参与态度如何?
> A. 很积极　B. 比较积极　C. 一般　D. 较小　E. 没有　F. 不清楚
> 如果教师提出建议,对您部门最终决策影响有多大?
> A. 很大　B. 比较大　C. 一般　D. 较小　E. 没有　F. 不清楚

第3题考察行政人员对教师参与管理的看法,包括参与管理的必要性、参与管理的内容和方式。题目设置如下:

您觉得教师有必要参与学校管理吗?
A.很有必要　B.必要　C.不太必要　D.没有必要　E.不清楚
如果有必要,您认为大学教师参与学校管理的主要内容是什么?
A.教学科研管理　B.行政管理　C.后勤事务管理
D.整个学校事务管理　E其他_____
采取哪种方式最合适?
A.教师与行政人员座谈会　B.参加学术性质的委员会
C.担任行政职务　D.其他_____

第2题和第3题主要用描述性分析(描述被选次数最多的因素),调查大学教师在各行政部门工作中参与民主管理的情况。

第4题调查行政人员眼里大学教师的专业自主能力,包括大学教师的学术态度、学术自律、处理学术以外事务的能力、个人素养和与其他人员关系处理能力。大学教师专业自主能力与自主意识是实现其专业自主权的内驱力和关键,通过这一题目的设置可以从行政人员的角度了解大学教师在民主管理方面的能力与意识情况;同时我们可以了解到大学行政人员对大学教师能力的信任度,这关系到大学教师参与民主管理的权利能否实现和实现程度如何。题目设置如下:

您对大学教师素质的满意度
1)学术态度　A.非常满意　B.满意　C.不满意　D.很不满意
2)学术自律　A.非常满意　B.满意　C.不满意　D.很不满意
3)处理学术以外事务的能力　A.非常满意　B.满意　C.不满意
　D.很不满意
4)个人素养　A.非常满意　B.满意　C.不满意　D.很不满意
5)与其他人员关系处理能力　A.非常满意　B.满意　C.不满意
　D.很不满意

行政人员对大学教师参与民主管理能力的满意度通过均值分析(描述排序最前的因素)来体现。

第二节 大学教师专业自主权问卷的调查过程

一、调查对象的选取

本研究以大学从事教学科研工作的教师为调查对象,为全面了解大学教师专业自主权状况,基于大学体制内专业自主权与行政权利的冲突,因此对大学行政人员也进行了辅助调查。由于研究者能力有限,加之对高校教师深入调查比较困难,为保障问卷调查质量,仅以福建省为例进行调查。

鉴于普通高校教师数量庞大,又要兼顾调查总体的结构性特征和样本代表性,本次调查采用非概率抽样的比例配额抽样方法抽取调查样本,以福建高校从事教学科研工作的在职专任大学教师和部分校级、院系级行政人员为调查对象,以大学教师所在学校类型、学科领域为向度,分别选择了厦门大学、福建师范大学、福州大学、福建医科大学、集美大学、漳州师范学院和福建师范大学福清分校7所不同类型院校的部分教师进行了问卷调查;并按人文、理工、医科选择不同专业,在人文类专业中突出法学、教育学、思政经管类教师的调查,以具体比较分析不同类型院校、不同学科领域教师的专业自主权特点,并确保样本能够比较好地代表调查对象整体。调查对象的基本情况见表2-2、表2-3、表2-4。

表2-2 教师问卷调查对象样本的分布情况(一)

学校分布情况			学科分布情况			
学校名称	样本数	百分比	学科名称		样本数	百分比
厦门大学	109	26.9%	文科	法律	32	7.9%
福州大学	47	11.6%		教育	52	12.8%
福建师范大学	43	10.6%		思政	23	5.7%
福建师范大学福清分校	20	4.9%		经管	17	4.2%
福建医科大学	21	5.2%		其他	91	22.5%
集美大学	97	24.0%	理工科		169	41.7%
漳州师范学院	68	16.8%	医学		21	5.2%
合计	405	100.0%	合计		405	100.0%

从教师问卷调查对象的学校分布和学科分布情况来看,院校类型包括部属院校、省属院校和地方本科院校,涵盖综合、师范、理工、医学各个门类,突出对研究型大学的调查。在学科分布上,文科、理工科样本比例趋近1∶1,突出文科类中对法律、教育、思政和经管教师的调查。抽样较均衡,具有一定的代表性。

表2-3 教师问卷调查对象样本的分布情况(二)

学历分布情况			职称分布情况		
学历	样本数	百分比	职称	样本数	百分比
博士后	20	4.9%	教授	62	15.3%
博士	146	36.0%	副教授	114	28.1%
硕士	190	46.9%	讲师	185	45.7%
学士	45	11.1%	助教	44	10.9%
其他	4	1.0%	—	—	—
合计	405	100.0%	合计	405	100.0%

从教师问卷调查对象学历分布和职称分布情况来看,突出对具有硕士学历和讲师职称大学教师的调查,这与本研究假设相符,即具有硕士学历和讲师职称的大学教师在发展阶段上属于承上启下阶段,是大学里最迫切要求发展的群体,因此也是本研究调查的重点对象。

表2-4 教师问卷调查对象样本的分布情况(三)

教龄分布情况			年龄分布情况			性别分布情况		
教龄	样本数	百分比	年龄	样本数	百分比	性别	样本数	百分比
<10	237	58.5%	<30	78	19.3%	男	208	51.4%
10~20	106	26.2%	30~39	191	47.2%	女	197	48.6%
>20	62	15.3%	40~49	107	26.4%	—	—	—
—	—	—	≥50	29	7.2%	—	—	—
合计(含缺失)	405	100.0%	合计	405	100.0%	合计	405	100.0%

从教师问卷调查对象的教龄、年龄和性别分布情况来看,调查对象主要集中于20年教龄以下的教师及30~39岁的中青年教师。这与本研究的研究假

设相符,即中青年教师是大学教师专业自主权受困扰最多、发展要求最迫切的群体,因此成为本研究调查的重点对象。男、女教师比例趋近1:1,抽样均衡,具有一定的代表性。

行政人员问卷分别选择了厦门大学、福州大学、集美大学、漳州师范学院和福建师范大学福清分校5所不同类型院校对院、校两级部分行政人员进行调查;并按党群组织序列、科研管理序列、教学管理序列、人事行政部门和其他行政部门序列选择不同工作部门,突出科研管理部门、人事行政部门、教学管理部门、党群组织部门的调查,以具体比较分析教师在不同层级、不同行政部门里参与管理的情况,并从行政人员的辅助调查中了解教师的专业自主意识和自主能力,特别是参与管理的意识与能力。调查对象的基本情况见表2-5。

从行政人员问卷调查对象的院校分布、层级分布、工作部门分布情况来看,院校包括部属院校、省属院校和地方本科院校,涵盖综合、师范、理工、医学不同门类,突出对研究型大学行政人员的调查。层级包括院、校两级,突出对校级行政人员的调查,这是因为,目前在我国大学内部管理结构中,行政权利主要集中在校一级。在工作部门上突出党群组织、科研管理、教学管理、人事行政部门等教师管理相关部门行政人员的调查,抽样均衡,具有一定的代表性。

表2-5 行政人员问卷调查对象样本的基本情况

院校分布情况			层级分布情况			工作部门分布情况		
学校名称	样本数	百分比	层级	样本数	百分比	工作部门	样本数	百分比
厦门大学	28	26.7%	校级	87	82.9%	党群组织	22	21.0%
福州大学	19	11.6%	院级	18	17.1%	科研管理	17	16.2%
集美大学	31	18.1%	—	—	—	教学管理	32	30.5%
福建师范大学分校	11	10.5%	—	—	—	人事行政	16	15.2%
漳州师范学院	16	15.2%	—	—	—	其他	18	17.1%
合计(包括缺失)	105	100.0%	合计	105	10%	合计	105	100.0%

二、问卷发放和回收

本次问卷的发放和回收由入选样本学校的调查员完成,调查时间为2010年12月—2011年1月。共发放教师问卷430份,回收问卷409份,回收率为95.12%;对问卷进行检查,剔除无效问卷4份,得有效问卷405份,有效问卷的回收率为94.19%。共发放行政人员问卷140份,回收问卷119份,回收率为85%;对问卷进行检查,剔除无效问卷14份,得有效问卷105份,有效问卷的回收率为75%。问卷发放与回收情况见表2-6、表2-7。

表2-6 教师问卷发放与回收情况统计

学校	发放问卷数(份)	回收问卷数(份)	回收率	有效问卷数(份)	有效回收率
X	110	110	100.0%	109	99.1%
J	100	99	99.0%	97	97.0%
Z	70	69	98.6%	68	97.1%
F	50	47	94.0%	47	94.0%
S2	50	43	86.0%	43	86.0%
S1	25	20	80.0%	20	80.0%
Y	25	21	82.0%	21	82.0%

注:数据录入编码为:X(厦门大学)、J(集美大学)、Z(漳州师院)、F(福州大学)、S2(福师大)、S1(福师大福清分校)、Y(福建医科大学)。

表2-7 行政人员问卷发放与回收情况统计

学校	发放问卷数(份)	回收问卷数(份)	回收率	有效问卷数(份)	有效回收率
X	40	32	80.0%	28	70.0%
J	40	35	87.0%	31	77.5%
Z	20	18	90.0%	16	80.0%
F	20	19	95.0%	19	95.0%
S1	20	15	75.0%	11	55.0%

注:数据录入编码为:X(厦门大学)、J(集美大学)、Z(漳州师院)、F(福州大学)、S1(福师大福清分校)。

三、问卷数据录入、整理、统计、分析

本研究采用Excel2003建立数据库并进行数据的录入与处理。同时采用SPSS16.0进行数据分析,结果出来后,采用SPSS16.0对问卷进行了信度、效度检验,问卷的cronbach's@系数为0.725,表明问卷信度相当好。问卷效度经过Bartlett球度检验,给出的相伴概率为0.000,小于显著性水平0.05,因此拒绝Bartlett球度检验的零假设,表明适合因子分析。

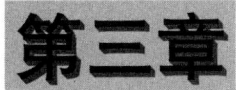

大学教师专业自主权
状况及其影响因素

在问卷设计和调查工作结束后,接下来就是对调查数据进行分析处理。本章探讨的是大学教师专业自主权状况。根据本研究的目的和访谈获取的信息,笔者把大学教师专业自主权问卷题目分成教学、科研、参与管理、专业发展和社会服务五组,研究假设科研是教师专业自主权中受困扰最大的方面。先用描述性分析描述大学教师对专业自主权情况的评价,进而采用均值分析方法,通过均值计算和比较,描述大学教师专业自主权的现状,找出他们所受困惑的最大方面以验证假设是否成立,并进一步对各项专业自主权遇到的问题进行数据分析。

第一节 大学教师对专业自主权状况的整体评价

一、70%以上大学教师对自己的职业表示满意

在调查中,大学教师对自身职业表示满意的比例达72.1%,对自身职业表示不满意的比例为18.6%,此外9.2%的教师表示没想好。然而却有91.6%的教师认为工作压力和负荷已经使身体处于亚健康状态,只有8.4%的教师不这么认为;均值为1.85,介于比较同意与非常同意之间。详见表3-1、表3-2。

表 3-1　大学教师对职业满意度的整体评价

选项	人数(人)	有效百分比(%)	累积百分比(%)
不满意,要转行	25	6.2	18.6
不满意,但不想转行	50	12.4	
满意,不转行	202	50.2	72.1
满意,但有机会会转行	88	21.9	
没想好	37	9.2	9.2
合计	402	100.0	100

数据来源:本研究中对大学教师的问卷调查。

说明:表中数据已剔除对本题目未作答复或答复有误的无效问卷,有效问卷共计402份。

二、超过80%教师认为工作压力使身体处于亚健康状态

表 3-2　大学教师对工作压力的整体评价

工作压力使身体亚健康	人数(人)	有效百分比(%)	累积百分比(%)
非常同意	178	44.0	44.0
比较同意	151	37.3	81.2
一般	42	10.4	91.6
不太同意	26	6.4	98.0
不同意	8	2.0	100.0
合计	405	100.0	—

数据来源:本研究中对大学教师的问卷调查。

说明:1.表中数据已剔除对本题目未作答复或答复有误的无效问卷,有效问卷共计405份。

2.非常同意=1,比较同意=2,一般=3,不太同意=4,不同意=5,均值为1.85。

进一步分析数据发现,在对自身职业满意的教师中,有21.9%的教师虽然满意这一职业,但他们表示如果有更好的机会会选择转行;在对职业不满意的教师中,有12.4%的教师虽然不满意,却表示不想转行,在随后的深入访谈中发现,许多教师在回答时是把大学教师这一职业与其他职业的社会声望相比较后作出比较满意的选择的,但是普遍认为这一职业存在高压力和高负荷;在调查中发现,"对教师职业不满意的"教师也并不是对职业本身缺乏认同,

而是对职业中的高压力与不自主不满。

三、尽管对自主权状况不满,但只有不足30%教师会选择跳槽

从访谈结果看①,大学教师作为知识分子,对于职业的要求不止于对物质生活的满足,对精神的追求更是他们职业发展的动力。对于自身专业权利的关注成为大学教师工作生活中不可或缺的一部分。他们希望在自己的专业领域拥有发言权,而非被动地从事教学和研究。他们希望自己在专业上的自由需求能得到重视。然而从调查数据可以看到,49.8%的大学教师认为不自主,其中29.5%的大学教师认为自主权很重要,哪怕待遇低点,只要有充分的专业自主权就会跳槽,他们把教师专业自主权放在第一位;但还有20.3%的教师认为虽然不自主,但也不想跳槽,访谈中了解到,他们中大多对实际工作中的压力感到不满,但对大学教师这一职业的社会地位比较满意,难以放弃。此外,26.7%的大学教师认为现在已经很自主了,不存在这个问题,访谈中发现他们多为刚进学校的年轻教师,对学校工作和专业自主权还没有充分感触。另外还有23.5%的大学教师没想好是否应该因不自主而跳槽。详见表3-3。

表3-3 大学教师对自身专业自主权的整体评价

选项	人数(人)	有效百分比(%)	累积百分比(%)
为争取自主权选择跳槽	119	29.5	29.5
不自主,但不想跳槽	82	20.3	49.8
很自主,不跳槽	108	26.7	76.5
没想好	95	23.5	100.0
合计	404	100.0	—

数据来源:本研究中对大学教师的问卷调查。

说明:表中数据已剔除对本题目未作答复或答复有误的无效问卷,有效问卷共计404份。

---

① 参见附录3。

四、有超过66%的教师认为学术委员会没有发挥应有作用

要维护自身的专业自主权,大学教师除了个人的努力和争取外,还要依靠专门的组织进行协调和维权。学术委员会是维护教师学术权利的重要组织,但本调查发现,88.1%的大学教师认为学术委员会在维护教师学术权利方面,并没有发挥应有的作用,另有3.2%的大学教师对学术委员会是否发挥了应有的作用表示不清楚,这样的回答说明学术委员会并没有发挥作用,从而使得教师对其缺乏必要的了解。详见表3-4。

表3-4 大学教师对学术委员会作用的整体评价

学术委员会没有发挥应有作用	人数(人)	有效百分比(%)	累积百分比(%)
非常同意	102	25.2	25.2
比较同意	167	41.2	66.4
一般	88	21.7	88.1
不太同意	26	6.4	94.5
不同意	9	2.2	96.7
不清楚	13	3.2	100.0
合计	405	100.0	—

数据来源:本研究中对大学教师的问卷调查。

说明:表中数据已剔除对本题目未作答复或答复有误的无效问卷,有效问卷共计405份。

上述数据分析表明,虽然大学教师对自身职业满意度较高,但并不意味着教师专业自主权得到充分的保障和实现。

第二节 对大学教师各项专业自主权状况的具体分析

一、调查发现,教师对科研自主权满意度最低

对大学教师的专业决定权(包括教育教学自主权、科学研究自由权)、专业自治权、专业发展权和专业服务权进行具体分析,通过比较各项权利的困扰

程度的平均值找出困扰大学教师最大的方面。从表3-5可以看到各项专业自主权均值都小于3(非常同意=1,比较同意=2,一般=3,不太同意=4,不同意=5),可见大学教师在各项专业自主权上均受到不同程度的困扰。特别是专业决定权中的教育教学自主权和科学研究自由权,均值都小于2。而在专业决定权中科学研究自由权的困扰均值为1.82,成为各项专业自主权中困扰最大的方面。

表3-5 各项专业自主权比较

专业自主权	教学自主权	科研自主权	专业管理权	专业发展权	专业服务权
选择人数(人)	405	404	392	404	404
均值	1.89	1.82	2.18	2.49	2.38
标准方差	.72306	.59473	.70109	.70805	.77402

数据来源:本研究中对大学教师的问卷调查。

说明:1.非常同意=1,比较同意=2,一般=3,不太同意=4,不同意=5。

2.表中数据已剔除未作答复或答复有误的无效问卷,有效问卷共计405份。

专业决定权,是指大学教师作为专业人员在教育教学工作中力求避免外力的干预,依据自身所具备的专业素养作出符合专业规律的最佳判断和选择的权利。这是教师作为专业技术人员所享有的一项基本权利。包括教育教学自主权和科学研究自由权。

教育教学自主权是指大学教师在所从事的教育、教学活动中,有根据教育教学目的,自主选择教育教学内容、组织教育教学过程、为保障教育教学质量对学生进行管理的自由与权利。在访谈过程中,大学教师普遍认为当前高校给予教师的教学自主权比较充分,影响教学自主权的因素主要在于量化的教学管理方式上。一些教学型大学教师认为学校过于刻板、严厉的教学制度和烦琐的教学考评手续等对其教学积极性产生了严重影响。

科学研究自由权是指高校教师有从事科学研究,进行学术交流,参加专业学术团体,在学术活动中发表意见的自由与权利。在访谈中发现,对于大学教师的科研自主的干扰普遍源于行政化和市场化的影响,集中表现在教师评聘和科研管理制度的过度量化上。

大学教师肩负着建造精神家园、推动知识文化进步和为社会培养未来主体的多重重任,只有拥有充分的专业决定权才能够在教学和科研中充分发挥自己的才能、保障科研和教育质量并在自主中实现自身发展。

(一)大学教师的教学科研自主权的满意度很低,矛盾指向量化管理

表 3-6 大学教师专业决定权状况(包括教育自主权和科研自由权)

答题人数	专业决定权	非常同意	比较同意	一般	累计比率	程度平均值
405 人	教学管理刻板、形式化	36.5%	40.7%	16.8%	94.1%	1.93
405 人	教学考评量化,手续烦琐	38.5%	42.5%	14.8%	95.8%	1.85
教育教学自主权程度平均值						1.89
405 人	学术霸权	38.9%	37.9%	14.4%	91.1%	1.95
405 人	课题申报行政干预大	37.5%	40%	15.1%	92.6%	1.93
405 人	科研评价量化导致功利化	52.6%	35.1%	9.6%	97.3%	1.62
405 人	科研评价指标统一化	41%	42.7%	13.1%	96.8%	1.79
科学研究自由权程度平均值						1.82

数据来源:本研究中对大学教师的问卷调查。

说明:1. 非常同意 =1,比较同意 =2,一般 =3,不太同意 =4,不同意 =5。

2. 调查总人数为 405 人。但各题因漏答情况不同,表格中百分比均为有效百分比。

表 3-6 是大学教师专业决定权在教育教学自主权和科学研究自由权两方面的具体情况,教育教学自主权和科学研究自由权均值都 <2,可见大学教师在专业决定权方面所受困扰比较大,其中科研方面的困扰最大,均值为 1.82,从各项均值比较来看,矛盾集中在评价制度的过度量化和评价指标的过分统一上。虽然在访谈中教师普遍反映学校给予了充分的教学自主权,但并不表示教师的教学自主权不受干扰,其均值只有 1.89,主要矛盾在烦琐的教学考评手续上。由于各种类型高校在教学管理制度上存在差别,部分教学型大学特别是二级学院教师受困于刻板、严厉的教学制度。在科研自主权上,相对于学术霸权和行政干扰等影响因素,科研的量化评价对大学教师困扰更大。

(二)教师的科研困惑与职称评审、课题申报和论文发表有关

在调查中,按照选择频数,科研困惑由大到小分别是:①课题申报难;②难集中精力做感兴趣的研究;③论文发表难;④教学科研相冲突;⑤研究能力差,写不出有价值的文章;⑥其他困惑。按照排序程度,科研困惑由大到小分别是:①课题申报难;②论文发表难;③难集中精力做感兴趣的研究;④研究能力

差,写不出有价值的文章;⑤其他困惑;⑥教学科研相冲突。详见表3-7。

表3-7 科研困惑情况(频数/百分比)

常遇到的困惑	选择人数(人)	百分比	排序均值	标准方差
研究、写作能力差	159	39.3%	2.47	1.538
论文发表难	201	49.6%	2.06	1.054
课题申报难	266	65.7%	1.77	0.982
难以集中精力做感兴趣的研究	228	56.3%	2.23	1.176
教学科研相冲突	169	41.7%	2.7	1.349
其他(请注明)	11	2.7%	2.55	1.809

数据来源:本研究中对大学教师的问卷调查。

说明:1. 排序1=1,排序2=2,排序3=3,排序4=4,排序5=5,排序6=6。

2. 表中数据已剔除未作答复或答复有误的无效问卷,有效问卷共计405份。

3. 本题为多项选择,百分比=频数/有效样本数。

调查结果显示,当前高校教师普遍存在内在的做课题、发论文的压力。因为只有做一定级别和数量的课题,在一定级别刊物发表一定数量的论文,才能达到晋升要求。在职称评审和工资提升制度中,由于对于科研的要求过度量化,使得大学教师追求的目标短期化、功利化,为了达到科研指标要求,他们很难根据自己的研究兴趣选择科研项目。特别是一些基础研究,需要花费很长的时间才能完成,经济效益短期内也不明显,教师为了生存和争取更多说话的权利,不得不放弃耗时长的研究项目,这就引发了教师"知识分子的良心"和"短期化、功利化的科研要求"之间的冲突与矛盾。在调查中发现,在"论文发表难"和"难以集中精力做自己感兴趣的研究"两个选项中,更多的大学教师选择了"难以集中精力做自己感兴趣的研究"。这反映了教师对于自身的职业有着更多的精神追求,但是在排序时却把"论文发表难"排在了前面,这是因为论文发表关乎教师的工作考核和职称评聘,与教师的切身利益密切相关。

"课题申报难"成为教师科研困惑中受困扰最多最大的因素。将"论文发表难"选项的排序选择和教师性别分别做独立样本T检验,P=0.001<0.05,说明在这一选项上存在性别差异,男教师排序均值为1.98,女教师为2.51,排序更后,通过访谈发现,主要原因在于,与女教师相比,男教师更关注研究的自主权。

在科研的诸项困惑中,也包括教师对自身能力的焦虑。虽然在调查中,"研究能力差,写不出有价值的文章"选项在选择频数上与其他选项相比位置相对较后,说明教师普遍对自身的研究、写作能力有一定自信,但是由于该项能力与论文发表这一晋升评审的重要考核指标密切相关,所以在按照重要程度排序时位置就相对提前了。

值得关注的是,从选择频数来看,教学与科研的冲突确实存在,并在一定程度上困扰着教师的科研自主权,但是总体重要程度排序较后,相对其他因素造成的困扰程度较小。此外,一些教师还在开放题目中表达了其他一些困惑,主要是:学术观点与政策、制度的冲突,学术霸权,一些形式化工作耗费心神,科研条件特别是硬件条件限制,外文文献难以查找,团队的科研能力培养不足,因个人经济条件、家庭压力以及待遇低所迫在外兼职影响科研等。

(三)教学与科研冲突也成为困扰大学教师专业决定权的因素

在调查科研困惑时,我们发现样本数中有41.7%的教师把教学科研冲突列为困扰科研的因素(见表3-8)。实际上,教学自主权和科研自由权除了各自存在的干扰因素外,彼此之间也存在任务、时间上的冲突和兴趣、内容不一致的矛盾,从而互相影响。

表3-8 教学与科研冲突情况(频数/百分比)

教学科研冲突的情况	选择人数(人)	百分比	排序均值	标准方差
教学任务过重影响科研	229	56.5%	1.18	0.476
科研任务过重影响教学	100	24.7%	1.64	0.823
二者内容兴趣不一致	183	45.2%	1.51	0.662
二者没有冲突	49	12.1%	1.31	0.796

数据来源:本研究中对大学教师的问卷调查。

说明:1. 排序1=1,排序2=2,排序3=3,排序4=4。

2. 表中数据已剔除未作答复或答复有误的无效问卷,有效问卷共计405份。

3. 本题为多项选择,百分比=频数/有效样本数。

从表3-8可以看出,认为科研和教学关系协调的教师只占总样本数的12.1%,教学和科研关系的不协调已经成为影响大学教师专业决定权的因素之一。关于教学和科研冲突的主要原因,根据选择频数和排序均值,"教学任务过重影响科研"选择最多,排序最前,其次是"教学与科研内容、兴趣不一致"的矛盾,最后是"科研任务过重影响教学"。但在实际访谈中发现,多数教师选择"教学任务过重影响科研"并不是因为学校安排的教学任务过多,他们普遍认为学校安排的教学任务是合理的,只是随着学校和教师对科研要求的日益偏重,教师希望能拿出更多时间用在科研上。而教师希望教学和科研内容、兴趣一致不仅是基于工作协调安排的考虑,更是希望能和自身研究兴趣统一,以改变被动工作的局面。

二、大学教师专业管理权没有落实

专业管理权,在这里特指教师参与学校事务的民主管理的权利和教师在专业领域的管理权利。

(一)行政部门赋予教师的管理权与教师实际需要的管理权不一致

在对行政人员进行大学教师专业自主权的调查中发现,大学教师参与民主管理的程度较高,而教师意见在一定程度上也对行政部门的最终决策产生影响(见图3-1、图3-2)。但是在对大学教师进行的专业自主权调查中却发现,大学教师认为自身专业管理权存在相当的困扰,其均值为2.176,小于3(见表3-5)。具体情况如下:

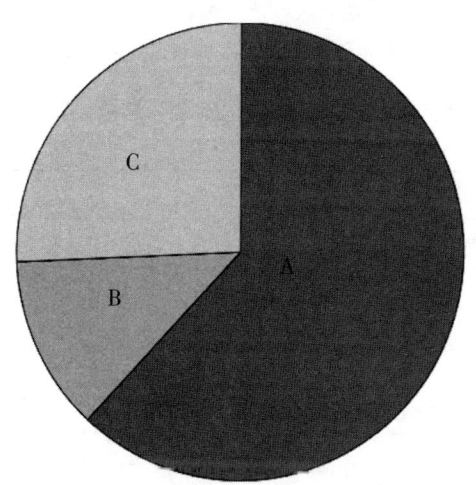

图3-1 行政部门征求大学教师意见情况

数据来源:本研究中对行政人员的问卷调查。

说明:1. A代表行政部门在决策制定前向教师征求过意见,所占百分比为61.9%。

2. B代表行政部门在决策制定前没有向教师征求意见,所占百分比为12.4%。

3. C代表行政人员不清楚是否征求过教师意见,所占百分比为25.7%。

4. 剔除无效问卷和漏答问卷,有效问卷数为105份。

1. 行政部门在决策前一般会征求教师意见

表3-9　不同层级行政部门征求教师意见状况

选项	校级 人数(人)	校级 百分比	院系级 人数(人)	院系级 百分比	总体 人数(人)	总体 百分比
征求过教师意见	50	57.5%	15	83.3%	65	61.9%
未征求教师意见	11	12.6%	2	11.1%	13	12.4%
不清楚	26	29.9%	1	5.6%	27	25.7%
总计	87	100.0%	18	100.0%	105	100.0%

数据来源：本研究中对行政人员的问卷调查。

说明：1. 剔除无效问卷和漏答问卷，有效问卷数为105份。

2. 本表中百分比为校级行政人员选择频次与校级行政人员总数百分比、院系级行政人员选择频次与院系级行政人员总数百分比。

2. 教师对不同行政序列部门决策的参与程度存在差异

表3-10　不同序列行政部门征求教师意见状况

单位：人

选项	党群组织 人数	百分比	科研管理 人数	百分比	教学管理 人数	百分比	人事行政 人数	百分比	其他 人数	百分比
征求过教师意见	17	77.3%	12	70.6%	17	53.1%	11	68.8%	8	44.4%
未征求教师意见	4	18.2%	0	0%	3	9.4%	2	12.5%	4	22.2%
不清楚	1	4.5%	5	29.4%	12	37.5%	3	18.8%	6	33.3%
总计	22	100.0%	17	100.0%	32	100.0%	16	100.0%	18	100.0%

数据来源：本研究中对行政人员的问卷调查。

说明：剔除无效问卷和漏答问卷，有效问卷数为105份。

从图3-1可以看到有61.9%的行政人员其所在部门在最终决策前征求过教师意见，但是从表3-9可以看到教师参与管理主要在院系一级，从表3-10可以看到参与管理的内容主要在党群组织序列，其次是科研管理序列，与教师切身利益密切相关，也是教师最想拥有发言权的人事行政序列以及与教师基本工作教学密切相关的教学管理序列参与得相对较少。在后续对大学教师的访谈中发现，虽然行政人员认为在科研管理上赋予了教师充分的权利，但是教师所参与管理的多是科研项目的组织和具体工作；而在与教师晋升评审密切相关的科研要求指标的确定上，教师几乎是没有发言权的。

3. 教师意见对不同层级的行政决策影响程度不同

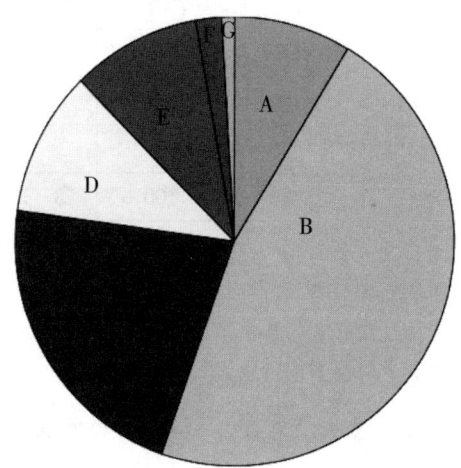

图 3-2 教师意见对行政部门最终决策的影响

数据来源:本研究中对行政人员的问卷调查。

说明:1. A 表示教师意见对行政部门最终决策影响很大,占 8.6%。

2. B 表示教师意见对行政部门最终决策影响比较大,占 46.7%。

3. C 表示教师意见对行政部门最终决策影响一般,占 21.9%。

4. D 表示教师意见对行政部门最终决策影响较小,占 10.5%。

5. E 表示教师意见对行政部门最终决策没有影响,占 9.5%。

6. F 表示不清楚教师意见是否有影响,占 1.9%。

7. G 为有一位行政人员指出是否有影响要看情况,占 1.0%。

8. 剔除无效问卷和漏答问卷,有效问卷数为 105 份。

表 3-11 教师意见对不同层级行政部门最终决策的影响

单位:人

选项	学校		院系		合计	
	人数	百分比	人数	百分比	人数	百分比
教师意见对行政部门决策的影响要看情况	1	1.1%	0	0.0%	1	1.0%
不清楚	2	2.3%	0	0.0%	2	1.9%
教师意见对行政部门决策的影响很大	8	9.2%	1	5.6%	9	8.6%
教师意见对行政部门决策的影响比较大	37	42.5%	12	66.7%	49	46.7%
教师意见对行政部门决策的影响一般	21	24.1%	2	11.1%	23	21.9%

续表

选项	学校		院系		合计	
	人数	百分比	人数	百分比	人数	百分比
教师意见对行政部门决策的影响较小	10	11.5%	1	5.6%	11	10.5%
教师意见对行政部门决策没有影响	8	9.2%	2	11.1%	10	9.5%
总计	87	100.0%	18	100.0%	105	100.0%

数据来源：本研究中对行政人员的问卷调查。

说明：1. 剔除无效问卷和漏答问卷，有效问卷数为105份。

2. 本表中百分比为校级行政人员选择频次与校级行政人员总数百分比、院系级行政人员选择频次与院系级行政人员总数百分比。

4. 教师意见对人事决策影响最大，对教学决策影响最小

表3-12　教师意见对不同序列行政部门最终决策的影响

单位：人

选项	所在部门序列										合计	
	党群组织		科研管理		教学管理		人事行政		其他			
	人数	百分比	人数	百分比	人数	百分比	人数	百分比	人数	百分比	人数	百分比
影响要看情况	0	0.0%	0	0.0%	1	3.1%	0	0.0%	0	0.0%	1	1.0%
不清楚	0	0.0%	0	0.0%	1	3.1%	0	0.0%	1	5.6%	2	1.9%
影响很大	3	13.6%	1	5.9%	2	6.2%	1	6.2%	2	11.1%	9	8.6%
影响比较大	10	45.5%	9	52.9%	10	31.2%	12	75.0%	8	44.4%	49	46.7%
影响一般	6	27.3%	5	29.4%	9	28.1%	2	12.5%	1	5.6%	23	21.9%
影响较小	1	4.5%	1	5.9%	6	18.8%	0	0.0%	3	16.7%	11	10.5%
影响没有	2	9.1%	1	5.9%	3	9.4%	1	6.2%	3	16.7%	10	9.5%
总计	22	100.0%	17	100.0%	32	100.0%	16	100.0%	18	100.0%	105	100.0%

数据来源：本研究中对行政人员的问卷调查。

说明：剔除无效问卷和漏答问卷，有效问卷数为105份。

从图3-2可以看到选择"教师对行政部门最终决策的影响较大"的有46.7%。还有8.6%的行政人员其所在部门的最终决策受教师意见影响很

大,而从表3-11可以看到,教师意见产生影响主要在院系一级行政部门。从表3-12看到与教师切身利益密切相关的人事行政部门决策受教师意见影响最大,其次是科研管理部门。关系教师教学工作的教学管理部门在决策时受教师意见的影响相对要小。

从上面的分析可以看出,行政部门虽然在采纳教师意见方面赋予教师较多的权利,但主要集中在院系一级,而学校层面的决策多为关乎学术发展、教师利益的长期规划、政策,在这一层级,教师参与管理相对较少;在参与管理内容方面,行政人员认为教师意见对人事行政部门决策影响较大,主要是由于人事行政部门的工作关系到教师切身利益,受到教师的广泛关注,但对大学教师的访谈结果显示,大学教师提的意见虽多,但实质性影响不大。而教学是教师主要的专业工作之一,但赋予教师的教学管理权相对较少。

(二)行政人员支持教师参与管理,却不信任教师具有相应的素质

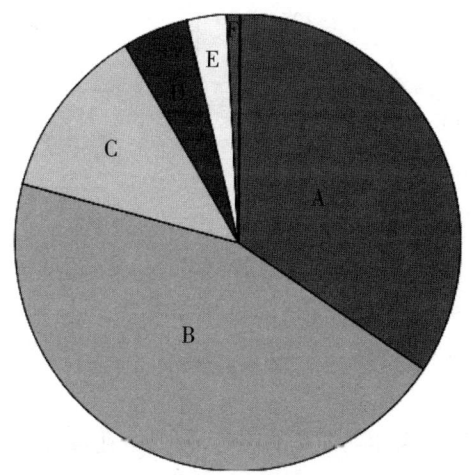

图3-3 行政人员对教师参与管理的看法

数据来源:本研究中对行政人员的问卷调查。

说明:1. A表示认为教师很有必要参与学校管理,百分比为34.6%。

2. B表示认为教师有必要参与学校管理,百分比为45.2%。

3. C表示认为教师不太有必要参与学校管理,百分比为12.5%。

4. D表示认为教师没有必要参与学校管理,百分比为4.8%。

5. E表示不清楚教师是否该参与学校管理,百分比为2.9%。

6. F为漏填部分。

7. 调查总人数为105人。但各题因漏答情况不同,图中百分比均为有效百分比。

图 3-3 显示多数行政人员认为教师应该参与学校管理,累计比率为 79.8%。然而对于教师是否具备相应的素质,行政人员的看法却不那么肯定。表 3-13 是行政人员对大学教师素质的满意度均值比较。在学术态度、学术自律、处理学术以外事务的能力、个人素养以及与其他人员关系处理能力等方面均值都>2,没有达到满意的水平。教师要参与管理,特别是学术事务的管理,需要具备良好的学术性格以及处理学术之外事务的能力;对于教师个人素养和人际关系,特别是与行政人员的关系也有相当的要求。然而在行政人员眼里教师不具备相应的能力首先就反映了大学教师与行政人员之间没有建立起良好的信任关系。因此,即使行政人员赞同教师参与管理事务,但由于对其素质抱有怀疑的态度,实际采纳意见的程度也不会很高。

表 3-13 行政人员对大学教师素质的满意度(均值比较)

大学教师素质	有效样本(份)	程度平均值	标准方差
学术态度	105	2.2	0.642
学术自律	105	2.21	0.646
处理学术以外事务的能力	104	2.41	0.601
个人素养	105	2.22	0.604
与其他人员关系处理能力	105	2.31	0.609

数据来源:本研究中对行政人员的问卷调查。

说明:1. 非常满意=1,满意=2,不满意=3,很不满意=4。

2. 调查总人数为 105 人。但各题因漏答情况不同,表格中百分比均为有效百分比。

(三)高校行政权力占主导是影响大学教师专业管理权的根源

大学是不同于其他社会组织的学术组织,强调教师对自身所在的专业组织具有管理的权利是学术自治的必然逻辑,行政人员应该以尊重、平等、自由为前提,与学术人员建立以学术发展和教育发展规律为要约的平等互动关系。然而在访谈中发现,受官本位思想的影响,在学校内部,领导、职能部门人员与教师之间普遍存在的是一种强制性命令和服从的关系,造成大学中出现行政权力主导学术权力的情况;而且在管理方式上,大学权力过分集中在校级,不利于按照各学科的特点和发展规律进行管理,造成官僚化、形式化的现象。所有这些不仅对教师个人的学术发展造成困扰,也阻碍了大学学术水平的提高和文化事业的真正发展。专业组织是维护教师专业自主权的重要途径。然而在我国,学术委员会等专业组织缺乏独立性,往往隶属于大学的行政机构,为其提供咨询、评议等服务工作,对于行政机构的监督和对教师学术权利的维护则作用甚微。

表3-14 大学教师专业管理权状况

答题人数	专业管理权	非常同意	比较同意	一般	累计比率	程度平均值
405人	高校行政权力占主导	36.3%	40.5%	18.3%	95.1%	1.95
392人	学术委员会作用缺失	26.0%	42.6%	22.4%	91.1%	2.17
405人	学校权力集中在校级	14.3%	47.7%	24.7%	86.7%	2.43
专业管理权程度平均值						2.176

数据来源:本研究中对大学教师的问卷调查。

说明:1. 非常同意=1,比较同意=2,一般=3,不太同意=4,不同意=5,不清楚=0。

2. 调查总人数为405人。但各题因漏答情况不同,表格中百分比均为有效百分比。

3. 第14题学术委员会没有发挥作用选项本来有6个,计算均值时剔除选择第6选项"不清楚"的13份,有效问卷为392份。

从表3-14可以看到,认为大学办学中存在行政权利主导学术权利的累计比率为95.1%,均值为1.95;认为学术委员会没有发挥应有作用的累计比率是91.1%,均值为2.17;认为学校管理权下放到院系有助于克服官僚化管理方式的累计比率为86.7%,均值为2.43。可见大学内部行政部门与学术主体间的矛盾是引发大学教师专业管理权困扰的最大原因。事实上,由于我国把大学这个学术机构内部的行政部门看作是政府行政部门的下属,不仅是行政人员甚至连大学教师都被当作是科层制中的职员,因此,在大学内部行政人员的"长官意志"与大学教师意志的冲突与对立中,通常以大学教师的失败而告终。所以虽然行政人员认为在决策时广泛征求了教师的意见,而教师却不满于行政人员的官僚主义态度,认为即使提了意见,那些意见最终也会在执行中产生"漂移",从而感到无奈与挫败。

三、大学教师对专业发展权也不太满意

专业发展权是指教师有权决定自己的专业发展事宜,且学校应为其发展提供充足的保障。只有教师的专业水平不断提高,才能不断提升教育教学质量。因此,专业发展权成为当今教师的一项必备权利。特别是进入信息时代,广播、电视、网络都可成为知识的来源,一定程度上代替了教师的功能,教师要保持自身专业地位的权威性和不可替代性,必须不断学习,不断提高;除了外

在环境的挑战,职场的压力也成为促使教师不断发展的原因,特别是海外归国者,由于学校政策的偏向性,他们在给其他教师带来竞争前进动力的同时也带来了排挤压力;此外,教师个人的学术人力资本和周边人际关系也是造成教师发展个体差异性的主要原因。

(一)大学教师自身的学术关系对专业发展权的影响最大

表3–15说明的是大学教师专业发展权状况,从中可以看到,大学教师在专业发展权上存在一定困扰,均值为2.485。按照一般假设,大学教师在发展中主要面对的是自我选择与学校提供的保障之间的矛盾。然而从调查数据可以看到,最困扰教师发展权实现的是教师自身的人际关系,在各项困扰中其均值最小,仅为2.02。

表3-15 大学教师专业发展权状况

答题人数	专业发展权	非常同意	比较同意	一般	累计比率	程度平均值
405人	学术关系影响专业发展	29.4%	47.4%	17.3%	94.1%	2.02
404人	不能自主选择发展方式	19.8%	35.4%	23.5%	78.7%	2.53
405人	信息时代的挑战	7.4%	35.3%	28.6%	71.4%	2.86
405人	归国者的排挤压力	15.8%	37.3%	29.4%	82.5%	2.53
专业发展权程度平均值						2.49

数据来源:本研究中对大学教师的问卷调查。

说明:1. 非常同意=1,比较同意=2,一般=3,不太同意=4,不同意=5;

2. 调查总人数为405人。但各题因漏答情况不同,表格中百分比均为有效百分比。

在后续的访谈中,笔者了解到对于有助于教师发展的人际关系,大学教师有两重理解:一方面,指良好的学术关系,包括同一学科内同事的愉快合作以及跨院系、跨校合作,此外还包括跨学科、跨领域的广泛的学术联系。这些都对教师更好地完成教学、科研工作,特别是大规模的知识计划的完成提供了良好条件和必要保障。另一方面,大学教师暗指与学术"潜规则"密切相关的学术关系。作为学院派的知识分子,他们总是用学术地位阶梯的逐级攀升来衡量自己学术生涯的发展水平。他们把自己前进的目标与学历、职称等的提升联结起来,因此在发展中对影响学术、职称晋升的评价机制密切关注。为了发表更多的文章,承担或参与更多的课题,一些搭便车、熟人偏好、权钱交易等不良现象便滋生出来。也使得那些不这么做的老师担心缺少必要的人际关系会被排挤,阻扰自身发展,进而感到焦虑。

（二）信息时代社会变革带来的挑战给教师专业发展权带来的困扰最小

随着信息时代的到来，社会的急剧变革使各行各业对人力资本的要求不断提高，要更好地适应社会，人们必须不断学习以提升原有的知识水平。而教师作为知识的传授者，在网络、电视、广播成为知识传播渠道的情况下，其职业权威性也必然受到挑战。要巩固自身的专业地位，终身学习与发展成为必然，这必然给教师带来一定压力与困惑。然而在调查中，教师在这一选项上的均值为2.86，是各项困扰中程度最轻的。究其原因，就在于大学教师对社会变革的适应性较强，对自身能力较自信。当前，社会正朝知识经济的方向发展，大学教师作为拥有较高人力资本水平的社会群体，将成为领导知识经济发展的重要力量，他们有足够的竞争力与适应力来迎接社会环境变迁带来的挑战。所以，在后续的访谈中，不少教师表示在教师自主选择发展方式与学校提供发展保障之间的矛盾中，教师对自身的能力和发展选择力还是比较自信的，冲突主要在于学校能否提供充分的发展条件，特别是不要给教师的发展设置障碍。比如对海外归国者的政策的偏向，校方持"外来的和尚好念经"的观念，对于他们的发展特别是在职称评审上给予优惠政策，这对其他老师造成的压力大于动力。从调查中可以看到这一选项与"教师自主选择发展方式与学校提供发展保障之间的矛盾"选项均值是一样的，均为2.53。

四、大学教师对专业服务权满意程度比较低

专业服务权指大学教师能够利用专业知识与能力直接或间接向社会提供服务或参与社会活动的权利，这是高校教师区别于其他教师的一项重要权利。

在访谈中发现，随着社会经济的发展，大学教师正越来越多地从事社会服务工作，在这一方面遇到的困扰往往不是学校的阻挠，而是学校"经济挂帅"带来的冲击。

表3-16反映的是大学教师专业服务权状况，可以看到均值为2.38，可见大学教师受困扰程度较大。影响大学教师专业服务权的因素主要在于社会和高校内部市场化的冲击，其中社会层面的经济利益诱惑，均值为2.46，大学内部层面经济挂帅的影响，均值为2.29。从均值比较可以看到大学教师受到的市场化冲击主要来自学校内部层面。

表3-16 大学教师专业服务权状况

答题人数	专业服务权	非常同意	比较同意	一般	累计比率	程度平均值
404人	市场经济诱惑	14.4%	50.5%	17.1%	81.9%	2.46
405人	高校经济挂帅	21.5%	41.5%	24.2%	87.2%	2.29
专业服务权程度平均值						2.38

数据来源:本研究中对大学教师的问卷调查。

说明:1. 非常同意=1,比较同意=2,一般=3,不太同意=4,不同意=5。

2. 调查总人数为405人。但各题因漏答情况不同,表格中百分比均为有效百分比。

伴随着我国社会经济由计划经济体制向市场经济体制转型,为了在学校之间激烈的竞争中胜出,高校在教学、科研、服务社会三大职能上,正日益游离于教学活动,将社会的、经济的目的作为科研活动的基本价值导向。在各校教育效果和科研成果的竞争中,相对于教育效果的内隐性和滞后性,科研效果的高产性与速显性使得高校不自觉地把工作重心转向科研,特别是与经济效益挂钩的社会服务上。社会服务中产生的经济效益成为评价科研实力与效果的重要指标。反映在职称评审中不仅注重科研成果的数量还注重科研成果的经济效益。比如在科研课题上不仅要求课题数量和级别,更要比较科研经费的多寡。这些都把教师置于"知识分子良心"与"经济利益诱惑"的矛盾之中。为了追逐社会热点,一些教师迷失了自身的学术追求;为了谋求发展,一些教师沦为"学术工人"。

本章小结

通过以上对大学教师专业自主权状况的分析,获知大学教师对自身职业满意度较高,但这并不意味着教师专业自主权得到充分的保障和实现。在诸项专业自主权中,专业决定权(包括教育教学自主权和科学研究自由权)遇到的困扰最大,特别是其中的科学研究自由权受影响更大。

大学教师的职业地位会影响大学教师工作的信心和自主性,但从本章调查结果来看,大学教师普遍对自身职业地位感到满意,影响他们专业工作自主性的原因不在于职业地位,而在于工作压力大以及学术委员会没有发挥应有的作用。

工作压力过低,难以给教师前进的动力;工作压力过高,使得教师难以达到目标要求,长期下来就会影响教师潜力的发展。而我们的调查结果显示,大学教师普遍感觉压力过大甚至导致他们出现亚健康状态。根据笔者访谈,大学教师的压力主要表现在各项专业自主权的困扰中,比如"教学任务重"、"科研难度大"、"接受考评累"、"时间精力不足"等。本章从专业决定权、专业管理权、专业发展权和专业服务权状况调查中对这些困扰因素进行了分析。

第一,在专业决定权上,科研自由权所受困扰最多,主要表现为科研难度大,问题主要集中在与考评工作和晋升制度密切相关的课题申请、论文发表等科研事务上。造成科研难度大的原因有很多,调查发现,年轻教师中存在对自身能力的不自信,包括对学术关系不足的焦虑;更多的是由于市场化和行政化对科研的冲击,集中表现在科研制度的量化管理上。

教育教学自主权的主要问题也表现在量化管理方式上,如"接受考评累",部分教学型大学教师烦扰于"教学制度的刻板和形式化"以及"教学任务重"。

需要指出的是,有部分研究型大学教师在问卷中也反映"教学任务重"是一大困扰,但在实际访谈中却表示教学任务实际上不算重,主要是科研任务日益繁重,在时间和精力有限的情况下,偏向科研,因为科研对职称、收入的影响更大。所以说教学与科研之间的冲突已经影响到整个专业决定权。

第二,在专业管理权上,高校内部行政权力占主导地位是影响专业管理权的主要因素,表现为行政人员和大学教师之间的信任缺失。行政人员赞成大学教师参与管理却对其能力不信任,给予大学教师的管理权有限且不是大学教师实际所需要的。这就是在访谈中大学教师普遍反感于行政人员的长官意志和官僚态度的原因。

第三,在专业发展权上,大学教师受到的最大困扰不是来自于自身的发展要求与学校提供的发展保障间的矛盾,而是出于对自身拥有的学术关系、学术资源的焦虑。在访谈中,一些教师认为学术关系不仅包括促进学术交流、进步的良好合作关系和学术资源,在我国还与学术"潜规则"有关,没有一定的学术关系,论文的发表、课题的申请等都会遇到困难。

第四,在专业服务权上,主要困扰来自于社会和高校内部市场化的冲击,其中高校在工作上经济挂帅影响最大,导致大学教师学术追求短期化、功利化。

第四章

大学教师专业自主权影响因素的结构性特征

本章探讨的是大学教师专业自主权影响因素的结构性特征。在第三章对大学教师各项专业自主权状况分析的基础上,了解了各项专业自主权的困扰及其影响因素,根据本研究的目的和访谈获取的信息,笔者将从社会、大学和个人三个层面考察这些影响大学教师专业自主权的具体因素,从中找出影响因素的结构性特征。研究假设:在社会、学校和个人三个层面,大学教师个人因素是根本,大学内部层面制度的反向趋势是外部影响因素的主要来源,社会的外部环境因素通过大学内部的具体因素起作用。先用均值分析方法,通过均值计算和比较,从社会、学校和个人三个层面,找出影响因素最大项以验证假设是否成立,分析影响因素的整体结构特征;并进一步对各个层面具体影响专业自主权的因素进行数据分析。

第一节 影响大学教师专业自主权因素的结构分层

表4-1是影响大学教师专业自主权因素的结构分层表,在前一章分析的基础上,把具体影响大学教师专业自主权的因素分成社会因素、高校内部因素和大学教师个人因素三组,通过计算每个具体影响因素的均值进而计算每组的程度平均值,找出最大的影响因素。

从表4-1的数据可以看到,高校内部因素组程度平均值最小,为1.93,按照程度赋值,均值越小,困扰的程度越大;其次是大学教师个人因素组,程度平均值为 2.17；困扰程度最小的是社会因素组，程度平均值为 2.43。可见，在我国影响大学教师专业自主权最大的因素来自于外部环境的高校内部层面。社会层面的影响虽然最小，但其中社会宏观体制对高校政策的影响以及国家相关行政部门对课题申报的行政干预影响很大，均值分别为 2.46 和 1.93。可见社会层面主要通过高校内部层面折射而产生间接影响，我国高校内部管理制度受制于宏观的社会体制。

表 4-1 影响专业自主权因素的结构分层

答题人数	专业决定权	非常同意	比较同意	一般	累计比率	程度均值
404 人	被经济诱惑	14.4%	50.5%	17.1%	81.9%	2.46
404 人	自我反思不足	50.7%	38.1%	6.9%	95.8%	1.66
405 人	学术关系影响专业发展	29.4%	47.4%	17.3%	94.1%	2.02
404 人	学术霸权	36.2%	40.6%	18.3%	95.0%	1.95
404 人	科研能力有限	15.6%	44.3%	29.7%	89.6%	2.36
404 人	不能自主选择发展方式	19.8%	35.4%	23.5%	78.7%	2.53
教师个人因素影响程度平均值						2.17
405 人	高校行政权力占主导	36.3%	40.5%	18.3%	95.1%	1.95
392 人	学术委员会作用缺失	26%	42.6%	22.4%	91.1%	2.17
405 人	教学管理刻板、形式化	36.5%	40.7%	16.8%	94.1%	1.93
405 人	科研评价量化导致功利化	52.6%	35.1%	9.6%	97.3%	1.62
405 人	教学考评量化	38.5%	42.5%	14.8%	95.8%	1.85
405 人	科研评价指标统一化	41%	42.7%	13.1%	96.8%	1.79
405 人	高校经济挂帅	21.5%	41.5%	24.2%	87.2%	2.29
高校内部因素影响程度平均值						1.93
405 人	信息时代的挑战	7.4%	35.3%	28.6%	71.4%	2.86
403 人	宏观体制影响政策偏向	14.1%	50.6%	17.1%	81.9%	2.46
405 人	课题申报行政干预大	37.5%	40%	15.1%	92.6%	1.93
405 人	归国者的排挤压力	15.8%	37.3%	29.4%	82.5%	2.53
社会因素影响程度平均值						2.43

数据来源：本研究中对大学教师的问卷调查。

说明：1. 非常同意=1，比较同意=2，一般=3，不太同意=4，不同意=5。

2. 调查总人数为 405 人。但各题因漏答情况不同，表格中百分比均为有效百分比。

3. 第 14 题学术委员会没有发挥作用选项本来有 6 个，计算均值时剔除选择第 6 选项"不清楚"的 13 份，有效问卷为 392 份。

第二节 影响大学教师专业自主权因素的结构性特征

一、在我国,社会环境对专业自主权直接影响最小,但间接影响巨大,集中表现为行政化、市场化的影响,特别是行政化对科研工作的干预

社会层面的影响因素主要指社会的转型和高校体制的变迁等相关的宏观体制背景对于大学教师专业自主权产生的影响。在我国主要指信息时代给大学教师专业发展提出的挑战以及从计划经济体制向市场经济体制转型中行政化和市场化对教师专业自主权产生的冲击。从调查数据中可以看到,在应对信息时代带来的挑战方面,大学教师所受困扰最小,均值为2.86,对于海外归国者带来的压力,困扰相对更小,均值为2.53。这主要是因为大学教师作为领导知识经济发展的主导力量,是拥有较高人力资本水平的群体,他们有足够的竞争力和自信心适应社会的变迁带来的挑战和海外归国者带来的外在竞争压力。真正困扰大学教师的是市场化和行政化对大学教师专业自主权的冲击。主要表现为来自社会层面的对科研和学科发展的行政化干预。特别是科研课题的申报,直接与教师的工作和切身利益相关,行政化干预严重困扰了大学教师的专业自主性的发挥,其均值为1.93。值得一提的是,社会层面的直接影响从均值比较来看比教师个人层面因素和高校内部层面因素的影响要小。但它通过高校内部制度层面折射出来的间接影响以及通过对大学教师个人思想的冲击引起教师个人角色冲突带来的间接影响都不可忽视。社会层面的市场化、行政化影响是通过直接和间接的方式综合起作用的。

表4-2 市场化、行政化对大学教师专业自主权影响的比较

答题人数	影响工作因素	非常同意	比较同意	一般	累计比率	程度平均值
404人	市场经济诱惑	14.4%	50.5%	17.1%	81.9%	2.46
405人	高校经济挂帅	21.5%	41.5%	24.2%	87.2%	2.29
市场化因素组程度平均值						2.31
403人	宏观体制影响政策偏向	14.1%	50.6%	17.1%	81.9%	2.46
405人	课题申报中,行政干预大	37.5%	40%	15.1%	92.6%	1.93

续表

答题人数	影响工作因素	非常同意	比较同意	一般	累计比率	程度平均值
405 人	大学行政权力占主导	36.3%	40.5%	18.3%	95.1%	1.95
行政化因素组程度平均值						2.08

数据来源:本研究中对大学教师的问卷调查。

说明:1. 非常同意=1,比较同意=2,一般=3,不太同意=4,不同意=5。

　　　2. 调查总人数为405人。但各题因漏答情况不同,表格中百分比均为有效百分比。

表 4-2 是市场化、行政化对大学教师专业自主权影响的比较,从中可以看到,当前市场化和行政化对教师工作的影响平均值分别达到 2.31 和 2.08,被选取的累积比率均在 80% 以上。在市场化和行政化的影响当中,行政化的影响更大一些。特别是学校内部行政权力的影响更是高达 95.1%。在市场化的影响里,高校内部层面的影响也比社会层面的市场化影响更高,达到 87.2%。

综上所述,社会因素距离大学教师工作中心最远,与教师互动程度最低,产生的直接影响最小,只有在与大学教师工作密切相关的方面比如科研上才对大学教师产生较大的影响,但是社会因素通过大学内部制度折射出来的间接影响不可忽视。在我国,不同高校内部的行政管理机制、职称评审制度、聘任晋升制度、工资分配制度等受我国,传统宏观体制的惯性支配和影响而趋同,而这些正是困扰大学教师最深的因素。因此,社会的宏观体制影响大学教师群体的专业自主权特征。

二、在我国,高校内部因素影响最大,集中表现在量化管理方式上,特别是晋升制度中科研评价的量化严重干扰了教师工作自主性的发挥

高校内部组织制度是大学教师直接接触的工作环境,包括学校的行政组织,以及聘任评审、职称晋升制度,分配制度,教学、科研管理制度等。各高校因办学特色不同而存在差异性,决定各个不同高校教师在专业自主权的状况上呈现不同特点。但受宏观体制影响,我国高校在基本制度上有趋同之处,体现出一些共同的特点。从表 4-2 我们可以看到高校内部层面受社会体制影响,对于大学教师专业自主权的冲击主要来自于行政化和市场化的干预。

表 4-3 社会与高校内部市场化、行政化对专业自主权影响的比较

答题人数	影响工作因素	非常同意	比较同意	一般	累计比率	程度平均值
404 人	市场经济诱惑	14.4%	50.5%	17.1%	81.9%	2.46
403 人	宏观体制影响政策偏向	14.1%	50.6%	17.1%	81.9%	2.46
405 人	课题申报中,行政干预大	37.5%	40%	15.1%	92.6%	1.93
社会层面市场化、行政化因素组程度平均值						2.26
405 人	高校经济挂帅	21.5%	41.5%	24.2%	87.2%	2.29
405 人	大学中行政权力占主导	36.3%	40.5%	18.3%	95.1%	1.95
高校内部市场化、行政化因素组程度平均值						2.10

数据来源:本研究中对大学教师的问卷调查。

说明:1. 非常同意=1,比较同意=2,一般=3,不太同意=4,不同意=5。

2. 调查总人数为405人,但各题因漏答情况不同,表格中百分比均为有效百分比。

表4-3是社会与高校内部市场化、行政化对大学教师专业自主权影响的比较。从中可以看到,大学教师工作受到的市场化和行政化影响主要来自学校内部管理层面。

根据均值比较的结果,在市场化影响上,学校内部工作的功利化比学校外部市场经济诱惑对教师工作的影响要更大一些。在行政化影响上,也是学校内部行政权力的影响要大于外部政策环境的影响。而在对教师进行进一步调查和访谈后发现,学校内部管理制度的功利化和行政化问题主要集中表现在教师评审制度中的量化评价和量化管理上。

表 4-4 困扰教师的量化管理方式

量化管理	非常同意	比较同意	一般	累计比率	程度平均值
量化评价导致功利化	52.6%	35.1%	9.6%	97.3%	1.62
量化考评表格烦琐	38.5%	42.5%	14.8%	95.8%	1.85
科研评价统一化	41%	42.7%	13.1%	96.8%	1.79

数据来源:本研究中对大学教师的问卷调查。

说明:1. 非常同意=1,比较同意=2,一般=3,不太同意=4,不同意=5。

2. 调查总人数为405人。但各题因漏答情况不同,表格中百分比均为有效百分比。

表4-4是困扰教师的量化管理方式的具体情况,从表格中可以看到程度平均值从1.62到1.79不等,对于教师造成的困扰都很大。特别是量化管理

导致的功利化,对于教师评价过于看重数字,一方面使得教师评价机制异化,评价标准中学术标准缺失,无法客观反映教师工作和学术水平,影响教师工作积极性和主动性;另一方面又诱导教师走上功利化的道路,忽略了对工作和学术价值的本真追求。这些都不利于教师学术权利的保障。

三、在大学教师个人层面,影响专业自主权的主要因素在于反思能力的不足和学术霸权的存在

表4-5是影响大学教师专业自主权的个人因素的具体情况,从表中可以看到,在这一层面教师人际互动因素对大学教师专业自主权的困扰最大,均值为1.98。其次是大学教师自身角色的冲突造成的影响,均值为2.06。教师自主能力、自主意识对大学教师专业自主权的影响相对较小,均值为2.44,表明大学教师普遍对自身能力有一定自信。

表4-5 影响大学教师专业自主权的个人因素

答题人数	影响工作因素	非常同意	比较同意	一般	累计比率	程度平均值
404人	反思能力不足	50.7%	38.1%	6.9%	95.8%	1.66
404人	受经济诱惑	14.4%	50.5%	17.1%	81.9%	2.46
教师自身角色冲突因素组程度平均值						2.06
404人	学术霸权	36.2%	40.6%	18.3%	95.0%	1.95
405人	学术关系影响专业发展	29.4%	47.4%	17.3%	94.1%	2.02
教师人际互动因素组程度平均值						1.98
404人	工作能力有限	15.6%	44.3%	29.7%	89.6%	2.36
404人	还不能做到自主选择发展方式	19.8%	35.4%	23.5%	78.7%	2.53
教师自主能力、自主性因素组程度平均值						2.44

数据来源:本研究中对大学教师的问卷调查。

说明:1. 非常同意=1,比较同意=2,一般=3,不太同意=4,不同意=5。

2. 调查总人数为405人。但各题因漏答情况不同,表格中百分比均为有效百分比。

大学教师人际互动因素方面的困扰主要表现为自身人际资源的不足以及与学术权威的冲突。其中学术权威带来的影响更大,均值为1.95,在访谈中,教师普遍对此表现出无力感;而大学教师所拥有的学术关系是他们与外界环境互动的途径,良好的学术关系有助于大学教师职业生涯的发展,在潜规则存

在的学术圈里也有其无奈的一面。

应对时代的变迁和社会的转型,大学教师充当着越来越多的社会角色:作为学术组织的一分子,教师要秉承人文精神追求科学真理,而作为社会的一分子,他们又不得不面对市场经济带来的种种诱惑。作为知识的传授者,教师要确立自身的专业权威地位,作为知识的创造者,他们要保持自身权威的地位就要让知识在不断创新中保持正确性和先进性,这就不得不按照内心"追求真理"的冲动,对自己保持清醒理性的反思。从调查数据来看,对自我的反思、对自我的批判带来的困扰对大学教师维护自身专业自主权的影响更大,均值为1.66,成为所有具体因素中影响最大的因素。由此可见,在抵制专业自主权的干扰方面,自身的干扰是大学教师要克服的最大障碍。

虽然大学教师对自身自主能力与自主性比较自信,但是也有89.6%的大学教师认为虽然自己尽了最大努力,但工作能力还是有限;在对行政人员的调查中,行政人员对大学教师素质的看法也没有达到满意的水平。在学术态度、学术自律、处理学术以外事务的能力、个人素养以及与其他人员关系处理能力等方面评价均值都大于2(满意=2,不满意=3),详见表3-13。

四、在高校层面,教师参与管理不够深入,仅限于参与与自身利益密切相关的事务,学术委员会也没有发挥应有作用

表4-6是行政人员对大学教师参与管理的态度的评价。有88.4%的行政人员认为大学教师参与管理的态度积极。其中认为大学教师参与管理很积极的行政人员比较少,占8.7%,认为大学教师参与管理比较积极和一般的行政人员比较多,分别占44.7%和35.0%。

表4-6 大学教师参与管理的态度(行政人员问卷)

教师参与管理态度	选择频数	百分比
很积极	9	8.7%
比较积极	46	44.7%
一般	36	35.0%
较小	5	4.9%
没有	7	6.8%
合计	103	100.0%

数据来源:本研究中对行政人员的问卷调查。

说明:1. 非常同意=1,比较同意=2,一般=3,不太同意=4,不同意=5。

2. 调查总人数为105人。但各题因漏答情况不同,表格中百分比均为有效百分比。

但是在对大学教师进行的调查中发现,在学校征求改革意见时,持消极态度的人最多,占43.8%;也有不少教师持积极态度,占29.7%;还有17.1%的教师仅在"与自己利益冲突时才发表意见";视"制度为虚设,我行我素"的教师也是较少的。根据访谈发现,大学教师直接受制于高校内部具体的学术制度,并在这些制度的约束下进行专业工作,因此他们参与管理的总体态度是很积极的,但是在参与管理的内容上,主要集中在与他们切身利益密切相关的具体事务上,包括教师职称晋升、考评制度和收入分配制度等,而对学校层面的改革,如果不与利益冲突则较少关注。部分大学教师受官本位观念的影响,对参与管理持消极保守态度。具体见表4-7。

表4-7 大学教师参与管理的态度(大学教师问卷)

教师态度	选择频数	百分比
积极进言献策	120	29.7%
与自己利益冲突才发表意见	69	17.1%
人微言轻说了白说	177	43.8%
制度是虚设的,按自己意愿办事	38	9.4%
合计	404	100.0%

数据来源:本研究中对大学教师的问卷调查。

说明:调查总人数为405人,但各题因漏答情况不同,表格中百分比均为有效百分比。

在学术组织方面,91.1%的大学教师认为学术委员会并没有发挥应有的作用,均值为2.17,对大学教师专业自主权造成的困扰比较大(见表4-1)。

表4-8 大学教师参与管理的方式(行政人员问卷)

参与管理的方式	选择频数	百分比
教师与行政人员座谈	47	44.8%
参加学术性质委员会	37	35.2%
担任行政职务	22	21.0%
其他	9	8.6%
合计	105	100.0%

数据来源:本研究中对行政人员的问卷调查。

说明:1.非常同意=1,比较同意=2,一般=3,不太同意=4,不同意=5。

2.调查总人数为105人。本题为多选题,百分比为频数/答题总人数。

表4-8是行政人员调查问卷中行政人员对于大学教师参与管理的方式的看法。可以看到行政人员更多的是偏向于大学教师与行政人员的座谈，占44.8%；而认为应参加学术性质委员会的占35.2%。这一方面反映了在管理方式上，他们希望和大学教师有更多的沟通；另一方面也间接说明学术委员会的作用没有充分被意识到。

本章小结

通过以上对影响大学教师专业自主权因素的分析，获知影响我国大学教师专业自主权的因素主要来自外部环境中的高校内部体制，而外部环境中社会层面的影响最小。进一步分析数据发现，虽然我国大学教师专业自主权受高校内部管理体制影响最大，但各高校教师专业自主权状况差异性不大，困扰都集中在科研评价、职称晋升等基本制度的量化管理上；虽然我国大学教师专业自主权受社会层面影响最小，但影响大学教师专业自主权的因素却体现出我国特有的社会宏观体制特征，即行政化和市场化的冲击。可见，社会宏观体制对大学教师专业自主权的直接影响虽最小，通过高校内部体制产生的间接影响却不可忽视。大学内部管理体制受制于我国社会宏观体制。由此，我们总结出影响我国大学教师专业自主权因素的结构性特征：

第一，在社会层面，外部环境因为距教师最远、互动程度最低，所以直接影响的程度也最低，但通过大学制度的折射对大学教师产生的间接影响不可忽视，对大学教师群体而非个人的专业自主权特征产生影响。在我国表现为行政化的干预、市场化的影响。

第二，高校内部是大学教师实现专业自主权的具体组织结构环境，决定了各个高校教师专业自主权状况有各自的具体特点。其中存在的制度反向趋势是制约大学教师专业自主权的主要因素，在我国主要表现为行政化和市场化对高校内部体制的影响，集中表现在量化管理方式上，特别是晋升制度中科研评价的量化严重干扰了教师工作自主性的发挥。

第三，大学教师个人因素是实现大学教师专业自主权的根本核心，也决定了大学教师专业自主权状况的个体差异，包括大学教师的自主能力与自主性，个人的学术关系与人际互动，以及充当不同社会角色时产生的矛盾与冲突。从调查结果来看，个人层面最困扰大学教师的是学术关系与人际互动因素，特别是与学术霸权的冲突产生的无力感，迫切需要扩充自身的学术资源与学术关系；其次是大学教师自身的角色冲突，其中大学教师在反思自我方面的困扰是所有具体因素中困扰最大的，说明在抵制专业自主权的干扰方面，自身的干扰是大学教师要克服的最大障碍。相对来说，大学教师对自身的自主能力与自主性更为自信，影响最小。

第四，在大学教师中心层面与外部环境层面(包括高校内部层面与社会层面)之间所进行的互动是维护大学教师专业自主权的关键，从大学教师个人来说，个体的学术性格、能力与工作经验、学术关系决定了他们怎样应对外界环境给专业自主权带来的冲突与困惑，怎样表述和维护自身的利益诉求；从大学教师群体来说，完善的学术组织机构是他们维护专业自主权并和外部环境进行沟通互动的有效渠道。从调查来看，我国大学教师参与管理还不够深入，多集中在与自身利益密切相关的事务方面。而作为大学教师专业权利的维护组织，学术委员会的作用并没有得到充分发挥。

第五章

大学教师背景对专业自主权状况的影响差异

在前一章的分析中我们可以看到,大学教师个人层面的因素对专业自主权的影响很大,国内外的研究也表明大学教师的个人经历、学术背景等会影响其具体的专业自主权状况。为了进一步了解大学教师个人因素对专业自主权的影响,在对大学教师专业自主权进行的问卷调查中,关于教师的背景资料设置了所在院校、学科性质、性别、职称、学历、教龄、所处年龄段共7个选项。这些不同的背景因素对于大学教师在专业决定权(包括教育教学自主权和科学研究自由权)、专业管理权、专业发展权和专业服务权上有怎样不同的影响?从中我们又可以发现哪些规律?本部分将把7个背景因素逐一与各项专业自主权状况进行影响差异的方差分析,对于有显著性差异的项目进行具体分析,从而找出规律。

第一节 院校类型对大学教师专业自主权状况的影响差异

在调查中,把调查教师所在院校分为三大类:部属重点大学为厦门大学,省属重点大学包括福州大学、福建师范大学和福建医科大学,普通地方本科院校包括集美大学、漳州师院和福师大福清分校。把这三类院校调查数据在教育教学自主权、科学研究自由权、专业管理权、专业发展权和专业服务权上逐一进行方差分析,发现大学教师所在院校的类型对其专业发展权状况的影响呈显著性差异,P=0<0.05。在其他几项专业自主权状况的影响上 P>0.05,不具备显著性差异。

一、院校类型对大学教师专业发展权状况的影响呈显著性差异

图 5-1 是不同院校类型大学教师在其专业发展权上的均值比较图。从图中可以看到三类院校大学教师在专业发展权上的均值分布呈显著性差异。其中,部属重点大学教师在专业发展权上所受的困扰最小,普通地方本科院校,教师在专业发展权上所受的困扰最大。

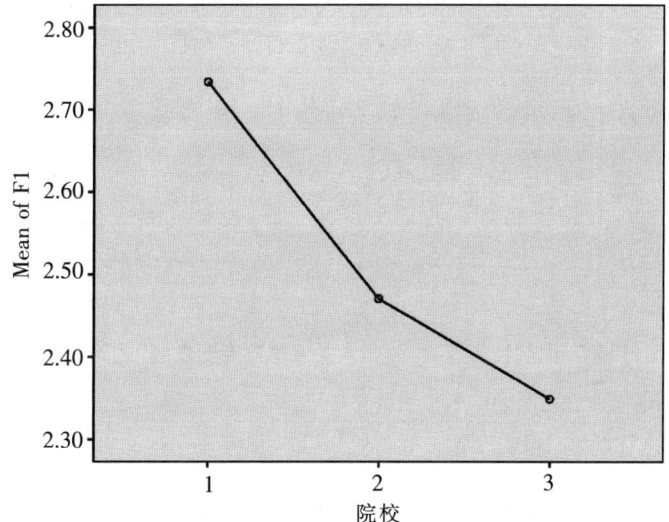

图 5-1 不同院校类型教师专业发展权的均值比较

数据来源:本研究中对大学教师的问卷调查。

说明:1. 横轴为院校,代码1:部属重点院校,代码2:省属重点院校,代码3:地方本科院校。

2. 纵轴为大学教师在专业发展权上的困扰程度平均值。

3. 非常同意=1,比较同意=2,一般=3,不太同意=4,不同意=5;同意程度越高,均值越小,困扰越大。

4. 调查总人数为405人。

进一步把所在院校类型和专业发展权中具体的影响因素逐一进行方差分析,发现院校类型在"教师自身学术关系影响专业发展"、"还不能做到自主选择发展方式"和"信息时代给教师职业提出发展要求,带来挑战"三个选项上的影响分别为 P(A6)=0<0.05、P(A9)=0.017<0.05、P(A10)=0<

0.05,均呈显著性差异;在"海外归国者的排挤压力给教师发展带来无奈感"上,P(A12) = 0.275 > 0.05,无显著性差异。具体情况如下:

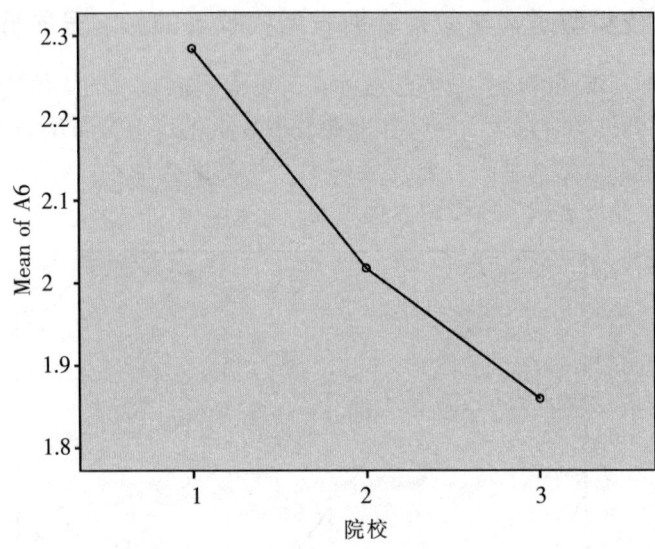

图 5-2　不同院校类型教师"学术关系影响专业发展"的均值比较

数据来源:本研究中对大学教师的问卷调查。

说明:1. 横轴为院校,代码 1:部属重点院校,代码 2:省属重点院校,代码 3:地方本科院校。

2. 纵轴为大学教师在学术关系上的困扰程度平均值。

3. 非常同意 = 1,比较同意 = 2,一般 = 3,不太同意 = 4,不同意 = 5;同意程度越高,均值越小,困扰越大。

4. 调查总人数为 405 人。

图 5 - 2 是不同院校大学教师在"学术关系影响专业发展"方面的均值比较图。从图中可以看到三类院校大学教师在个人学术关系所受的困扰上均值分布呈显著性差异。其中,部属重点大学教师在个人学术关系上所受的困扰最小,普通地方本科院校教师在个人学术关系上所受的困扰最大。

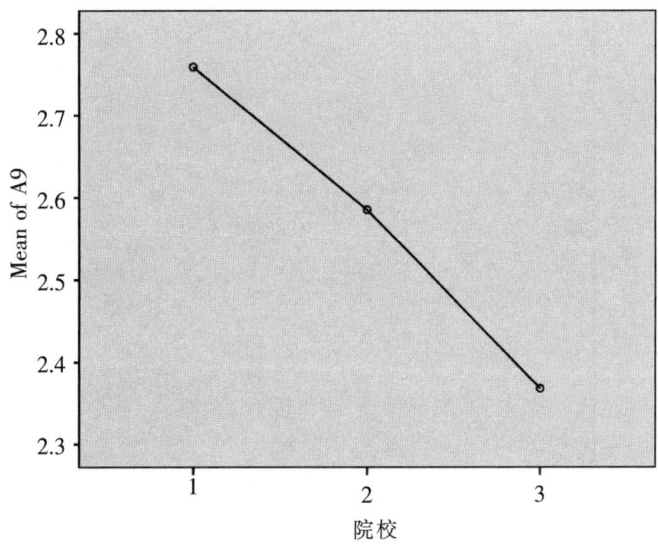

图 5-3 不同院校类型教师"不能自主选择发展方式"的均值比较

数据来源:本研究中对大学教师的问卷调查。

说明:1. 横轴为院校,代码 1:部属重点院校,代码 2:省属重点院校,代码 3:地方本科院校。

2. 纵轴为大学教师在自主选择发展方式上的困扰程度平均值。

3. 非常同意 =1,比较同意 =2,一般 =3,不太同意 =4,不同意 =5;同意程度越高,均值越小,困扰越大。

4. 调查总人数为 405 人。

图 5-3 是不同院校类型大学教师在"不能自主选择发展方式"上的均值比较图。从图中可以看到三类院校大学教师自主选择发展方式的困扰均值分布呈显著性差异。其中,部属重点大学教师在自主选择发展方式上所受的困扰最小,普通地方本科院校教师在自主选择发展方式上所受的困扰最大。

图 5-4 是不同院校类型大学教师在"信息时代对教师发展提出挑战"上的均值比较图。从图中可以看到三类院校大学教师应对时代挑战的困扰均值分布呈显著性差异。其中,部属重点大学教师在应对时代挑战上所受的困扰最小,省属重点大学教师在应对挑战上所受的困扰最大。

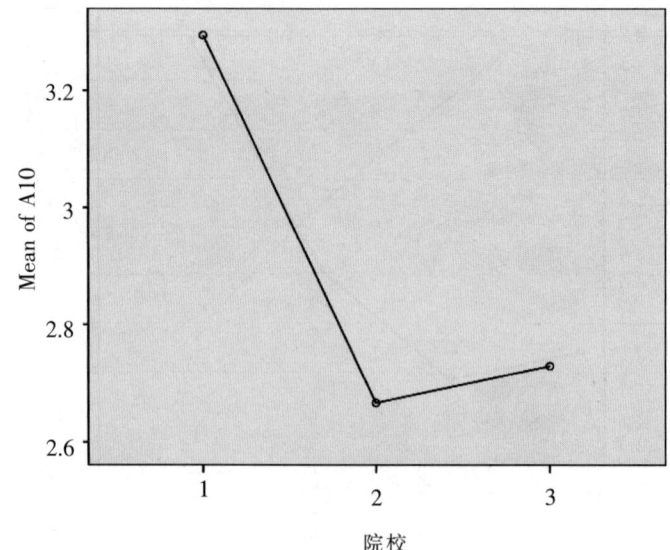

图 5-4 不同院校类型教师"信息时代挑战"的均值比较

数据来源：本研究中对大学教师的问卷调查。

说明：1. 横轴为院校，代码1：部属重点院校，代码2：省属重点院校，代码3：地方本科院校。

2. 纵轴为大学教师在信息时代对发展提出挑战上的困扰程度平均值。

3. 非常同意=1，比较同意=2，一般=3，不太同意=4，不同意=5；同意程度越高，均值越小，困扰越大。

4. 调查总人数为405人。

那么，为什么所在院校类型对于大学教师的专业发展权的具体影响存在差异呢？结合以上数据分析，进行进一步访谈得知，由于各层次院校能够提供的发展条件、机会不同，所拥有的教师整体素质不同，普通地方本科院校、省属重点大学和部属重点大学在教师个人拥有的学术关系、教师学习发展的自主性、学校提供的发展机会和条件上优势是依次增加的。因此院校类型对于大学教师专业发展权的影响最为明显，学校层次越往上，教师在专业发展权上所受的困扰越小。值得注意的是，在应对信息时代对大学教师发展提出的挑战方面，部属重点大学教师在个人学术关系上所受的困扰最小，省属重点大学在个人学术关系上所受的困扰最大。

通过访谈得知，部属重点大学教师相对于其他类型院校教师而言，由于拥有更多的学术资源，对自身能力便有更强的自信来应对时代的挑战；而省属重点大学教师相对于普通地方本科院校教师而言，对于信息时代的挑战和压力有着更为敏锐的感受,因而比起普通地方本科院校教师所受困扰更大。

二、院校类型对于其他各项专业自主权具体因素的影响差异

把院校类型对于其他各项专业自主权具体因素的影响逐一进行方差分析发现,院校类型对于教育教学自主权中的"考评工作表格烦琐干扰工作"、科研自由权中的"科研评价指标过分统一无法兼顾不同学科发展需求"和专业服务权中的"高校经济挂帅冲击工作"选项的影响呈显著性差异,P值分别为:$P(A17)=0.006<0.05$、$P(A18)=0.001<0.05$、$P(A22)=0.004<0.05$。

(一)院校类型对教育教学自主权整体影响不具备显著性差异,但对其中"考评工作表格烦琐干扰工作"选项的影响呈显著性差异

图5-5是不同院校类型大学教师在"考评工作表格烦琐干扰工作"上的均值比较图。从图中可以看到三类院校大学教师在该项上的困扰均值分布呈显著性差异。其中,部属重点大学教师所受困扰最大,省属重点大学教师所受困扰最小。

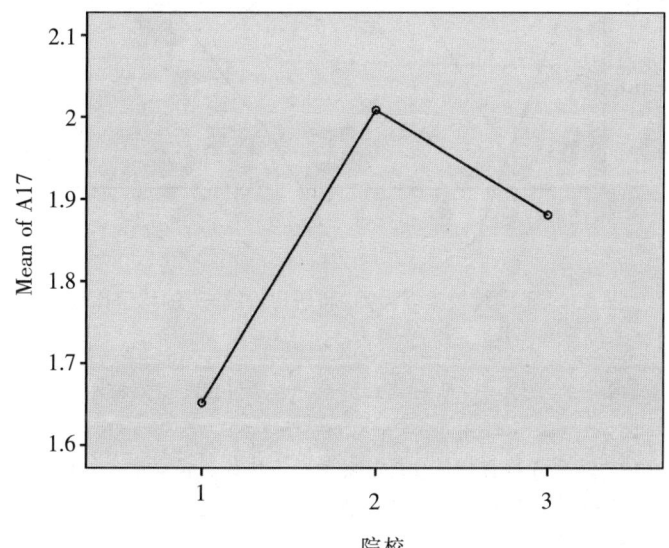

图5-5 不同院校类型教师"考评表格烦琐"的均值比较

数据来源:本研究中对大学教师的问卷调查。
说明:1. 横轴为院校,代码1:部属重点院校,代码2:省属重点院校,代码3:地方本科院校。
  2. 纵轴为教学考评工作中表格烦琐对教师工作的困扰程度平均值。
  3. 非常同意=1,比较同意=2,一般=3,不太同意=4,不同意=5;同意程度越高,均值越小,困扰越大。
  4. 调查总人数为405人。

(二)院校类型对科学研究自由权整体影响不具备显著性差异,但对其中"科研评价指标过分统一"选项的影响呈显著性差异

图5-6是不同院校类型大学教师在"科研评价指标过分统一,不能兼顾各学科发展需求"上的均值比较图。从图中可以看到三类院校大学教师在该项上的困扰均值分布呈显著性差异。其中,部属重点大学教师所受困扰最大,省属重点大学教师所受困扰最小。

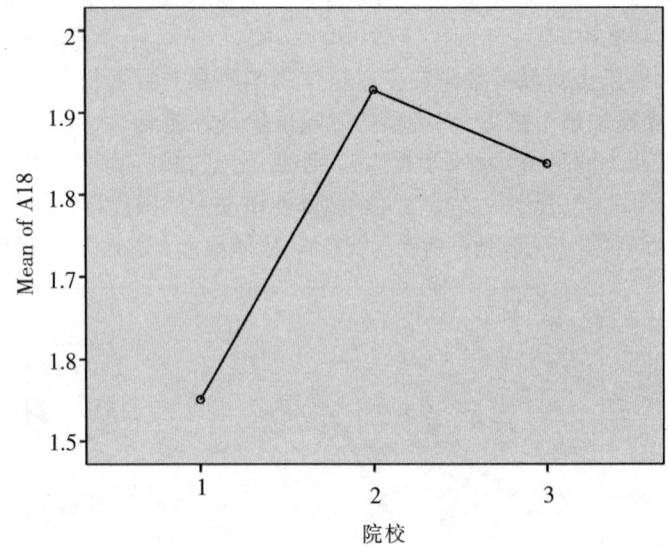

图5-6 不同院校类型教师"科研评价统一"的均值比较

数据来源:本研究中对大学教师的问卷调查。

说明:1.横轴为院校,代码1:部属重点院校,代码2:省属重点院校,代码3:地方本科院校。

2.纵轴为科研评价指标过分统一对教师工作的困扰程度平均值。

3.非常同意=1,比较同意=2,一般=3,不太同意=4,不同意=5;同意程度越高,均值越小,困扰越大。

4.调查总人数为405人。

(三)院校类型对大学教师专业管理权整体影响不具备显著性差异,这与我国高校在管理体制上趋同有关

受我国传统管理体制的惯性影响,大学内部的行政机构都被看作是政府行政部门的下属机构,而大学的教师与行政人员也都是被当作科层制中的职员看待的。虽然在具体管理制度上,不同高校之间存在一定的差异性,但大学教师在参与管理中遇到的困扰具有某些相似之处。

（四）院校类型对专业服务权整体影响不具备显著差异，但对其中"高校经济挂帅冲击工作"选项的影响呈显著差异

图5-7是不同院校类型大学教师在"高校经济挂帅冲击工作"选项上的均值比较图。从图中可以看到三类院校大学教师在该项上的困扰均值分布呈显著性差异。其中，部属重点大学教师所受困扰最大，省属重点大学教师所受困扰最小。

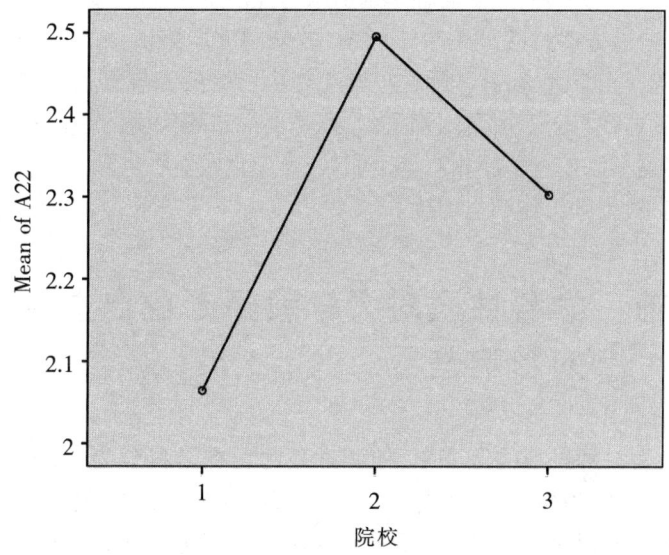

图5-7　不同院校类型教师"高校经济挂帅"的均值比较

数据来源：本研究中对大学教师的问卷调查。

说明：1. 横轴为院校，代码1：部属重点院校，代码2：省属重点院校，代码3：地方本科院校。

2. 纵轴为高校经济挂帅对教师工作的困扰程度平均值。

3. 非常同意＝1，比较同意＝2，一般＝3，不太同意＝4，不同意＝5；同意程度越高，均值越小，困扰越大。

4. 调查总人数为405人。

从以上数据分析来看，不同类型院校的教师在"考评表格繁琐"、"科研评价统一化"和"高校经济挂帅"因素上的困扰程度出现相同的差异性分布：部属重点大学教师所受困扰程度最大，省属重点大学教师所受困扰程度最小。根据访谈结果得知，之所以出现这样的差异在于，部属重点院校为研究型大学，教师的科研任务较重,运用科学技术为社会服务的机会也较多,在学术上个性较强。他们对于教学考评工作中大量量化的表格感到反感,而且烦琐的表格使得考评工作简单重复,增加了教学上的工作量进而影响到科研工作;在科研考评工作中,大学教师也普遍反映存在同样的问题。不仅量化的考核方式干扰情绪,更重要的是数字化的统一标准在反映科研水平和成果的公正性上有失偏颇。量化的方式和统一的评价标准背后是把科研追求和经济效益的追求相挂钩。因此作为部属重点大学的教师,经常面临学术追求与经济诱惑之间的冲突,对工作干扰很大。而普通地方本科院校偏重于教学,教学制度严格复杂,表格更是多不胜数,相对于省属重点大学,其教师在教学工作中所受的困扰更大;相对于部属重点大学,其教师在科研上所受困扰更少,但是面对市场经济的冲击,普通地方本科院校在各类型高校竞争中相对处于弱势,不免也在争取生源、搞创收上以经济利益为导向,对教师工作产生困扰。

第二节　学科性质对大学教师专业自主权状况的影响差异

在对大学教师进行的调查中,把调查教师所在学科分为文、理工、医三大类:其中文科代码为1,理工科代码为2,医科代码为3,研究假设:文科法学类专业教师维权意识比较强,经济管理类专业教师相比其他教师更多地和经济打交道,教育学类专业教师对于自身的专业自主权有更多的专业思考,思政类专业教师学术个性比较强,因而不同专业对于专业自主权的影响应该存在差异。为了验证研究假设是否成立,把文科类专业进一步细化:法学类代码为11,经济管理类代码为12,教育类代码为13,思政类代码为14,其他文科专业代码为10。把不同专业的调查数据在教育教学自主权(J1)、科学研究自由权(K1)、专业管理权(G1)、专业发展权(F1)和专业服务权(S1)上逐一进行方差分析,发现不同学科性质在对大学教师专业自主权状况的整体影响上,$P(J1)=0.241>0.05$、$P(K1)=0.322>0.05$、$P(G1)=0.183>0.05$、$P(F1)=0.257>0.05$、$P(S1)=0.076>0.05$,都不具备显著性差异。

进一步把学科性质与各项专业自主权中的具体因素进行方差分析后发现,对于教育教学自主权中的"考评工作表格烦琐"选项,$P(A17)=0.017<0.05$;科学研究自由权中的"评价指标过分统一"选项,$P(A18)=0.021<0.05$;专业发展权中的"对海外归国者政策偏向带来压力"选项,$P(A12)=$

0.021<0.05；专业服务权中的"高校经济挂帅冲击工作"选项，P（A22）= 0.038<0.05。上述几项呈显著性差异。

一、学科性质对专业决定权中教育教学自主权整体影响不具备显著性差异，但对其中"考评工作表格烦琐干扰工作"选项的影响呈显著性差异

图5-8是不同专业大学教师在"考评工作表格烦琐干扰工作"上的均值比较图。从图中可以看到不同专业的大学教师在该项上的困扰均值分布呈显著性差异。文科类大学教师总体所受困扰最大，其次是理工类大学教师，医科类大学教师所受困扰最小。其中，在文科类中，其他类大学教师所受困扰最大，法学类和思政类大学教师所受困扰程度相似，其后是教育类大学教师，经济管理类大学教师在文科类大学教师中所受困扰程度最小，但受困扰程度仍高于理工类大学教师和医科类大学教师。

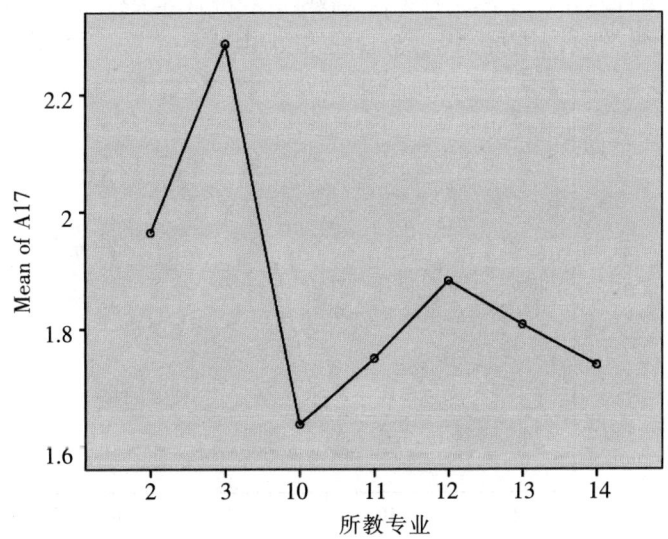

图5-8　不同专业大学教师"考评表格烦琐"的均值比较

数据来源：本研究中对大学教师的问卷调查。

说明：1. 横轴为学科性质，代码2：理工类，代码3：医科类，代码10：文科其他类，代码11：法学类，代码12：经济管理类，代码13：教育类，代码14：思政类。

2. 纵轴为教学考评工作中表格烦琐对教师工作的困扰程度平均值。

3. 非常同意=1，比较同意=2，一般=3，不太同意=4，不同意=5；同意程度越高，均值越小，困扰越大。

4. 调查总人数为405人。

从访谈中得知,在考评工作中,医学类的表格并不比其他学科少,但是理工类和医学类工作的特点决定数字化的精确管理有助于工作效率的提高。特别是医科类,很多教师本身在医院里也承担一定的工作,而医院本身就已实现了数字化管理,每开一张医嘱都要在电脑系统中数字化存档,所以对于表格烦琐的问题所受困扰最小。而文科类教师所从事的工作多是不可量化的创作,文科类教师也普遍不喜欢刚硬的管理方式,因此所受困扰最大。在文科类教师中,其他类教师普遍所受困扰最大,而经济管理类教师由于其工作的数字化特点所受困扰最小。

二、学科性质对科学研究自由权整体影响不具备显著性差异,但对其中"科研评价指标过分统一"选项的影响呈显著性差异

图5-9是不同专业大学教师在"科研评价指标过分统一,不能兼顾各学科发展需求"上的均值比较图。从图中可以看到不同专业大学教师在该项上的困扰均值分布呈显著性差异。其中,文科类大学教师除经济管理类教师之外普遍受困扰更大,理工类学教师受困扰最小,经济管理类教师比医科类教师受困扰程度略小。

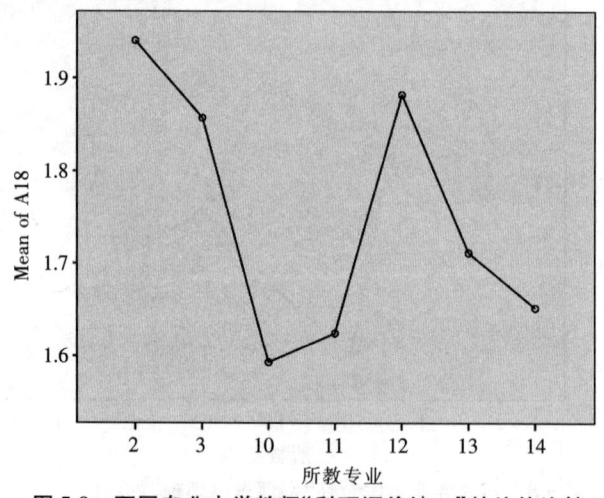

图5-9 不同专业大学教师"科研评价统一"的均值比较

数据来源:本研究中对大学教师的问卷调查。

说明:1. 横轴为学科性质,代码2:理工类,代码3:医科类,代码10:文科其他类,代码11:法学类,代码12:经济管理类,代码13:教育类,代码14:思政类。

2. 纵轴为科研评价指标过分统一对教师工作的困扰程度平均值。

3. 非常同意=1,比较同意=2,一般=3,不太同意=4,不同意=5;同意程度越高,均值越小,困扰越大。

4. 调查总人数为405人。

从访谈中得知,之所以出现这种差异性分布,主要和各专业大学教师所从事科学研究的特点不同有关。在理工类、医科类和经济管理类的研究上,数字化特点明显,本身就需要统一的指标对其水平进行科学的评价。而文科类教师的科研工作更多体现为多样性、艺术性和灵活性,无法用过分统一的指标对其进行衡量。

三、学科性质对大学教师专业管理权整体影响不具备显著性差异,这与不同学科、院系在管理体制上趋同有关

在我国,大学内部权利主要集中在校级层次,在具体的管理上院系权利不大,无法根据各自学科发展的特点实现多样化的管理。体制的趋同使得不同院系、专业的教师在专业管理权上遇到的困扰相似。

四、学科性质对专业发展权整体影响不具备显著性差异,但对其中"政策偏向海外归国者带来压力"选项的影响呈显著性差异

图5-10是不同专业大学教师在"海外归国者带来压力"选项上的均值比较图。从图中可以看到不同专业大学教师在该项上的困扰均值分布呈显著性差异。其中,理工类大学教师所受困扰最大,医科类大学教师所受困扰最小。文科类教师中法学类教师和教育学教师所受困扰比较突出。

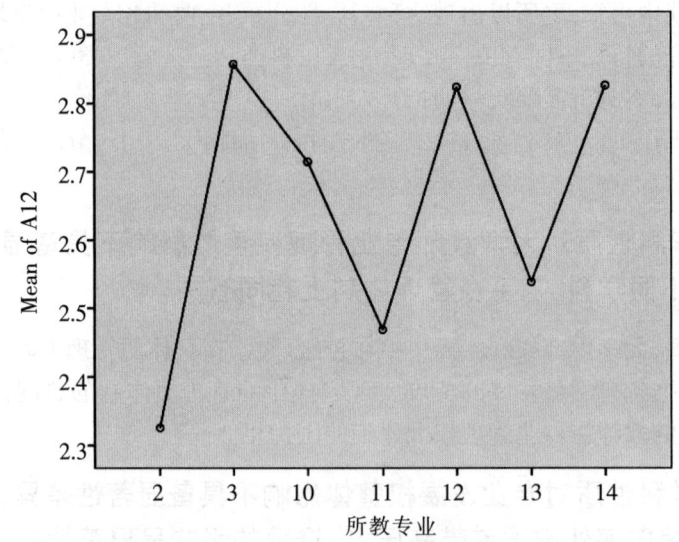

图 5-10　不同专业大学教师"归国者压力"的均值比较

数据来源：本研究中对大学教师的问卷调查。

说明：1. 横轴为学科性质，代码 2：理工类，代码 3：医科类，代码 10：文科其他类，代码 11：法学类，代码 12：经济管理类，代码 13：教育类，代码 14：思政类。

2. 纵轴为海外归国者带来的压力对大学教师工作的困扰程度平均值。

3. 非常同意＝1，比较同意＝2，一般＝3，不太同意＝4，不同意＝5；同意程度越高，均值越小，困扰越大。

4. 调查总人数为 405 人。

　　从访谈结果来看，理工类大学教师中海外归国者相比其他专业的教师不仅数量要多而且普遍实力也很强。在实际工作中在实验仪器等科研条件上能获得更多的关照；而实验设备等科研条件对于理工类的研究又至关重要，这对理工类其他教师带来的排挤压力显然大于前进动力。在大学文科类教师中，法律类教师对于自身权利的维护意识比较强，教育类大学教师对于自身学术权利更加敏感，因此对于政策偏向的反感也比较强。医科类的大学教师同样也存在海外归国者带来的压力，但是在本次调查中，调查对象多集中在硕士学历、教龄 10 年以下的年轻教师上，在实力水平随年龄、资历增长明显的医科行业里，他们还没有进入行业的核心竞争圈，感受到的压力自然较小。

五、学科性质对专业服务权整体影响不具备显著性差异,但对其中"高校经济挂帅冲击工作"选项的影响呈显著性差异

图 5-11 是不同专业大学教师在"高校经济挂帅冲击工作"选项的均值比较图。从图中可以看到不同专业大学教师在该项上的困扰均值分布呈显著性差异。其中,法学类和文科其他类大学教师所受困扰最大,理工、思政、医科和教育类大学教师居中,经济管理类所受困扰最小。

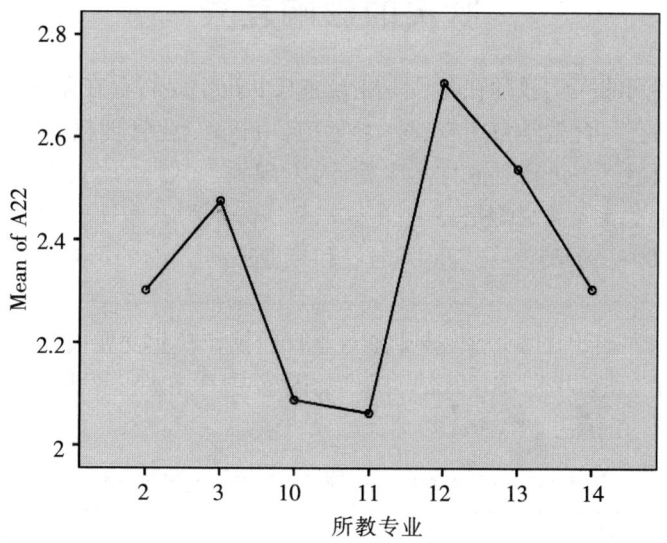

图5-11　不同专业大学教师"高校经济挂帅"的均值比较

数据来源:本研究中对大学教师的问卷调查。

说明:1. 横轴为学科性质,代码2:理工类,代码3:医科类,代码10:文科其他类,代码11:法学类,代码12:经济管理类,代码13:教育类,代码14:思政类。

2. 纵轴为高校经济挂帅对教师工作的困扰程度平均值。

3. 非常同意=1,比较同意=2,一般=3,不太同意=4,不同意=5;同意程度越高,均值越小,困扰越大。

4. 调查总人数为 405 人。

从以上数据分布差异来看,对于"高校经济挂帅"的困扰程度差异比较突出的是文科类内部,文科类法学专业和其他专业的大学教师与经济管理类大学教师在该选项的困扰程度上呈现鲜明的对比。根据访谈结果得知,之所以出现这样的差异在于,经济管理类专业的发展本来就与社会经济的发展密切

相关,对于学术的追求与对于经济利益的追求不存在根本的矛盾。而其他文科类教师在访谈中表示,对于经济利益的追逐会使教师迷失对科研的本真追求,对于整个学校教育教学质量和学术发展事业是有严重妨害的。法律类教师更多表示困扰来自于学校的"经济挂帅"使得工作中出现权力寻租、唯利是图等不正当现象。

第三节　性别因素对大学教师专业自主权状况的影响差异

不同性别的大学教师在各项专业自主权状况上是否存在差异呢?把教师的不同性别在教育教学自主权、科学研究自由权、专业管理权、专业发展权和专业服务权上逐一进行独立样本 T 检验,发现大学教师的性别因素对专业管理权和专业发展权的影响呈显著性差异,P 值分别为:$P(G1) = 0.013 < 0.05$、$P(F1) = 0.008 < 0.05$。在专业决定权和专业服务权上的影响则不具备显著性差异。

表 5-1 是不同性别大学教师在专业管理权和专业发展权上的均值比较。在专业管理权上,男教师比女教师感到的困惑更大,在专业发展权上女教师比男教师感到的困惑更大。

表5-1　男、女教师专业管理权和专业发展权比较

权利变量	性别	频数(人)	均值
专业管理权	男	204	2.0915
	女	188	2.2677
专业发展权	男	207	2.5761
	女	197	2.3896

数据来源:本研究中对大学教师的问卷调查。

说明:非常同意 =1,比较同意 =2,一般 =3,不太同意 =4,不同意 =5;同意程度越高,均值越小,困扰越大。

进一步把不同性别和各项专业自主权中具体因素逐一进行 T 检验,发现性别因素在专业管理权中的"大学办学中行政权力主导学术权力"、专业发展权中的"学术关系影响发展"和"信息时代给教师职业提出发展要求,带来挑战"三个选项上的影响较大,P 值分别为:$P(A13) = 0.008 < 0.05$、$P(A6) =$

$0.007 < 0.05$、$P(A10) = 0.011 < 0.05$，呈显著性差异。

一、性别因素对大学教师专业决定权（包括教育教学自主权和科学研究自由权）和专业服务权整体影响不具备显著性差异

教学、科研、服务社会是大学教师的三大基本职能，在我国不论男女，在承担基本职能时，对其提出的要求和衡量指标都是一样的。研究也显示在这三项工作中大学教师所受的自主权困扰不具备显著性差异，说明在这三项基本职能上大学教师遇到的专业自主权困扰相似。

二、性别因素对专业管理权整体影响不具备显著性差异，但对其中"大学办学中行政权力主导学术权力"选项的影响呈显著性差异

表5-2是不同专业大学教师在"大学办学中行政权力主导学术权力"上的选择情况。从表中可以看到不同性别大学教师在该项上持赞同观点的累计比率相似，男教师比女教师的比率略高。但是，男教师更多选择非常同意，占男教师选择总人数的44.7%，选择比较同意的占34.6%；而女教师更多选择比较同意，占女教师选择总人数的46.9%，而选择非常同意的占27.6%。

表5-2 男、女教师"大学行政权力占主导"选项情况

选项	男		女		合计	
非常同意	93	44.7%	54	27.6%	147	36.4%
比较同意	72	34.6%	92	46.9%	164	40.6%
一般	36	17.3%	38	19.4%	74	18.3%
不太同意	6	2.9%	10	5.1%	16	4.0%
不同意	1	0.5%	2	1.0%	3	0.7%
合计	208	100.0%	196	100.0%	404	100.0%

数据来源：本研究中对大学教师的问卷调查。

说明：1. 非常同意=1，比较同意=2，一般=3，不太同意=4，不同意=5；同意程度越高，均值越小，困扰越大。

2. 有效样本数为404人。表格中的百分比为男、女教师各自的选择频数占各自总选择人数的百分比。

以上数据显示,现实中男教师在行政权力与学术权力造成的冲突中受困扰更大。从访谈结果来看,男教师一方面个性更强,另一方面也更关注权利的冲突;而女教师一般只对实际面临的自身利益更为关注。

三、性别因素对专业发展权整体影响不具备显著性差异,但对其中"学术关系影响发展"和"信息时代给教师职业提出发展要求"两个选项的影响呈显著性差异

表5-3是不同性别大学教师在"学术关系影响发展"上的选择情况。从表中可以看到不同性别大学教师在该项上持赞同观点的累计比率相似,女教师比男教师略高。但是,男教师在比较同意和一般选项上的比率比女教师高,分别占男教师总选择人数的50.5%、20.2%;女教师选择非常同意的占36.5%,比男教师高。

表5-3 男、女教师"学术关系影响发展"选项情况

选项	男		女		合计	
非常同意	47	22.6%	72	36.5%	119	29.4%
比较同意	105	50.5%	87	44.2%	192	47.4%
一般	42	20.2%	28	14.2%	70	17.3%
不太同意	7	3.4%	9	4.6%	16	4.0%
不同意	7	3.4%	1	0.5%	8	2.0%
合计	208	100.0%	197	100.0%	405	100.0%

数据来源:本研究中对大学教师的问卷调查。

说明:1.非常同意=1,比较同意=2,一般=3,不太同意=4,不同意=5;同意程度越高,均值越小,困扰越大。

2.有效样本数为405人。表格中的百分比为男、女教师各自的选择频数占各自总选择人数的百分比。

以上数据显示,现实中男教师在学术关系影响发展方面所受的困扰更小。从访谈结果来看,男教师普遍比女教师更关注学术关系的建立,因此在"学术关系影响发展"这一选项上受到的困扰更大,但也正因为如此,他们具有更强的交际能力和更广泛的学术关系,在实际工作中相比女教师,因学术关系影响发展造成的困扰更小。

表 5-4 男、女教师"信息时代挑战"选项情况

选项	男		女		合计	
	频次	百分比	频次	百分比	频次	百分比
非常同意	11	5.3%	19	9.6%	30	7.4%
比较同意	64	30.8%	79	40.1%	143	35.3%
一般	62	29.8%	54	27.4%	116	28.6%
不太同意	47	22.6%	37	18.8%	84	20.7%
不同意	24	11.5%	8	4.1%	32	7.9%
合计	208	100.0%	197	100.0%	405	100.0%

数据来源：本研究中对大学教师的问卷调查。

说明：1.非常同意＝1,比较同意＝2,一般＝3,不太同意＝4,不同意＝5;同意程度越高,均值越小,困扰越大。

2.有效样本数为405人。表格中的百分比为男、女教师各自的选择频数占各自总选择人数的百分比。

表5-4是不同性别大学教师在"信息时代给教师职业提出发展要求,带来挑战"上的选择情况。从表中可以看到不同性别大学教师在该项上持赞同观点的累计比率相似,女教师比男教师略高。但是,女教师在比较同意和非常同意选项上的累计比率比男教师高,累计比率占女教师总选择人数的49.7%;男教师选择比较同意和非常同意的累计比率占男教师总选择人数的36.1%。

以上数据显示,男教师在应对时代挑战方面比女教师受到的困扰更小。从访谈结果来看,对于自身的学习和发展能力,男教师比女教师普遍更自信;对于环境变迁的心理适应性也更强。

第四节 职称因素对大学教师专业自主权状况的影响差异

在对大学教师进行的调查中,按照调查教师的不同职称分别设置代码:代码1为教授,代码2为副教授,代码3为讲师,代码4为助教。把大学教师职

称调查数据在教育教学自主权、科学研究自由权、专业管理权、专业发展权和专业服务权上逐一进行方差分析,发现大学教师的不同职称对专业决定权中的科学研究自由权影响呈显著性差异,P=0.003<0.05。在其他几项专业自主权状况影响上 P 值均>0.05,不具备显著性差异。

一、职称因素对大学教师科学研究自由权的影响差异

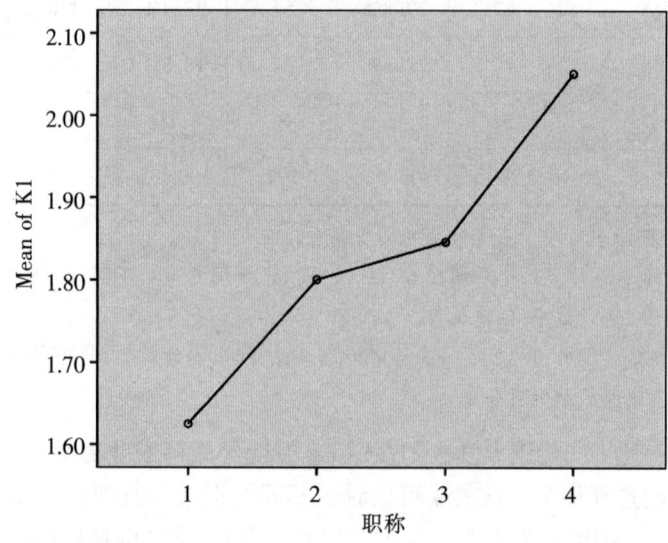

图 5-12　不同职称大学教师在科研自由权上的均值比较

数据来源:本研究中对大学教师的问卷调查。

说明:1.横轴为职称,代码 1:教授,代码 2:副教授,代码 3:讲师,代码 4:助教。
　　2.纵轴为大学教师在科研自由权上的困扰程度平均值。
　　3.非常同意=1,比较同意=2,一般=3,不太同意=4,不同意=5;同意程度越高,均值越小,困扰越大。
　　4.调查总人数为 405 人。

图 5-12 是不同职称大学教师在科学研究自由权上的均值比较图。从图中可以看到不同职称的大学教师在科学研究自由权上的均值分布呈显著性差异。随着职称的不断上升,在科学研究自由权上受到的困扰越大。其中,副教授和讲师受到的困扰程度差异不大。

那么,为什么大学教师职称越高,在科学研究自由权上受到的困扰程度越大呢?进一步把职称因素和专业发展权中具体的影响因素逐一进行方差分

析,发现职称在"量化考评导致追求目标功利化、短期化"选项上的影响呈显著性差异,$P(A16)=0.012<0.05$。通过均值比较发现大学教师随着职称的升高,受"量化考评导致追求目标功利化、短期化"的困扰也逐渐加深,反映了大学教师内心对科研本真价值的追求随职称提高而加深。

  结合以上数据分析,进行进一步访谈得知,随着大学教师职称的晋升,他们的专业能力特别是科研能力也不断提高,从事的科研任务在水平和数量上都有了提高。对于科研价值有更深层次的思考,也有了更多的追求。教授往往在学科的发展中起到学科带头人的作用,身负着促进学科发展的重任。因此评上教授后,教师的关注点不再是根据职称评审要求完成一定数量的科研任务,而是更深层次更大规模研究计划的完成和科研价值的本真追求,因此对于量化考评导致的短期化、功利化现象产生很大的抵触与困扰。但与教授相比,作为学科发展的中坚力量,副教授与讲师还处在职称晋升的中级阶段,对于量化考评晋升既反感又不得不遵从,更多地关注如何在学科带头人的引领下完成科研任务,这些教师受到的科研困扰比教授要小。而与刚刚从教的年轻助教们相比,他们的关注焦点主要不在生活压力和物质保障上,更多的是科研和职称晋升方面的压力。

二、职称因素对于其他各项专业自主权具体因素的影响差异

  把大学教师职称因素和其他各项专业自主权的具体因素逐一进行方差分析发现,职称对于专业发展权中的"学术界联系不足影响发展"选项的影响呈显著性差异:$P(A6)=0.002<0.05$。

  图5-13是不同职称大学教师在"学术关系不足影响发展"上的均值比较图。从图中可以看到不同职称的大学教师在专业发展权上的均值分布呈显著性差异。讲师在该选项上受到的困扰最大,其后依次是助教、副教授和教授。

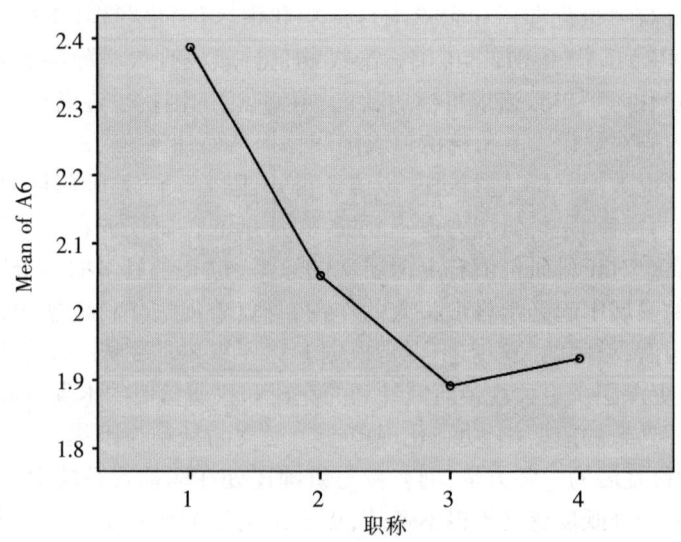

图 5-13　不同职称教师"学术关系影响发展"的均值比较

数据来源：本研究中对大学教师的问卷调查。

说明：1.横轴为职称，代码 1：教授，代码 2：副教授，代码 3：讲师，代码 4：助教。

　　2.纵轴为大学教师在该选项上的困扰程度平均值。

　　3.非常同意＝1，比较同意＝2，一般＝3，不太同意＝4，不同意＝5；同意程度越高，均值越小，困扰越大。

　　4.调查总人数为 405 人。

通过以上数据分析，结合访谈结果得知，一般来说在专业发展上教师随着职称的提升，将享有更多的学术关系和资源；而讲师虽然比助教拥有更多的学术关系，却是大学里发展要求最迫切的群体，相比助教对于学术关系的影响也有更深的认识，受到的困扰也最大。

第五节　学历因素对大学教师专业自主权状况的影响差异

在对大学教师进行的调查中，按照调查教师的不同学历分别设置代码：代码 1 为博士后，代码 2 为博士，代码 3 为硕士，代码 4 为学士，代码 5 为其他。把大学教师学历调查数据在教育教学自主权、科学研究自由权、专业管理权、专业发展权和专业服务权上逐一进行方差分析,发现大学教师的不同学历对专业发展权和专业服务权的影响呈显著性差异,P 值分别为:P(F1) = 0 < 0.05、P(S1) = 0.002 < 0.05。在其他几项专业自主权状况影响上 P 值均 > 0.05,不具备显著性差异。

一、学历因素对大学教师专业发展权的影响差异

图 5-14 是不同学历大学教师在专业发展权上的均值比较图。从图中可以看到不同学历的大学教师在专业发展权上的均值分布呈显著性差异。硕士学历大学教师在专业发展权上受到的困扰最大,其后依次是学士、博士、博士后和其他学历。

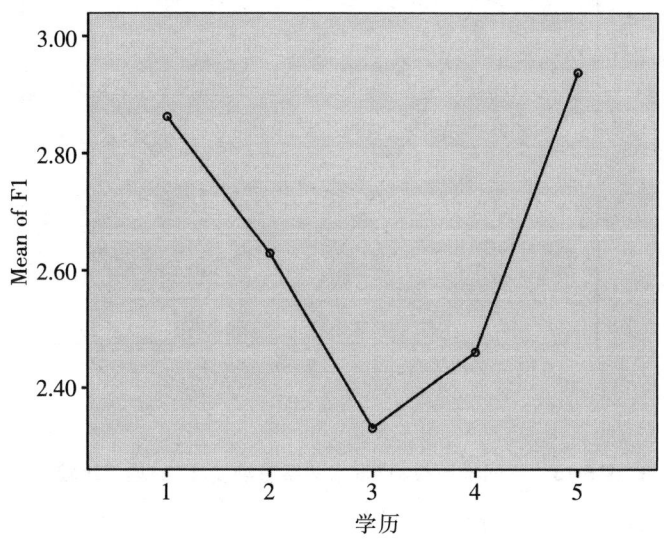

图 5-14 不同学历教师专业发展权的均值比较

数据来源:本研究中对大学教师的问卷调查。

说明:1. 横轴为学历,代码 1:博士后,代码 2:博士,代码 3:硕士,代码 4:学士,代码 5:其他。

2. 纵轴为大学教师在专业发展权上的困扰程度平均值。

3. 非常同意 = 1,比较同意 = 2,一般 = 3,不太同意 = 4,不同意 = 5;同意程度越高,均值越小,困扰越大。

4. 调查总人数为 405 人。

进一步把学历因素和专业发展权中具体的影响因素逐一进行方差分析,

发现学历在"学术关系不足影响发展","信息时代对发展提出挑战"和"政策偏向海外归国者带来压力"三个选项上的影响呈显著性差异,P值分别为:P(A6)=0<0.05、P(A10)=0<0.05、P(A12)=0.016<0.05。

图5-15是不同学历大学教师在"学术关系不足影响发展"上的均值比较图。从图中可以看到不同学历的大学教师在该选项上的均值分布呈显著性差异。硕士学历大学教师在"学术关系不足影响发展"上受到的困扰最大,其后依次是学士、博士、其他学历和博士后。

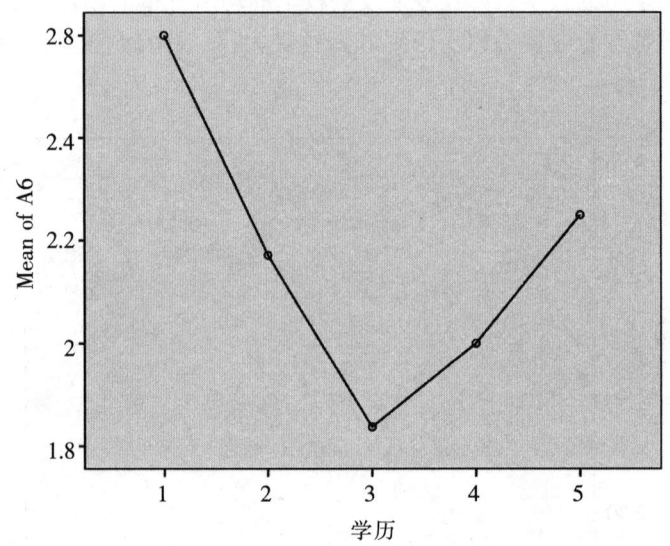

图5-15 不同学历教师"学术关系影响发展"的均值比较

数据来源:本研究中对大学教师的问卷调查。

说明:1.横轴为学历,代码1:博士后,代码2:博士,代码3:硕士,代码4:学士,代码5:其他。

2.纵轴为大学教师在该选项上的困扰程度平均值。

3.非常同意=1,比较同意=2,一般=3,不太同意=4,不同意=5;同意程度越高,均值越小,困扰越大。

4.调查总人数为405人。

图5-16是不同学历大学教师在"信息时代对发展提出挑战"上的均值比较图。从图中可以看到不同学历的大学教师在该选项上的均值分布呈显著性差异。硕士学历大学教师在该选项上受到的困扰最大,其后依次是学士、博士、博士后和其他学历。

第五章 大学教师背景对专业自主权状况的影响差异 | 97

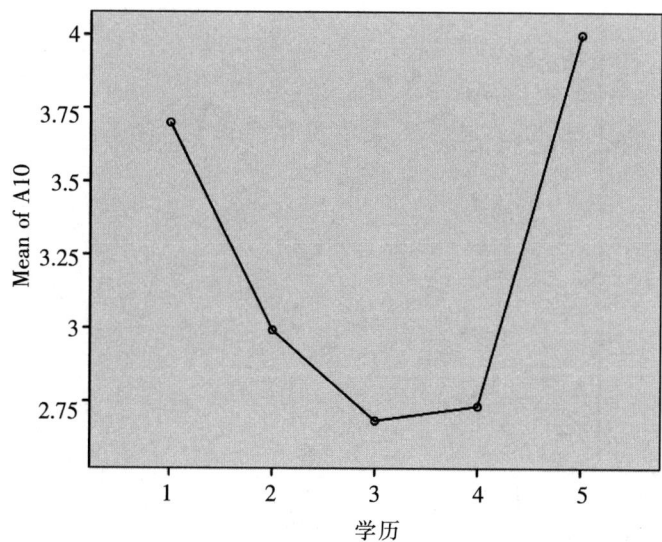

图 5-16 不同学历教师"信息时代挑战"的均值比较

数据来源：本研究中对大学教师的问卷调查。

说明：1. 横轴为学历，代码 1：博士后，代码 2：博士，代码 3：硕士，代码 4：学士，代码 5：其他。

2. 纵轴为大学教师在该选项上的困扰程度平均值。

3. 非常同意 = 1，比较同意 = 2，一般 = 3，不太同意 = 4，不同意 = 5；同意程度越高，均值越小，困扰越大。

4. 调查总人数为 405 人。

图 5 - 17 是不同学历大学教师在"政策偏向海外归国者带来压力"上的均值比较图。从图中可以看到不同学历的大学教师在该选项上的均值分布呈显著性差异。其他学历大学教师在"学术关系不足影响发展"上受到的困扰最大，其后是硕士和博士后学历教师受到的困扰较大，学士、博士学历教师受到的困扰较小。

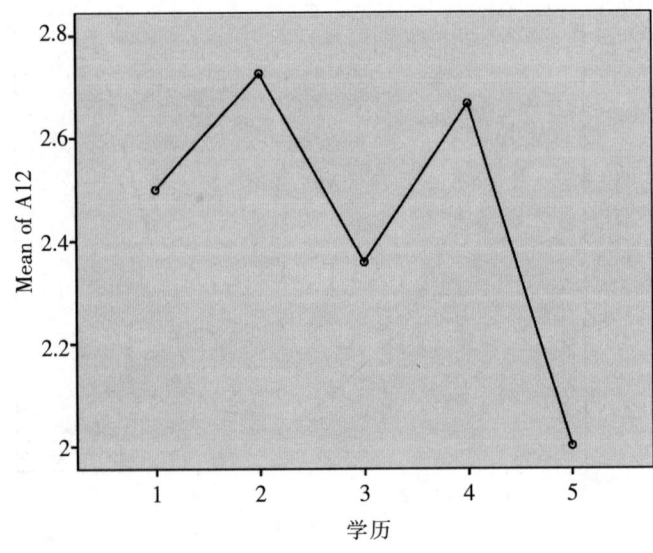

图 5-17　不同学历教师"归国者带来压力"的均值比较

数据来源:本研究中对大学教师的问卷调查。

说明:1.横轴为学历,代码 1:博士后,代码 2:博士,代码 3:硕士,代码 4:学士,代码 5:其他。

2.纵轴为大学教师在该选项上的困扰程度平均值。

3.非常同意=1,比较同意=2,一般=3,不太同意=4,不同意=5;同意程度越高,均值越小,困扰越大。

4.调查总人数为 405 人。

从以上数据来看,其他学历的大学教师和硕士学历的大学教师在专业发展权上的特点明显。在学士、硕士、博士和博士后正规学历序列中,无论是专业发展权整体情况还是专业发展权里差异显著的各选项方面,硕士学历的大学教师受到的困扰都是最大的,发展要求也是最迫切的。而"其他"学历教师在个人发展中享受政策优惠更多,遇到的困扰相对较小,但是当"政策偏向海外归国者带来压力"时他们受到的困扰最大。在调查中,"其他"学历教师多为早期进入大学的老一代教师,他们要么即将退休离开教师的岗位,要么从事多年教育工作成为学科的资深工作者。在职称评审中学校也多采取"老人老办法,新人新办法",对于这些教师没有提过高的评审要求,有时还给予一定照顾。在我国,大学教师倾向于把自己的学术发展生涯和学术阶梯的逐级攀登联系起来,并将后者作为发展的标志和规划,也就包括学历和职称的晋升以及为之作出的学习努力。而硕士学历教师是大学里最迫切要求发展的群体,因为我国大学对于教师的学历要求正逐步升级,要求至少达到博士学历。原有的硕士学历大学教师为了满足聘任和晋升要求,有很大的学历提升要求。而要提升学历又面临着工作与读书的冲突,因此他们在专业发展权上受到的困扰最大。

二、学历因素对于专业服务权的影响差异

图 5-18 是不同学历大学教师在专业服务权上的均值比较图。从图中可以看到不同学历的大学教师在专业服务权上的均值分布呈显著性差异。大学教师在专业服务权上遇到的困扰随着学历的提升而增加。其中博士和硕士学历大学教师在专业服务权上受到的困扰程度接近。

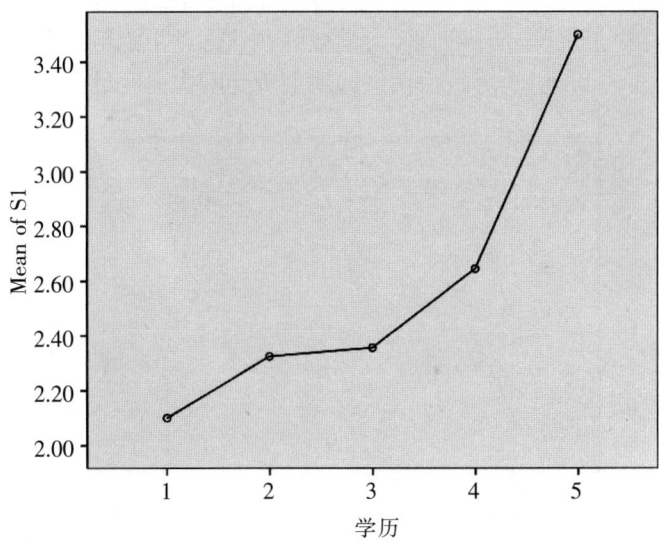

图 5-18 不同学历教师专业服务权的均值比较

数据来源:本研究中对大学教师的问卷调查。

说明:1. 横轴为学历,代码 1:博士后,代码 2:博士,代码 3:硕士,代码 4:学士,代码 5:其他。

2. 纵轴为大学教师在专业服务权上的困扰程度平均值。

3. 非常同意 =1,比较同意 =2,一般 =3,不太同意 =4,不同意 =5;同意程度越高,均值越小,困扰越大。

4. 调查总人数为 405 人。

把学历因素和专业服务权的具体因素逐一进行方差分析发现,学历对于专业服务权中的"高校经济挂帅冲击工作"选项的影响呈显著性差异:P(A22)=0.020<0.05。进一步做均值比较,发现在专业服务权上教师随着学历提升,提供越来越多的社会服务,面临的经济利益与学术追求的冲突也越来越大。

三、学历因素对于其他各项专业自主权具体因素的影响差异

把大学教师学历因素和其他各项专业自主权的具体影响因素逐一进行方差分析发现,学历因素对于教育教学自主权中的"考评表格烦琐、简单重复"选项的影响呈显著性差异:P(A17)=0.014<0.05。

图5-19是不同学历大学教师在"考评表格烦琐、简单重复"选项上的均值比较图。从图中可以看到不同学历的大学教师在该选项上的均值分布有显著性差异。在"正规"学历序列里,大学教师在该选项上遇到的困扰随着学历的提升而增加;"其他"学历教师在该选项上所受困扰程度最大。

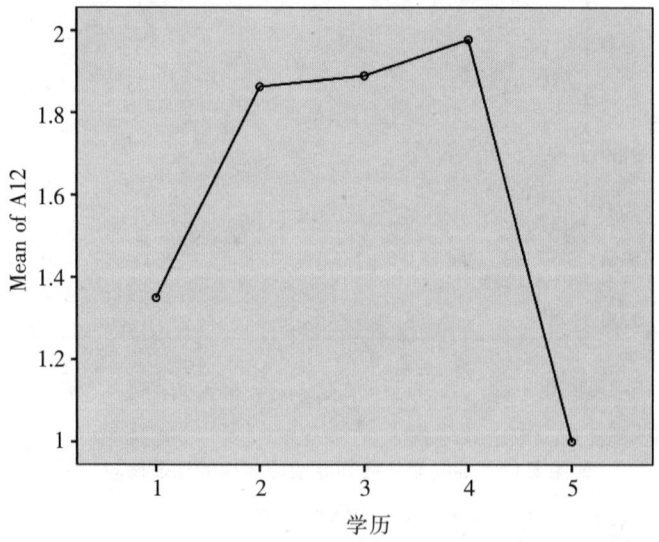

图5-19　不同学历教师"考评表格烦琐"的均值比较

数据来源:本研究中对大学教师的问卷调查。

说明:1.横轴为学历,代码1:博士后,代码2:博士,代码3:硕士,代码4:学士,代码5:其他。

2.纵轴为大学教师在该选项上的困扰程度平均值。

3. 非常同意=1,比较同意=2,一般=3,不太同意=4,不同意=5;同意程度越高,均值越小,困扰越大。
4. 调查总人数为405人。

通过数据分析,结合访谈得知,学历越高的教师越反感量化考核方式,而"其他"学历教师多为早期进入大学的老一辈教师,对于新的量化考核方式极不适应。

第六节 教龄因素对大学教师专业自主权状况的影响差异

在对大学教师进行的调查中,按照调查教师的不同教龄分别设置代码:代码1为10年以下,代码2为10~20年,代码3为20年以上。把大学教师教龄调查数据在教育教学自主权、科学研究自由权、专业管理权、专业发展权和专业服务权上逐一进行方差分析,发现大学教师的不同教龄对科学研究自由权、专业管理权和专业发展权的影响呈显著性差异,P值分别为:$P(K1) = 0.001 < 0.05$、$P(G1) = 0.028 < 0.05$、$P(F1) = 0.02 < 0.05$。在其他几项专业自主权状况影响上P值均>0.05,不具备显著性差异。

一、教龄因素对大学教师科学研究自由权的影响差异

图5-20是不同教龄大学教师在科学研究自由权上的均值比较图。从图中可以看出不同教龄的大学教师在科学研究自由权上的均值分布差异明显,教龄越长,在科研自由权上受到的困扰越大。

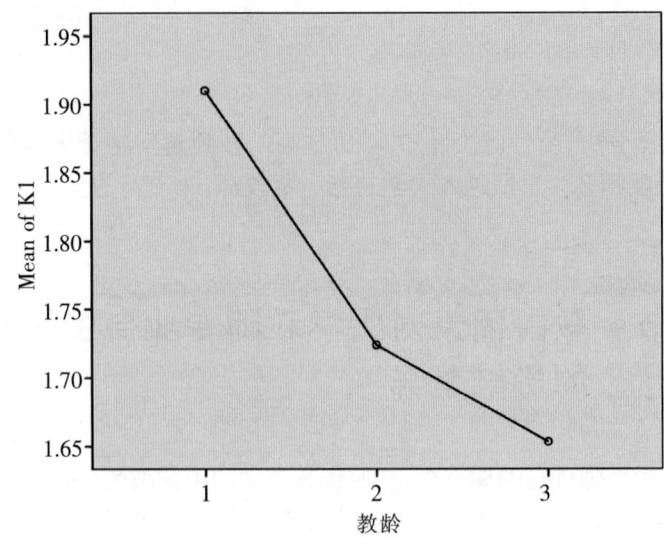

图 5-20　不同教龄教师科学研究自由权的均值比较

数据来源：本研究中对大学教师的问卷调查。

说明：1. 横轴为教龄，代码 1：10 年以下，代码 2：10~20 年，代码 3：20 年以上。

2. 纵轴为大学教师在科研自由权上的困扰程度平均值。

3. 非常同意 =1，比较同意 =2，一般 =3，不太同意 =4，不同意 =5；同意程度越高，均值越小，困扰越大。

4. 调查总人数为 405 人。

进一步把教龄因素和科学研究自由权中具体的影响因素逐一进行方差分析，发现教龄在"考评制度量化导致追求目标功利化、短期化"选项上的影响呈显著性差异：$P(A16)=0.01<0.05$。

图 5-21 是不同教龄大学教师在"考评制度量化导致追求目标功利化、短期化"选项上的均值比较图。从图中可以看到不同教龄的大学教师在该选项上的均值分布呈显著性差异。10~20 年教龄大学教师在该选项上受到的困扰最大，10 年以下教龄大学教师在该选项上受到的困扰最小。

从以上数据来看，大学教师在科研自由权上受到的困扰随着工作年限的增加而增加，但在量化考评导致功利化上中青年教师更为反感。工作不久的年轻教师在科研各方面的感受不深，受到的困扰相对较小。

第五章　大学教师背景对专业自主权状况的影响差异 | 103

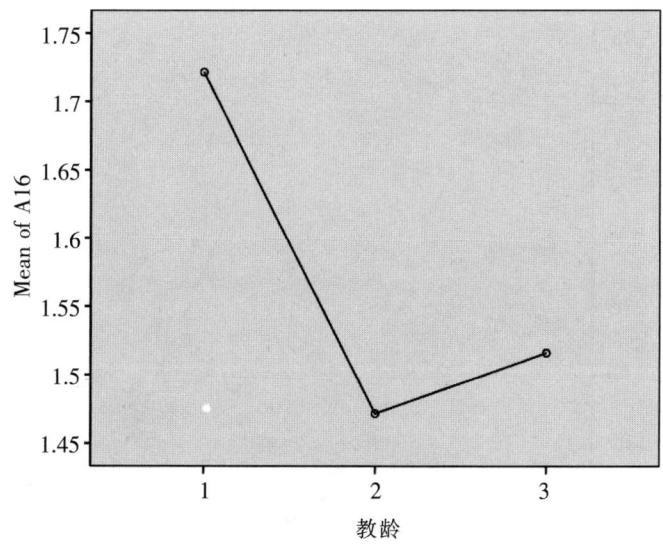

图 5-21　不同教龄教师"科研考评量化导致功利化"的均值比较

数据来源：本研究中对大学教师的问卷调查。

说明：1. 横轴为教龄，代码 1：10 年以下，代码 2：10~20 年，代码 3：20 年以上。
　　　2. 纵轴为大学教师在该选项上的困扰程度平均值。
　　　3. 非常同意 =1，比较同意 =2，一般 =3，不太同意 =4，不同意 =5；同意程度越高，均值越小，困扰越大。
　　　4. 调查总人数为 405 人。

二、教龄因素对于专业管理权的影响差异

图 5-22 是不同教龄大学教师在专业管理权上的均值比较图。从图中可以看到不同教龄的大学教师在专业管理权上的均值分布呈显著性差异。教龄 20 年以上大学教师在专业管理权方面所受困扰最大，教龄 10~20 年的中青年教师所受困扰最小。

根据以上数据，结合访谈结果得知，教龄 10~20 年的中青年教师作为学校的中坚力量更多地参与到学校管理工作当中，因此在专业管理权上受到的困扰最小。而相对于教龄 20 年以上的大学教师，工作 10 年以下的青年教师还处在工作适应期，对于参与学校管理没有更多的感触。因此所受的困扰比 20 年以上大学教师要小。这说明教师越积极参与学校管理，在专业管理权上受到的困扰越小。

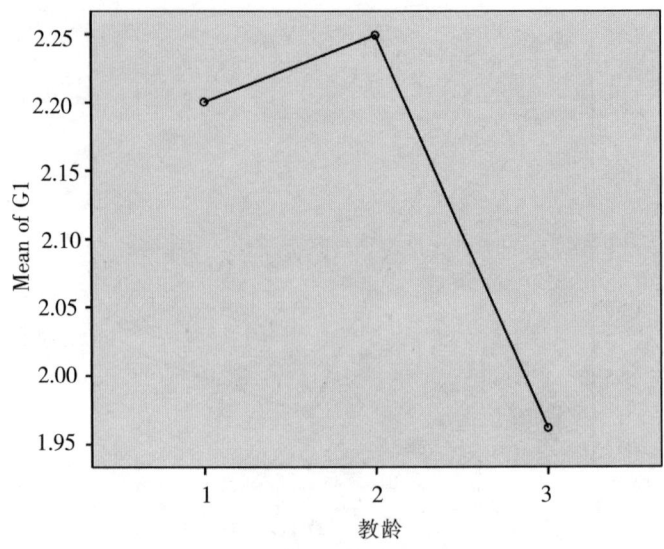

图 5-22　不同教龄教师专业管理权的均值比较

数据来源:本研究中对大学教师的问卷调查。

说明:1. 横轴为教龄,代码1:10年以下,代码2:10～20年,代码3:20年以上。
　　　2. 纵轴为大学教师在专业管理权上的困扰程度平均值。
　　　3. 非常同意=1,比较同意=2,一般=3,不太同意=4,不同意=5;同意程度越高,均值越小,困扰越大。
　　　4. 调查总人数为405人。

三、教龄因素对于专业发展权的影响差异

图5-23是不同教龄大学教师在专业发展权上的均值比较图。从图中可以看出不同教龄的大学教师在专业发展权上的均值分布呈显著性差异。教龄10～20年的中青年教师受到的困扰程度最大,工作20年以上的大学教师所受困扰最小。

根据数据分析,结合访谈得知,教龄20年以上的大学教师多为即将退休的老教师,在专业发展权上受到的困扰最少。而教龄10～20年的中青年教师是学校的中坚力量,也是最迫切要求发展的群体,在专业发展权上受到的困扰也最大。

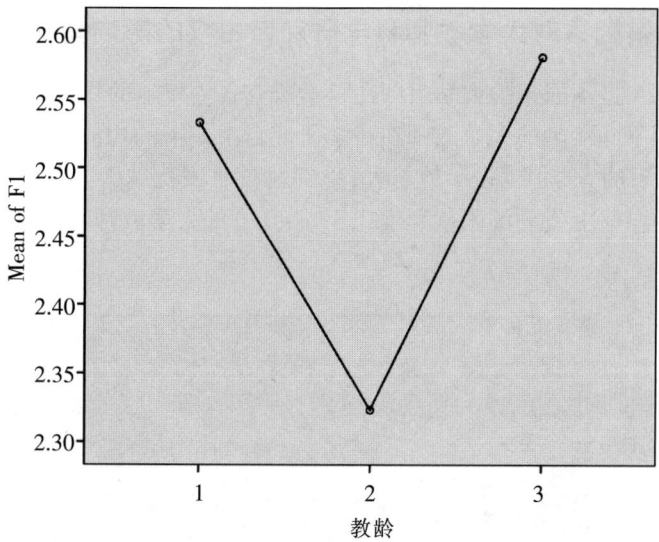

图 5-23　不同教龄教师专业发展权的均值比较

数据来源:本研究中对大学教师的问卷调查。

说明:1. 横轴为教龄,代码 1:10 年以下,代码 2:10～20 年,代码 3:20 年以上。

2. 纵轴为大学教师在专业发展权上的困扰程度平均值。

3. 非常同意 =1,比较同意 =2,一般 =3,不太同意 =4,不同意 =5;同意程度越高,均值越小,困扰越大。

4. 调查总人数为 405 人。

第七节　年龄因素对大学教师专业自主权状况的影响差异

在对大学教师进行的调查中,按照调查教师所处年龄段分别设置代码:代码 1 为 30 岁以下,代码 2 为 30 - 39 岁,代码 3 为 40～49 岁,代码 4 为 50 岁及以上。把大学教师年龄调查数据在教育教学自主权、科学研究自由权、专业管理权、专业发展权和专业服务权上逐一进行方差分析,发现大学教师的不同年龄对科学研究自由权和专业发展权的影响呈显著性差异,P 值分别为:$P(K1) = 0.002 < 0.05$、$P(F1) = 0.03 < 0.05$。在其他几项专业自主权状况影响上 P 值均 > 0.05,不具备显著性差异。

一、年龄因素对大学教师科学研究自由权的影响差异

图 5-24 是不同年龄大学教师在科学研究自由权上的均值比较图。从图中可以看到不同年龄的大学教师在科学研究自由权上的均值分布呈显著性差异,50 岁以下的大学教师,年龄越大,受到的科研困扰越大。而 50 岁之后的大学教师在科研上受到的困扰程度比 39~40 岁的大学教师略低,比其他年龄段大学教师大。

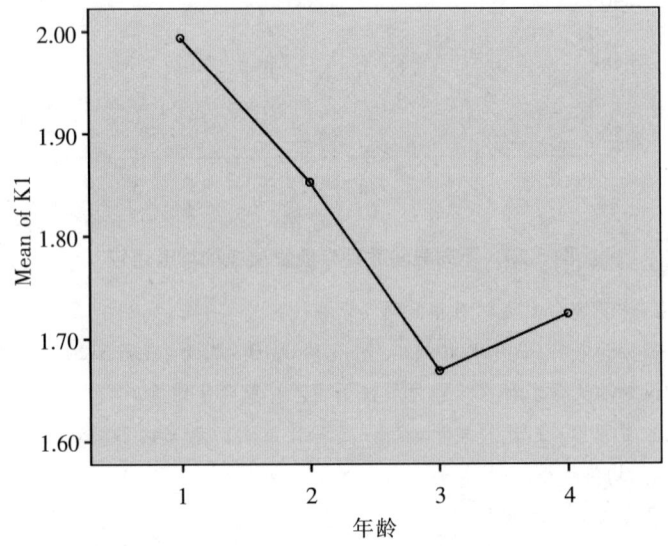

图5-24　不同年龄教师科研自由权的均值比较

数据来源:本研究中对大学教师的问卷调查。

说明:1. 横轴为年龄,代码 1:30 岁以下,代码 2:30~39 岁,代码 3:40~49 岁,代码 4:50 岁及以上。2. 纵轴为大学教师在科研自由权上的困扰程度平均值。

3. 非常同意 =1,比较同意 =2,一般 =3,不太同意 =4,不同意 =5;同意程度越高,均值越小,困扰越大。
4. 调查总人数为 405 人。

进一步把年龄因素和科学研究自由权中具体的影响因素逐一进行方差分析,发现年龄在"学术权威主导科研选题和学术观点"、"课题申报中行政干预大"和"考评制度量化导致追求目标功利化、短期化"选项上的影响呈显著性差异,P 值分别为:$P(A4) = 0.027 < 0.05$、$P(A5) = 0.02 < 0.05$、$P(A16) = 0.003 < 0.05$。

图 5-25 是不同年龄大学教师在"学术权威主导科研选题和学术观点"选项上的均值比较图。从图中可以看到不同年龄的大学教师在该选项上的均值分布有显著性差异。40~49 岁的大学教师在该选项上受到的困扰最大,50 岁以下的大学教师随年龄的增长在该选项上受到的困扰也增大。50 岁及以上的大学教师在该选项上受到的困扰比 30~39 岁略低。因为学术权威一般多在 50 岁及以上的大学教师里。30 岁以下年轻教师感受不深,所受困扰最小。

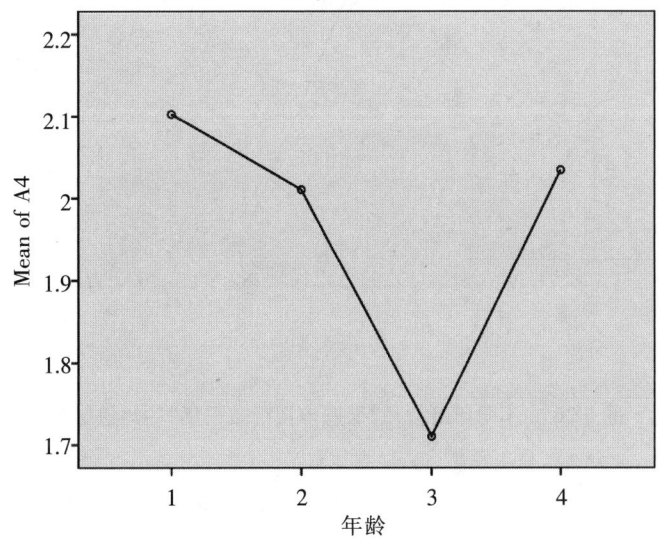

图 5-25 不同年龄教师受"学术霸权"困扰的均值比较

数据来源:本研究中对大学教师的问卷调查。

说明:1. 横轴为年龄,代码 1:30 岁以下,代码 2:30~39 岁,代码 3:40~49 岁,代码 4:50 岁及以上。
2. 纵轴为大学教师在该选项上的困扰程度平均值。
3. 非常同意 =1,比较同意 =2,一般 =3,不太同意 =4,不同意 =5;同意程度越高,均值越小,困扰越大。
4. 调查总人数为 405 人。

从以上数据来看,40~49 岁教师多为学术骨干,对学术霸权更为反感。工作不久的年轻教师在科研各方面的感受不深,所受困扰相对更少。

图 5-26 是不同年龄大学教师在"课题申报中行政干预大"上的均值比较图。从图中可以看出不同年龄的大学教师在该选项上的均值分布呈显著性差异。50 岁以下教师随年龄的增长,在该选项上所受的困扰也逐渐增加。50

岁之后,面临退休,大学教师在该选项上受到的困扰程度略低于40~49岁大学教师而高于其他年龄段教师。

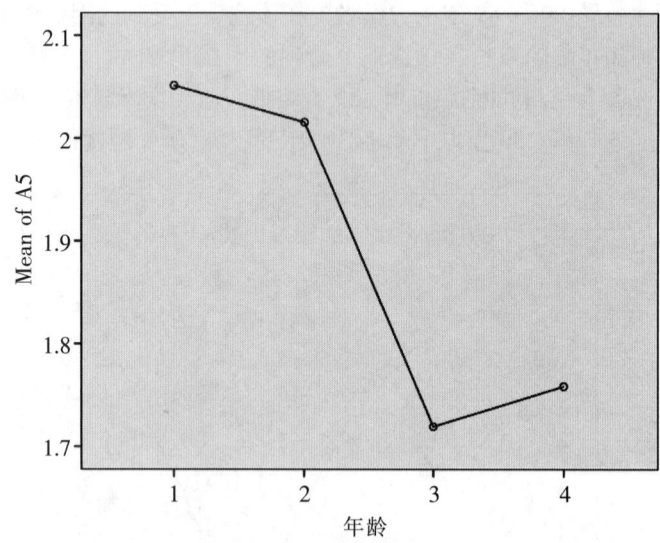

图 5-26　不同年龄教师"课题申报行政干预"的均值比较

数据来源:本研究中对大学教师的问卷调查。

说明:1. 横轴为年龄,代码 1:30 岁以下,代码 2:30~39 年,代码 3:40~49 岁,代码 4:50 岁及以上。

2. 纵轴为大学教师在该选项上的困扰程度平均值。

3. 非常同意 =1,比较同意 =2,一般 =3,不太同意 =4,不同意 =5;同意程度越高,均值越小,困扰越大。

4. 调查总人数为 405 人。

把年龄与"考评制度量化导致科研功利化、短期化"选项做相关分析,Pearson 相关系数为 -0.151。说明教师年龄越大,在该选项上均值越小,所受困扰程度越大。

二、年龄因素对于专业发展权的影响差异

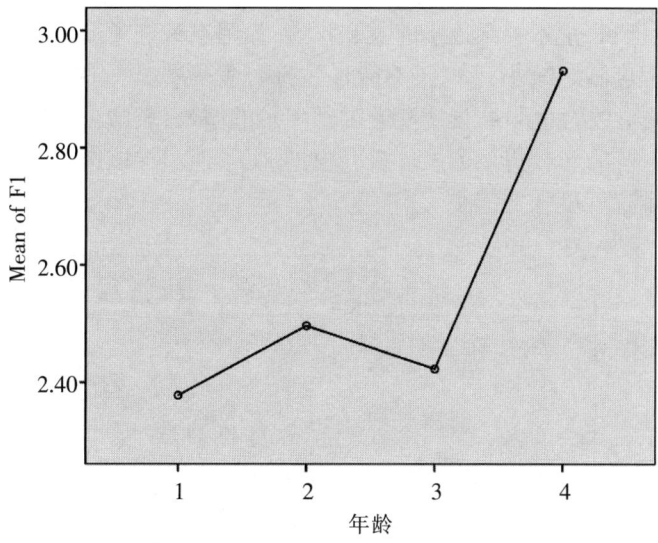

图 5-27　不同年龄教师专业发展权的均值比较

数据来源：本研究中对大学教师的问卷调查。

说明：1. 横轴为年龄，代码1：30岁以下，代码2：30～39岁，代码3：40～49岁，代码4：50岁及以上。
2. 纵轴为大学教师在专业发展权上的困扰程度平均值。
3. 非常同意＝1，比较同意＝2，一般＝3，不太同意＝4，不同意＝5；同意程度越高，均值越小，困扰越大。
4. 调查总人数为405人。

图5-27是不同年龄大学教师在专业发展权上的均值比较图。从图中可以看出不同年龄的大学教师在专业发展权上所受的均值分布呈显著性差异。大学教师随着年龄的增加在专业发展权上所受的困扰相应减少。但是40～49岁年龄段大学教师例外，他们在专业发展权上所受的困扰比30～39岁年龄段的大学教师要高而略低于30岁以下的年轻教师。这主要是因为40～49岁年龄段教师多为学科发展的骨干力量，其对于自身能力的提高有着更高的要求。

进一步把年龄与专业发展权当中的具体因素进行方差分析，发现年龄对专业发展权当中的"学术关系不足影响发展"、"还不能自主选择发展方式"和"政策偏向海外归国者带来压力"选项的影响呈显著性差异，P值分别为：P

(A6) = 0.027 < 0.05、P(A9) = 0.28 < 0.05、P(A12) = 0 < 0.05。把年龄与"学术关系不足影响发展"选项做相关分析,Pearson 相关系数为 0.144,说明随着年龄的增长,学术关系逐步建立和扩展,教师在该选项上的困扰均值随之增大,困扰程度随之减小;和"还不能自主选择发展方式"选项做相关分析,Pearson 相关系数为 0.114,说明随着教师年龄的增长,教师自主选择发展方式的能力有所提高,学校提供的发展机会也增加了,他们在该选项上的困扰均值随之增大,困扰程度随之减小。

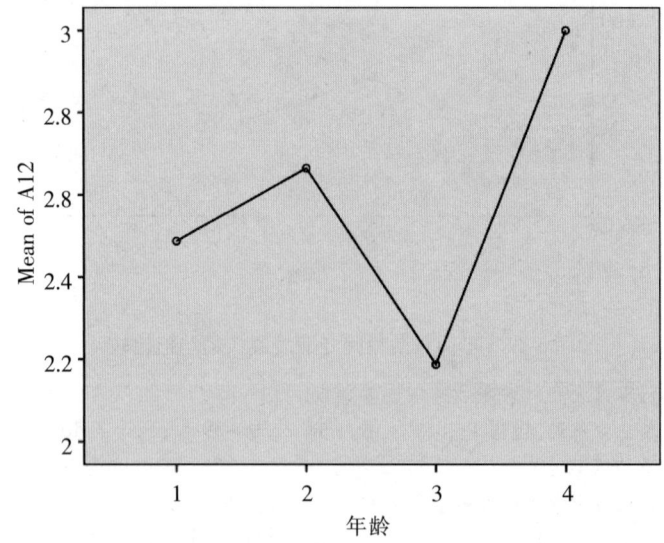

图 5-28　不同年龄教师"归国者带来压力"的均值比较

数据来源:本研究中对大学教师的问卷调查。

说明:1.横轴为年龄,代码 1:30 岁以下,代码 2:30～39 年,代码 3:40～49 岁,代码 4:50 岁及以上。

　　2.纵轴为大学教师在该选项上的困扰程度平均值。

　　3.非常同意 = 1,比较同意 = 2,一般 = 3,不太同意 = 4,不同意 = 5;同意程度越高,均值越小,困扰越大。

　　4.调查总人数为 405 人。

图 5 - 28 是不同年龄大学教师在"政策偏向海外归国者带来压力"上的均值比较图。从图中可以看到不同年龄的大学教师在该选项上的均值分布呈显著性差异。教师随着年龄的增加在该项上困扰程度逐渐减少,但是 40～49 岁大学教师例外,他们在该选项上受到的困扰程度最大。因为他们大多是学

校学科发展的骨干力量,海外归国者带来的竞争主要产生在他们之间。

综合以上数据分析,我们发现年龄对大学教师的科学研究自由权和专业发展权的影响呈显著性差异。其中,40~49岁年龄段大学教师为受到困扰最大的群体。在50岁之前,随着年龄的增长,教师在这两项专业自主权上受到的困扰也逐渐增加,一旦过了50岁,面临退休,教师的工作动力减退,所受的困扰反而减少。30岁以下年轻教师还处在工作适应期,在这两项专业自主权的相关影响因素上所受的困扰程度最小。

本章小结

通过上述分析,我们发现:除大学教师所教学科的性质外,大学教师各项背景因素对教师专业自主权状况的影响呈显著性差异,其中,大学教师的职称、教龄和年龄对科研自主权的影响呈显著性差异;大学教师性别、教龄对专业管理权的影响呈显著性差异;大学教师所在院校、性别、学历、教龄和年龄对专业发展权的影响呈显著性差异;大学教师的学历对教师专业服务权状况的影响呈显著性差异。具体情况分析如下:

第一,大学教师所教学科的性质对各项专业自主权影响不具备显著性差异,这与我国统一的量化管理方式有关。

与理工科和医科类大学教师相比,文科类大学教师对量化的管理方式和评价标准最为反感,但经济管理类大学教师例外。这说明量化管理和评价不能兼顾各学科发展要求,并不适合所有专业领域;然而我国的量化管理方式以统一的标准来评价和管理不同学科的教师,使得不同专业的大学教师遇到的专业自主权困扰趋同。

第二,在部属重点大学,具有教授职称和博士后学历大学教师的科研自主权受到的困扰最大;普通地方本科院校教师的教育教学自主权受到的困扰最大。

除50岁及以上在任教师外,我国大学教师随着年龄、教龄和职称的增加或提升,科研能力也逐步提高,但科研自主权上受到的困惑却逐步增大,调查中这些科研困惑具体体现在对学术霸权和课题申请中的行政干预的反感上,主要说明我国大学教师在科研自主权上遇到的困惑更多的在于学术追求和市场化冲击、行政化干预之间的矛盾上,而不是对教师自身科研能力的不自信上。与理工科和医科类大学教师相比,文科类大学教师对科研目标的功利化最为反感,但经济管理类大学教师例外。男教师比女教师更关注市场化和行政化对学术权利的影响。

调查中50岁及以上的在任教师在科研自主权上遇到的困惑反而降低主要有两个原因:一是资历深,且学校对其考核要求相对较低,工作压力减少;二是,我国大多教师退休就意味着告别糊口的讲台,许多人对专业没有继续研究的兴趣,除非有利可图,对于自己的职业没有终身事业感。所以面临退休的老教师也缺乏继续研究的动力。

第三,调查发现,学科性质和所在院校因素对教师专业管理权的影响不具备显著性差异,这是因为我国高校内部体制趋同,不同高校和不同专业之间教师在专业管理权上遇到的问题趋同。调查还发现我国高校内部权力集中在校级,也使得各专业院系之间教师的专业管理权状况差别不大。

第四,大学教师专业发展权状况与所在院校提供的发展条件和机会有关,也与教师自身对专业发展的意识和能力有关。调查发现部属院校教师的专业发展机会最多,能力最强,男教师的专业发展能力和意识比女教师更强,年龄40~49的骨干教师发展意识与能力最强,他们在专业发展权上受到的困扰最小;硕士学历、讲师职称、教龄10~20年的中青年教师的专业发展要求最迫切,但专业发展机会和能力相对较小,在专业自主权上受到的困扰最大;地方本科院校教师以及各类型院校中教龄10年以下的大学教师虽然专业发展机会和能力相对更小,但专业发展意识和要求也不强,在专业发展权上受到的困扰相对没那么大。

第五,大学教师学历越高,在经济利益和学术追求的冲突上的困惑越大,在专业服务权上受困扰也越大。在专业服务权的具体影响因素里,高校工作经济挂帅对部属院校教师造成的困扰最大;受学科性质特点影响,经济管理类教师对高校工作经济挂帅感受的困扰最小,理工类和医学类教师也比文科类特别是法律类教师受到的困扰要小。

第六章

大学教师背景对专业自主权影响因素结构的影响差异

在对大学教师进行专业自主权的问卷调查中,关于教师的背景资料我们设置了所在院校、学科性质、性别、职称、学历、教龄、所处年龄段共7个类别。这些不同的背景对于社会、高校内部和大学教师个人三个层面影响因素的整体结构性特征有怎样不同的影响?每个层面影响因素的数据分布特征是否因为背景资料的不同而不同?从中我们又可以发现哪些规律?本部分将把7项背景资料逐一与各个层面的因素组以及具体的影响因素进行方差分析,从而找出规律。

第一节　院校类型对大学教师专业自主权影响因素结构的影响差异

在对大学教师的调查中,我们把调查教师所在院校分为三大类:部属重点大学为厦门大学,省属重点大学包括福州大学、福建师范大学和福建医科大学,普通地方本科院校包括集美大学、漳州师院和福师大福清分校。把三类院校调查数据在社会、高校内部和大学教师个人三个层面的影响因素组上逐一进行方差分析,发现大学教师所在院校类型对个人层面因素组和社会层面因素组均值的影响呈显著性差异,P值分别为:$P(h1) = 0.021 < 0.05$、$P(g1) = 0.019 < 0.05$,对社会层面因素组均值的影响差异更大一些。在高校内部影响因素组上 $P(x1) = 0.081 > 0.05$,说明不同类型院校的教师在高校内部层面影响因素的困扰上,差异性不大。这反映了我国高校内部体制的趋同性。

一、院校类型对个人层面影响因素的影响差异

图 6-1 是不同院校类型大学教师在个人层面影响因素组上的均值比较图。从图中可以看到三类院校大学教师在个人层面影响因素组上的均值分布呈显著性差异。其中,部属重点大学教师在个人层面影响因素组上受到的困扰最小,普通地方本科院校教师在个人层面影响因素组上受到的困扰最大。

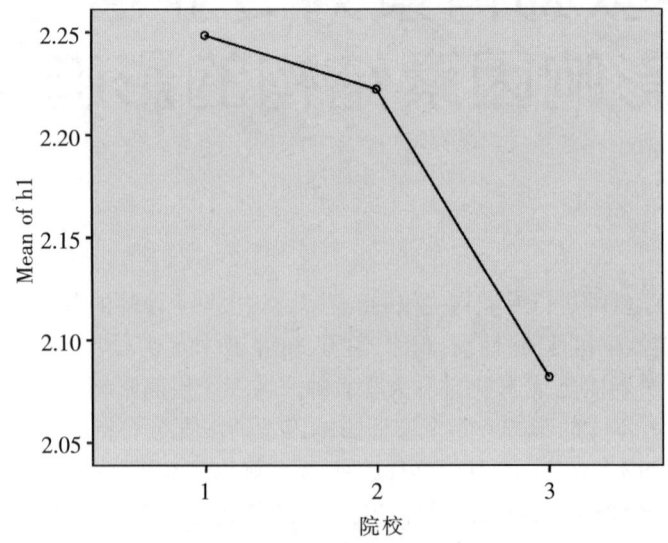

图 6-1 院校类型对个人层面影响因素组均值的影响

数据来源:本研究中对大学教师的问卷调查。

说明:1. 横轴为院校,代码 1:部属重点院校,代码 2:省属重点院校,代码 3:地方本科院校。

2. 纵轴为大学教师在个人层面影响因素组上的困扰程度平均值。

3. 非常同意 =1,比较同意 =2,一般 =3,不太同意 =4,不同意 =5;同意程度越高,均值越小,困扰越大。

4. 调查总人数为 405 人。

进一步把所在院校类型和个人层面影响因素组中具体的影响因素逐一进行方差分析,发现院校类型在"教师自身学术关系影响专业发展"选项上的影响 $P(A6) = 0 < 0.05$,呈显著性差异。三类院校大学教师在个人学术关系上受到的困扰均值分布呈显著性差异。其中,部属重点大学教师在个人学术关系上受到的困扰最小,普通地方本科院校在个人学术关系上受到的困扰最大,见图 5-2 不同院校类型大学教师"学术关系影响专业发展"的均值比较图;在"还不能做到自主选择发展方式"选项上的影响 $P(A9) = 0.017 < 0.05$,呈

第六章　大学教师背景对专业自主权影响因素结构的影响差异

显著性差异。三类院校大学教师在自主选择发展方式方面受到的困扰均值分布呈显著性差异。其中,部属重点大学教师在自主选择发展方式上受到的困扰最小,普通地方本科院校教师在自主选择发展方式上受到的困扰最大,见图 5-3 不同院校类型大学教师在"不能自主选择发展方式"上的均值比较图。由此可见,由于各层次院校能够提供的发展条件、机会不同,所拥有的教师整体素质也不同,普通地方本科院校、省属重点大学和部属重点大学在教师个人拥有的学术关系、教师学习发展的自主性、学校提供的发展机会和条件上优势是依次增加的。因此院校类型对于个人层面影响因素组的影响呈显著性差异,学校层次越往上,教师在个人层面影响因素组上受到的困扰越小。而在"教师自我反思能力不足影响知识传授的权威性"选项上 $P(A2)=0.002<0.05$,呈显著性差异,但数据分布规律不太相同。

图 6-2 是院校类型对"教师自我反思能力不足影响知识传授的权威性"的均值影响图。从图 6-2 可以看到院校类型对"教师自我反思能力不足影响知识传授的权威性"的均值影响呈显著性差异。部属重点大学教师在该选项上受到的困扰最大,省属重点大学在该选项上受到的困扰最小。

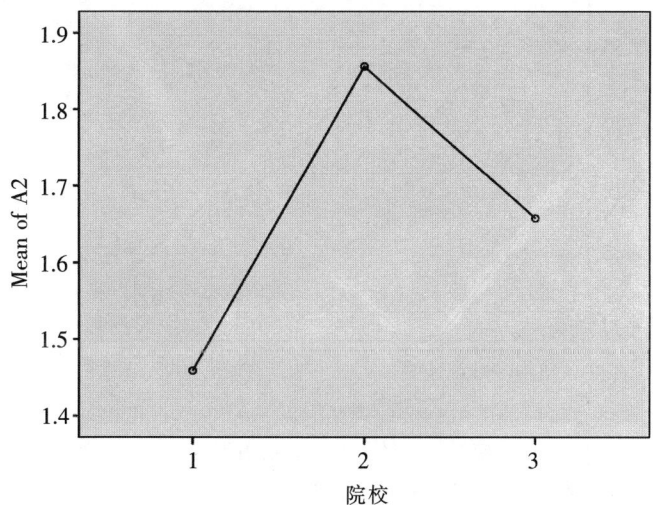

图 6-2　院校类型对"自我反思能力不足"均值的影响

数据来源:本研究中对大学教师的问卷调查。

说明:1.横轴为院校,代码 1:部属重点院校,代码 2:省属重点院校,代码 3:地方本科院校。2.纵轴为大学教师在该选项上的困扰程度平均值。

3.非常同意=1,比较同意=2,一般=3,不太同意=4,不同意=5;同意程度越高,均值越小,困扰越大。

4.调查总人数为 405 人。

根据数据分析,结合访谈得知,部属重点大学为研究型大学,大学教师工作中一方面注重自身知识权威的维护,一方面又有更多对科研本真价值的追求,不得不把自己置于理性的自我批判和反思之中,因此产生的冲突和困扰最大。而普通地方本科院校教师相对重点院校教师而言更多的是对自身知识权威性的不自信和反思,因此受到的困扰次于部属重点院校教师而高于省属重点院校教师。

二、院校类型对社会层面影响因素的影响差异

图6-3是院校类型对社会层面影响因素组均值的影响。从图中可以看到三类院校大学教师在社会层面影响因素组上的均值分布呈显著性差异。其中,部属重点大学教师在社会层面影响因素组上受到的困扰最小,普通地方本科院校在社会层面影响因素组上受到的困扰最大。

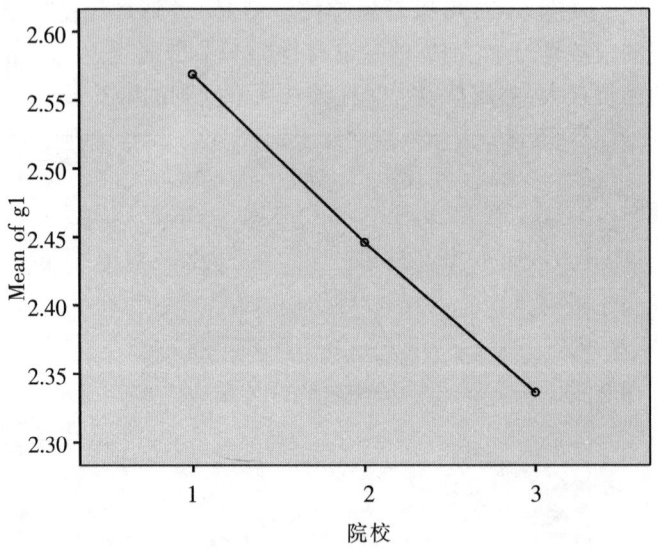

图6-3 院校类型对社会层面影响因素组均值的影响

数据来源:本研究中对大学教师的问卷调查。

说明:1.横轴为院校,代码1:部属重点院校,代码2:省重点院校,代码3:地方本科院校。

2.纵轴为大学教师在社会层面影响因素组上的困扰程度平均值。

3.非常同意=1,比较同意=2,一般=3,不太同意=4,不同意=5;同意程度越高,均值越小,困扰越大。

4.调查总人数为405人。

进一步把所在院校类型和社会层面中具体的影响因素逐一进行方差分析,发现院校类型在"科研评价指标过分统一无法兼顾不同学科发展需求"和"高校经济挂帅冲击工作"选项上的影响 P 值分别为:$P(A18) = 0.001 < 0.05$、$P(A22) = 0.004 < 0.05$,呈显著性差异。见图 5-6 不同院校类型大学教师在"科研评价指标过分统一,不能兼顾各学科发展需求"上的均值比较图,图 5-7 不同院校类型大学教师在"高校经济挂帅冲击工作"选项上的均值比较图。从图中可以看出院校类型对以上两个选项的困扰程度的影响出现相同的差异性分布:部属重点大学教师受到的困扰程度最大,省属重点大学教师受到的困扰程度则最小。这是由于部属重点大学为研究型大学,其教师对量化的科研评价较为反感,而且经常面临学术追求与经济诱惑之间的冲突,深感其对工作干扰很大。而普通地方本科院校偏重于教学,相对于部属重点大学,其教师在科研上受到的困扰要少许多;相对于省属重点大学,他们的科研整体实力较弱,适应不了量化的评价标准,受到的困扰较大。而且普通地方本科院校在各类型高校竞争中相对处于弱势,面对市场经济的冲击,不免也在争取生源、搞创收上以经济利益为导向,对教师工作产生困扰。

而在"信息时代对教师发展提出挑战"选项上的影响 $P(A10) = 0 < 0.05$,同样呈显著性差异,但在数据的差异性分布上有所不同:部属重点大学教师在应对时代挑战上受到的困扰最小,省属重点大学教师在应对挑战上受到的困扰最大。见图 5-4 不同院校类型大学教师"信息时代对教师发展提出挑战"的均值比较图。这是由于,院校层次越往上,大学教师应对时代挑战的能力越强,但是相对于省属重点院校教师,普通地方本科院校教师对于时代的挑战更缺乏迫切感,因而受到的困扰也比省属重点院校教师要少。

三、院校类型对于高校内部层面影响因素的影响差异

把院校类型对于高校内部层面具体因素逐一进行方差分析发现,院校类型对于高校层面影响因素中的"考评工作表格烦琐干扰工作"选项的影响 $P(A17) = 0.006 < 0.05$,呈显著性差异。三类院校大学教师在该项上的困扰均值分布呈显著性差异。其中,部属重点大学教师受到的困扰最大,省属重点大学教师受到的困扰最小。见图 5-5 不同院校类型大学教师"考评工作表格烦琐干扰工作"的均值比较图。这是由于部属重点大学的教师相对学术个性更强,对量化考评方式最反感。而普通地方本科院校偏重于教学,教学制度严格复杂,表格更是繁多,相对于省属重点大学,其教师在教学工作中受到的困扰更大。

第二节 学科性质对大学教师专业自主权影响因素结构的影响差异

在对大学教师进行的调查中,把调查教师的所在学科分为文、理工、医三大类:其中文科代码为1、理工科代码为2、医科代码为3。研究假设中,文科法学类专业教师维权意识比较强;经济管理类专业教师相比其他教师更多地和经济打交道;教育学类专业教师对于自身的专业自主权有更多的专业思考;思政类专业教师学术个性比较强,这些对于专业自主权的影响应该存在差异。为验证研究假设是否成立,把文科类专业进一步细化为:法学类代码为11,经济管理类代码为12,教育类代码为13,思政类代码为14,其他文科专业代码为10。把不同专业的调查数据在社会、高校内部和大学教师个人三个层面影响因素组上逐一进行方差分析,发现大学教师学科性质对高校内部层面影响因素组的影响 $P(x1)=0.039<0.05$,呈显著性差异;另外两个层面因素组的影响 P 值均 >0.05,都不具备显著性差异。

一、学科性质对高校内部层面影响因素的影响差异

图6-4是学科性质对高校内部层面影响因素组均值的影响图,从图中可以看到不同专业的大学教师在该层面上的困扰均值分布呈显著性差异。其中,文科类大学教师之间差异性最大,文科法学类和"其他"类大学教师所受困扰最大,文科类中的经济管理类大学教师所受困扰最小;在文科类中除经济管理类外,教师整体受到的困扰要大于理工类和医科类大学教师;理工类大学教师和医科类大学教师受到的困扰程度相似,理工类大学教师受到的困扰稍大。

第六章　大学教师背景对专业自主权影响因素结构的影响差异 | 119

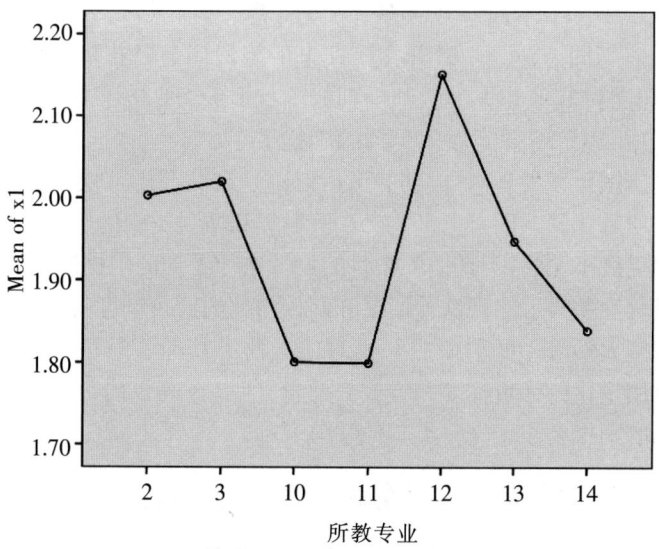

图6-4　学科性质对高校内部影响因素组均值的影响

数据来源:本研究中对大学教师的问卷调查。
说明:1.横轴为学科性质,代码2:理工类,代码3:医科类,代码10:文科其他类,代码11:法学类,代码12:经济管理类,代码13:教育类,代码14:思政类。
2.纵轴为高校内部层面影响因素组程度平均值。
3.非常同意=1,比较同意=2,一般=3,不太同意=4,不同意=5;同意程度越高,均值越小,困扰越大。
4.调查总人数为405人。

　　进一步把学科性质与高校内部层面影响因素组中的具体因素进行方差分析发现,学科性质对于"考评工作表格烦琐干扰工作"的影响 P(A17)=0.017<0.05,呈显著性差异。见图5-8不同专业大学教师"考评工作表格烦琐干扰工作"的均值比较图,不同专业的大学教师在该项上的困扰均值分布呈显著性差异。其中,文科类大学教师总体受到的困扰最大,其次是理工类大学教师,医科类大学教师受到的困扰最小。

　　对"科研评价指标过分统一,不能兼顾各学科发展需求"选项的影响 P(A18)=0.021<0.05,呈显著性差异。见图5-9不同专业大学教师"科研评价指标过分统一,不能兼顾各学科发展需求"的均值比较图。不同专业大学教师在该项上的困扰均值分布呈显著性差异。其中,文科类大学教师除经济管理类教师之外普遍受到的困扰更大,理工类教师受到的困扰最小,经济管理类教师比医科类教师所受困扰程度略小。

　　对"高校经济挂帅冲击工作"选项的影响 P(A22)=0.038<0.05,呈显著

性差异。见图 5-11 不同专业大学教师在"高校经济挂帅冲击工作"选项的均值比较图。不同专业大学教师在该项上的困扰均值分布呈显著性差异。其中,法学类和文科其他类大学教师受到的困扰最大,理工、思政、医科和教育类大学教师居中,经济管理类教师受到的困扰最小。

从以上诸图可以发现一个共同特点:无论是在高校内部层面整体影响因素上还是在三项具体影响因素上,理工类、医科类和文科类中的经济管理类大学教师受到的困扰最小,文科类其他各学科的大学教师受到的困扰最大,并且各学科教师间呈显著性差异。出现这种情况和高校内部的评价制度有关系,理工、医科和经济管理类大学教师的科研成果相对于文科类其他各学科大学教师的科研成果更适合用量化的评价标准和方式来评价,所以在高校内部层面影响因素组上他们受到的困扰要小于文科类其他学科教师。

二、学科性质对其他层面影响因素的影响差异

把学科性质和其他层面影响因素组中的具体因素逐一进行方差分析发现,学科性质对社会层面影响因素组中"政策偏向海外归国者带来压力"选项的影响 $P(A12)=0.021<0.05$,呈显著性差异。见图 5-10 不同专业大学教师在"海外归国者带来压力"选项的均值比较图。不同专业大学教师在该项上的困扰均值分布呈显著性差异。其中,理工类大学教师受到的困扰最大,医科类大学教师受到的困扰最小。文科类教师中法学类教师和教育学教师受到的困扰比较突出。对此前面已经分析过,这是由于各学科的不同特点决定的,而医科类大学教师受到的困扰最小是因为被调查对象多为年轻教师,工作资历和人力资本决定他们还未进入核心竞争圈。

由此可见,大学教师个人的工作经验、工作特点、个人所拥有的人力资本对于他们应对外界压力、和外界互动,有很大影响。

第三节 性别因素对大学教师专业自主权影响因素结构的影响差异

把大学教师性别在社会、高校内部和大学教师个人层面影响因素组上逐一进行相互独立样本 T 检验,发现性别因素对各个层面影响因素组均值的影响不具备显著性差异。

进一步把大学教师性别和各层面影响因素组中具体的影响因素逐一进行

T 检验,发现大学教师性别对高校内部层面影响因素组中的"大学办学中行政权力主导学术权力"、大学教师个人层面影响因素组中的"学术关系影响发展"和社会层面影响因素组中的"信息时代给教师职业提出发展要求,带来挑战"三个选项上有影响,P 值分别为:$P(A13) = 0.008 < 0.05$、$P(A6) = 0.007 < 0.05$、$P(A10) = 0.011 < 0.05$,呈显著性差异。

一、不同性别大学教师对"大学行政权力主导学术权力"的反应呈显著性差异

现实中男教师对行政权力与学术权力之间的冲突关注更多,受到的困扰更大。在"大学办学中行政权力主导学术权力"上,男、女教师持赞同观点的累计比率相似,但是,男教师比女教师的比率略高;而且男教师更多选择非常同意,占男教师总选择人数的 44.7%,选择比较同意的占 34.6%;而女教师更多选择比较同意,占女教师总选择人数的 46.9%,而选择非常同意的占 27.6%。见表 5-2 不同专业大学教师在该选项的情况。

二、不同性别大学教师受"学术关系"影响程度呈显著性差异

男教师比女教师普遍更关注学术关系的建立,也具更强的交际能力和更广泛的学术关系,在实际工作中因学术关系影响发展造成的困扰更小。从数据分析结果看到,不同性别大学教师在"学术关系影响发展"上持赞同观点的累计比率相似,女教师比男教师的比率略高。但是,男教师在比较同意和一般选项上的比率比女教师高,分别占男教师总选择人数的 50.5%、20.2%;女教师选择非常同意的占 36.5%,比男教师比率高。见表 5-3 不同性别大学教师在"学术关系影响发展"上的选项情况。

三、不同性别大学教师对"信息时代挑战"的感受呈显著性差异

男教师对于自身的学习和发展能力,比女教师普遍更有自信;对于环境变迁的心理适应性也更强,在应对时代挑战方面比女教师受到的困扰更小。

见表 5-4 不同性别大学教师在"信息时代给教师职业提出发展要求,带来挑战"上的选项情况。不同性别大学教师在"信息时代给教师职业提出发展要求,带来挑战"上持赞同观点的累计比率相似,女教师比男教师的比率略高。但是,女教师在比较同意和非常同意选项上累计比率比男教师高,累计比率占女教师总选择人数的 49.7%;男教师选择比较同意和非常同意的累计比率占男教师总选择人数的 36.1%。

第四节 职称因素对大学教师专业自主权影响因素结构的影响差异

在对大学教师进行的调查中,按照调查教师的不同职称分别设置代码:代码1为教授,代码2为副教授,代码3为讲师,代码4为助教。把大学教师职称调查数据在社会、高校内部和大学教师个人层面影响因素组上逐一进行方差分析,发现大学教师的不同职称对高校内部层面影响因素的影响 $P=0.041<0.05$,呈显著性差异。在其他层面影响因素组上的影响 P 值均 >0.05,不具备显著性差异。

一、职称因素对高校内部层面影响因素的影响差异

图6-5是职称对高校内部层面影响因素组均值的影响图。从图中可以看出不同职称的大学教师在高校内部层面影响因素组上的均值分布有显著性差异。随着职称的不断上升,大学教师在高校内部层面影响因素上受到的困扰不断增大。其中,副教授和讲师的困扰程度差异性不大。

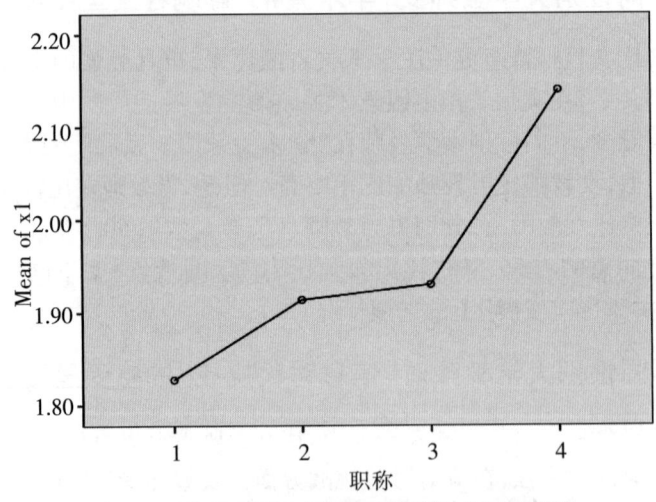

图6-5 职称对高校内部影响因素组均值的影响

数据来源:本研究中对大学教师的问卷调查。

说明:1.横轴为职称,代码1:教授,代码2:副教授,代码3:讲师,代码4:助教。

2.纵轴为大学教师在高校内部影响因素组上的程度平均值。

3.非常同意=1,比较同意=2,一般=3,不太同意=4,不同意=5;同意程度越高,均值越小,困扰越大。

4.调查总人数为405人。

进一步把不同职称和高校内部层面因素组中具体的影响因素逐一进行差异性分析,发现职称在"量化考评导致追求目标功利化、短期化"选项上的影响呈显著性差异,P(A16) = 0.012 < 0.05。通过均值比较,发现大学教师随着职称的升高,对"量化考评导致追求目标功利化、短期化"感到的困扰也逐渐加深,反映了大学教师对科研本真价值的追求随职称而加深。

二、职称因素对于其他层面影响因素的影响差异

把大学教师职称和其他层面影响因素中的具体因素逐一进行方差分析发现,职称对于大学教师个人层面的"学术关系不足影响发展"选项的影响 P(A6) = 0.002 < 0.05,呈显著性差异。见图 5-13 不同职称大学教师在"学术关系影响发展"上的均值比较图。不同职称的大学教师在该选项上的均值分布有显著性差异。讲师在该选项上受到的困扰最大,其后依次是助教、副教授、和教授。可见在专业发展上教师随着职称提升,享有更多的学术关系和资源;但讲师虽然比助教拥有更多的学术关系,却是大学里发展要求最迫切的群体,相比助教对于学术关系的影响也有更深的认识,所受困扰也最大。

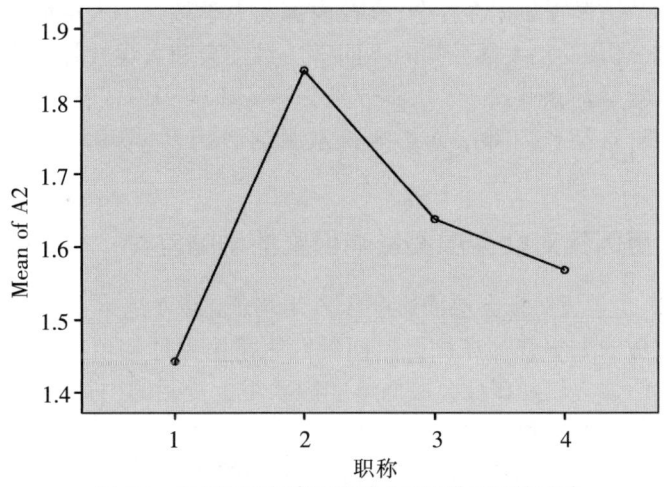

图 6-6 职称对"自我反思能力不足"均值的影响

数据来源:本研究中对大学教师的问卷调查。

说明:1. 横轴为职称,代码1:教授,代码2:副教授,代码3:讲师,代码4:助教。

　　2. 纵轴为大学教师在该选项上的程度平均值。

　　3. 非常同意 = 1,比较同意 = 2,一般 = 3,不太同意 = 4,不同意 = 5;同意程度越高,均值越小,困扰越大。

　　4. 调查总人数为 405 人。

职称对于大学教师个人层面的"自我反思能力不足影响知识传授的权威性"选项的影响 $P(A2)=0.016<0.05$,呈显著性差异。

图 6-6 是职称对"自我反思能力不足影响知识传授权威性"均值的影响。从图中可以看到不同职称的大学教师在该选项上的均值分布呈显著性差异。教授在该选项上受到的困扰最大,副教授及以下者随着职称的上升,困扰程度反而减少。这是因为随着职称的上升,其对自身能力和权威性的自信也逐渐增加,但到了教授阶段,对于科学本真的追求使得他们又不断对自身掌握的知识进行自我反思和批判。

第五节 学历因素对大学教师专业自主权影响因素结构的影响差异

在对大学教师进行的调查中,按照调查教师的不同学历分别设置代码:代码 1 为博士后,代码 2 为博士,代码 3 为硕士,代码 4 为学士,代码 5 为其他。把大学教师学历调查数据在社会、高校内部和大学教师个人层面因素组上逐一进行方差分析,发现大学教师的不同学历对社会和大学教师个人层面影响因素组的影响呈显著性差异,P 值分别为:$P(g1)=0.021<0.05$、$P(h1)=0.029<0.05$;对高校内部层面影响因素组的影响 $P>0.05$,不具备显著性差异。

一、学历因素对社会层面影响因素的影响差异

图 6-7 是学历对社会层面影响因素组均值的影响差异图。从图中可以看出不同学历的大学教师在社会层面影响因素组上的均值分布呈显著性差异。硕士学历大学教师在社会层面影响因素组上受到的困扰最大,其后依次是学士、博士后、博士和其他学历教师。

进一步把学历和社会层面影响因素组中具体的影响因素逐一进行方差分析,发现学历在"信息时代对发展提出挑战"和"政策偏向海外归国者带来压力"两个选项上的 P 值分别为:$P(A10)=0<0.05$、$P(A12)=0.016<0.05$,均呈显著性差异。

不同学历的大学教师在"信息时代对发展提出挑战"选项上的均值分布有显著性差异。硕士学历大学教师在"信息时代对发展提出挑战"上受到的困扰最大,其后依次是学士、博士、博士后和其他学历教师。见图 5-16 不同学历大学教师在"信息时代对发展提出挑战"选项上的均值比较图。

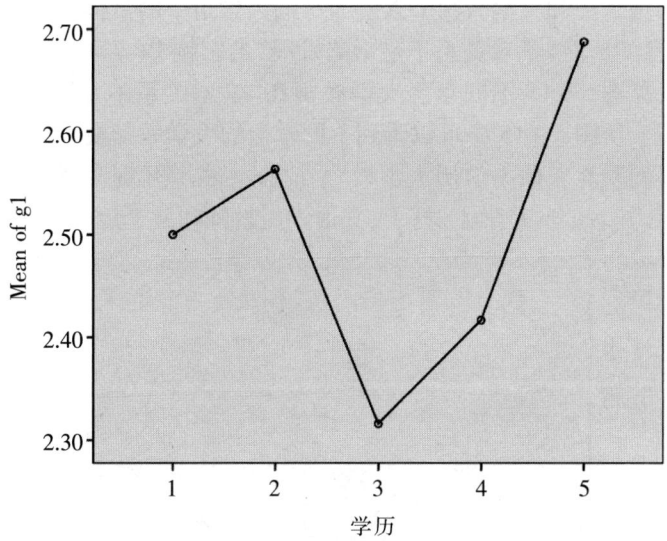

图 6-7　学历对社会影响因素组均值的影响

数据来源：本研究中对大学教师的问卷调查。

说明：1. 横轴为学历，代码 1：博士后，代码 2：博士，代码 3：硕士，代码 4：学士，代码 5：其他。
　　　2. 纵轴为大学教师在社会层面影响因素组上的困扰程度平均值。
　　　3. 非常同意＝1，比较同意＝2，一般＝3，不太同意＝4，不同意＝5；同意程度越高，均值越小，困扰越大。
　　　4. 调查总人数为 405 人。

不同学历的大学教师在"政策偏向海外归国者带来压力"选项上的均值分布呈显著性差异。"其他"学历大学教师在该选项上受到的困扰最大，其后是硕士和博士后困扰较大，学士、博士困扰较小。见图 5-17 不同学历大学教师在"政策偏向海外归国者带来压力"选项上的均值比较图。

由此可见在社会层面影响因素组上硕士学历的大学教师是受到困扰最大的，也是发展要求最迫切的群体。

二、学历因素对于大学教师个人层面影响因素的影响差异

图 6-8 是学历对大学教师个人层面影响因素组均值的影响差异图。从图中可以看出不同学历的大学教师在个人层面影响因素组上的均值分布呈显著性差异。硕士学历大学教师是个人层面影响因素组中受到困扰最大的；博士后和硕士学历大学教师的困扰程度接近；其后是学士、博士和"其他"学历教师。

进一步把学历和大学教师个人层面影响因素组中的具体因素逐一进行方差分析发现,学历对"学术关系不足影响发展"的影响 P(A6)=0<0.05,呈显著性差异。见图 5-15 不同学历大学教师在"学术关系不足影响发展"上的均值比较图。从图 5-15 中可以看到不同学历的大学教师在该选项上的均值分布呈显著性差异。硕士学历大学教师在"学术关系不足影响发展"上受到的困扰最大,其后依次是学士、博士、其他学历教师和博士后。

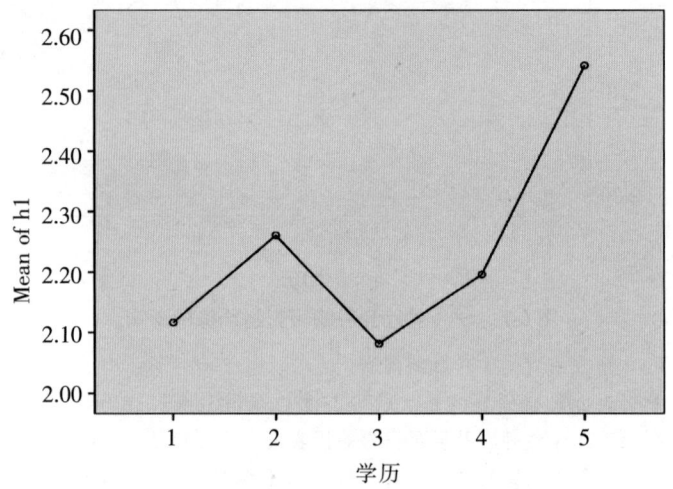

图 6-8　学历对教师个人影响因素组均值的影响

数据来源:本研究中对大学教师的问卷调查。
说明:1. 横轴为学历,代码 1:博士后,代码 2:博士,代码 3:硕士,代码 4:学士,代码 5:其他。
　　2. 纵轴为大学教师在个人层面影响因素组上程度平均值。
　　3. 非常同意=1,比较同意=2,一般=3,不太同意=4,不同意=5;同意程度越高,均值越小,困扰越大。
　　4. 调查总人数为 405 人。

三、学历因素对于高校内部层面影响因素的影响差异

把大学教师学历和高校内部影响因素组的具体因素逐一进行方差分析发现,学历对于其中的"考评表格烦琐、简单重复"和"高校经济挂帅冲击工作"选项的 P 值分别为:P(A17)=0.014<0.05、P(A22)=0.020<0.05,均呈显著性差异。不同学历的大学教师在"考评表格烦琐、简单重复"选项上受到困扰的均值分布呈显著性差异。在"正规"学历序列里,大学教师在该选项上受到的困扰随着学历的提升而增加;"其他"学历教师在该选项上

受到的困扰程度最大。见图 5-19 不同学历大学教师在"考评表格烦琐、简单重复"选项上的均值比较图。可见学历越高的教师越反感量化考核方式，而"其他"学历教师多为早期进入大学的老一代教师，对于新的量化考核方式极不适应。

对"高校经济挂帅冲击工作"选项进一步做均值比较，发现在专业服务上教师随着学历提升，从事越来越多的社会服务，面临的经济利益与学术追求的冲突也越来越大。

第六节 教龄因素对大学教师专业自主权影响因素结构的影响差异

在对大学教师进行的调查中，按照调查教师的不同教龄分别设置代码：代码 1 为 10 年以下，代码 2 为 10~20 年，代码 3 为 20 年以上。把大学教师教龄调查数据在社会、高校内部和大学教师个人层面因素组上逐一进行方差分析，发现大学教师的不同教龄对社会层面影响因素组的影响呈显著性差异，$P(g1) = 0.009 < 0.05$。在其他层面影响因素组影响上 P 值均 > 0.05，不具备显著性差异。

一、教龄因素对社会层面影响因素的影响差异

图 6-9 是教龄对社会层面影响因素组均值的影响图。从图中可以看到不同教龄的大学教师在社会层面影响因素组上的均值分布呈显著性差异，10~20 年教龄大学教师在社会层面影响因素组上受到的困扰最大，10 年以下教龄大学教师受到的困扰最小。

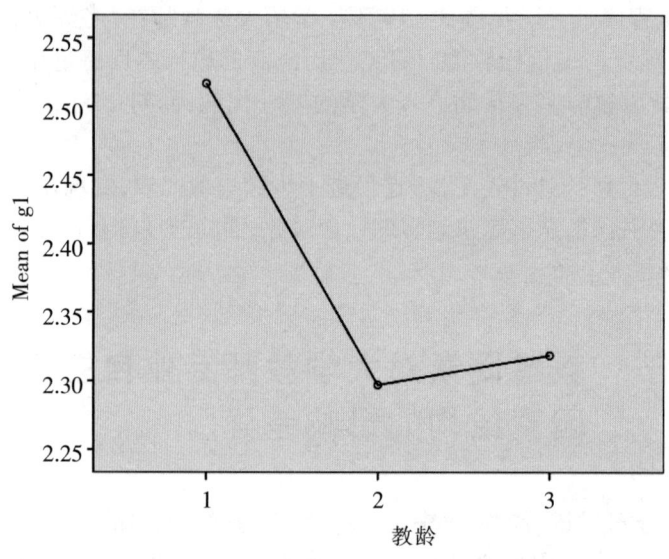

图 6-9　教龄对社会影响因素组均值的影响

数据来源：本研究中对大学教师的问卷调查。

说明：1. 横轴为教龄，代码 1：10 年以下，代码 2：10～20 年，代码 3：20 年以上。

2. 纵轴为大学教师在社会层面影响因素组上的程度平均值。

3. 非常同意 = 1，比较同意 = 2，一般 = 3，不太同意 = 4，不同意 = 5；同意程度越高，均值越小，困扰越大。

4. 调查总人数为 405 人。

二、教龄因素对于其他层面影响因素的影响差异

进一步把教龄因素和其他层面影响因素组中具体的影响因素逐一进行方差分析，发现教龄在高校内部层面"考评制度量化导致追求目标功利化、短期化"选项上的影响呈显著性差异，P(A16) = 0.01 < 0.05。不同教龄的大学教师在该选项上的均值分布有显著性差异。10～20 年教龄大学教师在该选项上受到的困扰最大，10 年以下教龄大学教师在该选项上受到的困扰最小。见图 5－21 不同教龄大学教师在"考评制度量化导致追求目标功利化、短期化"选项上的均值比较图。

从以上数据来看，大学教师中教龄 10～20 年的中青年教师在社会层面影响因素组受到的困扰最大，对量化考评最反感。

第七节　年龄因素对大学教师专业自主权影响因素结构的影响差异

在对大学教师进行的调查中,按照调查教师所处年龄段分别设置代码:代码1为30岁以下,代码2为30~39岁,代码3为40~49岁,代码4为50岁及以上。把大学教师年龄调查数据在社会、高校内部层面和大学教师个人层面影响因素组上逐一进行方差分析,发现大学教师的年龄对社会层面影响因素组和高校内部影响因素组的影响均呈显著性差异,P值分别为:$P(g1) = 0.026 < 0.05$、$P(x1) = 0.001 < 0.05$。在对大学教师个人层面的影响上,$P > 0.05$,不具备显著性差异。

一、年龄因素对社会层面影响因素的影响差异

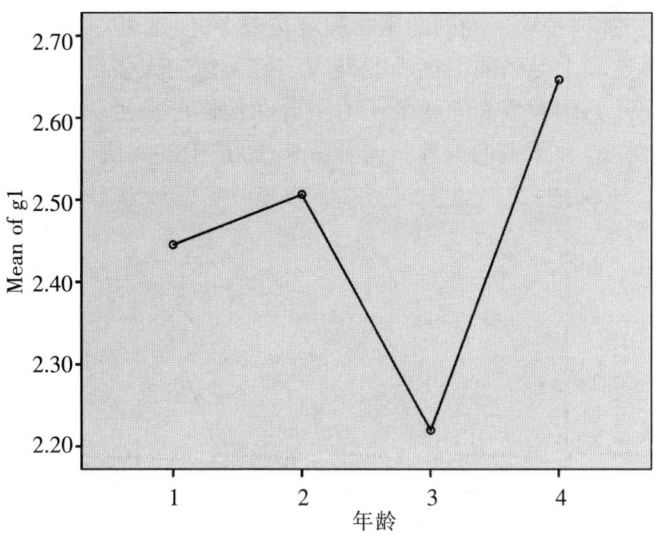

图6-10　年龄对社会影响因素组均值的影响

数据来源:本研究中对大学教师的问卷调查。

说明:1. 横轴为年龄,代码1:30岁以下,代码2:30~39岁,代码3:40~49岁,代码4:50岁及以上。

2. 纵轴为大学教师在社会层面影响因素组上的程度平均值。

3. 非常同意=1,比较同意=2,一般=3,不太同意=4,不同意=5;同意程度越高,均值越小,困扰越大。

4. 调查总人数为405人。

图 6-10 是年龄对社会层面影响因素组均值的影响图。从图中可以看出不同年龄的大学教师在社会层面影响因素组上的均值分布呈显著性差异,50 岁及以上的大学教师在社会层面影响因素组上受到的困扰最小。在 50 岁之前的大学教师里,39~40 岁的大学教师受到的困扰最小,40~49 岁大学教师受到的困扰程度最大。

进一步把年龄因素和社会层面影响因素组中具体的影响因素逐一进行方差分析,发现年龄在"课题申报中行政干预大"选项上,$P(A5)=0.02<0.05$,呈显著性差异。不同年龄的大学教师在该选项上的均值分布呈显著性差异。50 岁之前教师随年龄的增长,在该选项上受到的困扰也不断增加。50 岁之后,面临退休,大学教师在该选项上受到的困扰程度略低于 40~49 岁大学教师而高于其他年龄段教师。见图 5-26 不同年龄大学教师在"课题申报中行政干预大"上的均值比较图。

年龄在"政策偏向海外归国者带来压力"选项上 $P(A12)=0<0.05$,呈显著性差异。不同年龄的大学教师在该选项上的均值分布呈显著性差异。教师随着年龄的增加在该项上受到的困扰程度在减少,但是 40~49 岁大学教师例外,他们在该选项上受到的困扰程度最大。因为他们大多是学校学科发展的骨干力量,海外归国者带来的竞争压力主要在他们中产生。见图 5-28 不同年龄大学教师在"政策偏向海外归国者带来压力"上的均值比较图。

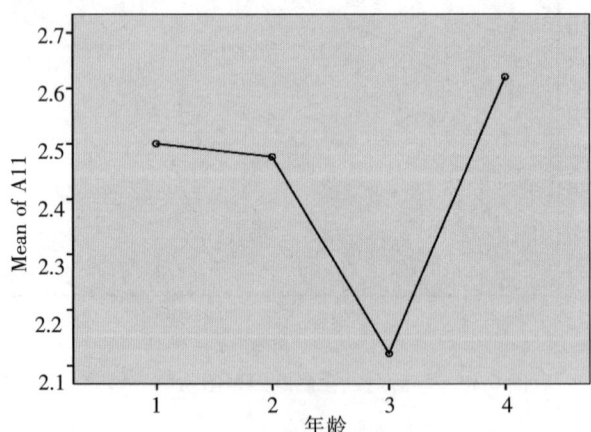

图 6-11　年龄对"宏观政策影响高校"的均值影响

数据来源:本研究中对大学教师的问卷调查。

说明:1. 横轴为年龄,代码 1:30 岁以下,代码 2:30~39 岁,代码 3:40~49 岁,代码 4:50 岁及以上。

2. 纵轴为大学教师该选项上的困扰程度平均值。

3. 非常同意=1,比较同意=2,一般=3,不太同意=4,不同意=5;同意程度越高,均值越小,困扰越大。

4. 调查总人数为 405 人。

年龄在"政策很大程度上影响高校和学科发展"选项上 P(A11) = 0.014 < 0.05,有显著性差异。图 6-11 是年龄对"政策很大程度上影响高校和学科发展"的均值影响图。从图中可以看到,不同年龄的大学教师在该选项上的均值分布呈显著性差异。50 岁之前,随着大学教师年龄的增加,在该选项上受到的困扰也增加,而 50 岁之后面临退休,大学教师在该选项上所受的困扰最低。

二、年龄因素对于高校内部影响因素的影响差异

图 6-12 是年龄对高校内部层面影响因素组均值的影响差异图。从图中可以看出不同年龄的大学教师在高校内部层面影响因素组上的均值分布呈显著性差异,50 岁之前的大学教师,随着年龄的增加,在高校内部层面影响因素组上所受的困扰也在增加,50 岁之后的大学教师面临退休,他们受到的困扰比 40~49 岁的大学教师低,但比其他年龄段教师高。这说明随着年龄的增加,工作时间的增加、教师对高校内部制度环境越来越了解,受到的困扰也越来越多。

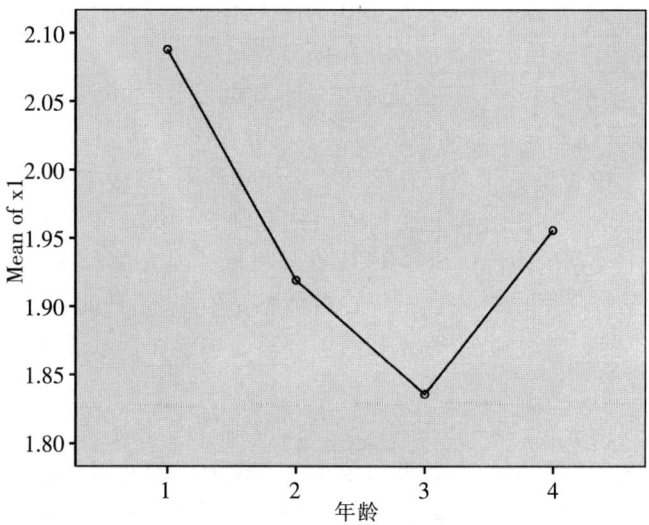

图 6-12 年龄对高校内部影响因素组均值的影响

数据来源:本研究中对大学教师的问卷调查。
说明:1. 横轴为年龄,代码 1:30 岁以下,代码 2:30~39 岁,代码 3:40~49 岁,代码 4:50 岁及以上。
2. 纵轴为大学教师在高校内部层面影响因素组上的程度平均值。
3. 非常同意 = 1,比较同意 = 2,一般 = 3,不太同意 = 4,不同意 = 5;同意程度越高,均值越小,困扰越大。
4. 调查总人数为 405 人。

进一步把年龄因素和高校内部层面影响因素组中具体的影响因素逐一进行方差分析，发现年龄对"考评制度量化导致追求目标功利化、短期化"选项的影响呈显著性差异，P(A16) = 0.003 < 0.05。把年龄与该选项进一步做相关分析，Pearson 相关系数为 -0.151。说明教师年龄越大，在该选项上均值越小，所受困扰程度越大。

三、年龄因素对大学教师个人影响因素的影响差异

把年龄与大学教师个人层面影响因素组当中的具体因素逐一进行方差分析，发现年龄对大学教师个人层面影响因素组当中的"学术关系不足影响发展"、"还不能自主选择发展方式"的影响呈显著性差异，P 值分别为：P(A6) = 0.027 < 0.05、P(A9) = 0.28 < 0.05；把年龄与"学术关系不足影响发展"选项做相关分析，Pearson 相关系数为 0.144，说明随着年龄的增长，学术关系逐步建立和扩展，教师在该选项上的均值增加，所受困扰程度在减少；与"还不能自主选择发展方式"选项做相关分析，Pearson 相关系数为 0.114，说明随着教师年龄的增长，教师自主选择发展方式的能力不断提高，学校提供的发展机会也不断增加，在该选项上所受的困扰不断减少。

年龄对"学术权威主导科研选题和学术观点"选项的影响 P(A4) = 0.027 < 0.05，呈显著性差异。不同年龄的大学教师在该选项上的均值分布呈显著性差异。40~49 岁的大学教师在该选项上受到的困扰最大，50 岁以下的大学教师随年龄的增长在该选项上受到的困扰也随之增大。50 岁以后的大学教师在该选项上受到的困扰比 30~39 岁教师略低。因为学术权威一般多在 50 岁以上的大学教师里。30 岁以下年轻教师感受不深，受到的困扰最小。见图 5-25 不同年龄大学教师在"学术权威主导科研选题和学术观点"选项上的均值比较图。

从以上数据来看，40~49 岁年龄段大学教师为受到困扰最大的群体。在 50 岁之前，随着年龄的增长，教师在专业自主权上受到的困扰也逐渐增加，一旦过了 50 岁，面临退休，教师的工作动力减退，受到的困扰反而减少。30 岁以下年轻教师还处在工作适应期，受困扰程度最小。

本章小结

从以上的分析我们获知：除性别因素外，大学教师背景对大学教师专业自

主权影响因素的结构性特征的影响呈显著性差异。院校类型和学历对大学教师个人层面影响因素的影响呈显著性差异;学科性质、职称和年龄对高校内部影响因素的影响呈显著性差异;院校类型、学历和教龄对社会层面影响因素的影响呈显著性差异。从中我们可以总结出以下特点:

第一,不同院校内部基本管理制度趋同,教师专业自主权状况趋同;但是不同类型院校拥有的师资队伍情况不同,教师在学术关系、自主发展能力和自我反思能力上水平不同,各高校教师专业自主权状况还是有所不同的。不同专业大学教师在高校内部的量化管理制度上专业自主权受困扰程度差异显著,主要在于量化管理无法兼顾学科的多元化发展要求。

第二,在大学教师个人层面影响因素中,院校类型、性别、职称、学历和年龄对教师学术关系和专业发展能力的影响呈显著性差异。在学术关系和专业发展能力方面部属院校教师受到的困扰最小,男教师比女教师所受困扰更小,年龄越大教师所受困扰越小;讲师职称和硕士学历教师在这两方面焦虑更大,提升要求更迫切。

第三,在社会层面影响因素中,地方本科院校教师以及教龄 10~20 年的中青年教师遇到的困扰最大;硕士学历大学教师对信息时代给专业能力发展带来的挑战最为关注,所受困扰最大;年龄越大,教师在课题申报和学科发展中受到行政干预的困扰越小。

第七章

案例分析：大学教师专业自主权诉求

根据本书所确定的大学教师专业自主权的内涵构成及其影响因素,我们对专业自主权状况及其影响因素的结构性特征进行了调查。这些影响因素及其结构性特点都与我国大的体制背景密切相关,为了进一步体现我国大学教师专业自主权影响因素及其结构的特点。本章按照专业决定权(包括教育教学自主权和科学研究自主权)、专业管理权、专业发展权和专业服务权几个维度选取案例进行研究,根据前述对大学教师专业自主权影响因素的分析框架,选择以下具体要点对每个案例进行分析：

一、教师学术背景

对应于前述分析框架中对大学教师个人背景材料的考察,包括教师的学术能力、教职经历等基本情况。利于对案例的深入理解,并作为案例分析的重要依据。

二、案例基本情况

根据研究目的选择能反映我国背景特点的典型案例,结合教师学术背景进行深入分析,以小见大找出问题所在。

三、影响大学教师专业自主权的环境因素分析

从前面的实证调查中我们发现,我国大学教师的专业自主权受到不同层面的影响,宏观上受到我国大的体制背景的影响,包括社会的政治、法律、文化

等因素的影响;中观上则受到学校的管理体制比如考核晋升制度和经费管理模式的限制等等;而微观上则受制于教师个人的因素。所以结合案例我们将从我国社会和学校两个具体层面分析外部环境的影响因素。

四、影响大学教师专业自主权的个人因素分析

在实证调查中,我们发现,微观层面教师的个人因素是教师维护自身专业自主权的核心动力。包括教师是否具有足够的专业自主意识和自主能力以及如何运用自身的能力去向外部环境争取自身的权利。当然与外部环境的互动是双向的,不仅需要教师个人对外部的反馈与争取,也需要外部环境作出相应的调整与回应。而且在实证调查中,受传统理念和体制影响,这种互动对教师专业自主权的维护所产生的作用尤其难能可贵。所以本章在教师个人层面因素上,只分析专业自主意识和自主能力,而把教师对外争取自身权利的部分与外界回应调整部分一起作为个人与环境的互动因素专门进行分析。

五、大学教师个人与环境互动对专业自主权的影响分析

从案例中分析大学教师个人层面与外部环境互动情况,反映我国大学教师个人层面与外部环境互动中出现的问题。

六、分析总结

通过案例分析,找出我国在大学教师专业自主权影响因素上的具体特点,根据我国特有的情况,选择合适的对策。

第一节 专业决定权案例分析

专业决定权包括教育教学自主权和科学研究自主权。大学教师只有在教育教学和科研工作中享有充分的专业权利并具有积极的自主性才能使教学和科研互相促进,提高大学办学质量。研究型大学更是如此,正如美国马里兰大学校长丹·莫特在2000年10月30日访问中国科技大学时所说,知识的传播和创造、教学和科研是研究型大学密不可分的两个方面。在研究型大学就读的学生,其与众不同之处在于,他们在一种研究性的文化中成长,完全被浸润包容在这种文化之中,有强烈的求知愿望和探究精神。这种"研究性文化"的培育以及学生"强烈的求知愿望和探究精神"的培养离不开大学良好的学术

环境和大学教师在教学和科研工作中富有创造性的自由探索。本节将按教育教学自主权和科学研究自主权两个维度分别选择案例,来探讨大学教师在其中遇到的具体困惑。

一、教育教学自主权案例分析

教育教学自主权包括在履行教育教学职责过程中,大学教师所拥有的一定程度的课堂自主权,例如教育教学内容的选择、教学形式方法的使用等,在不违反法律和对学生负责的前提下,大学教师可以自由宣讲自己的学术主张和见解;此外还有开展教育教学改革和实验的权利和管理学生的权利。对学生的管理和指导评价权是大学教师专业权利中最不同于学术自由权的。本部分分别选取研究型大学一位负责学生就业工作的学生处副处长和教学型大学一位法律系教师作为访谈对象进行案例分析,原因有三点:第一,从学校类型来看,由于高校的定位不同,教师所遇到的教育教学自主权的困惑也会有所不同。在前面的访谈调查中,研究型大学的教师由于科研任务重,教师评价和晋升标准也向科研倾斜,他们常常苦于无法平衡教学与科研的关系。其中一些科研水平较高的教师甚至觉得长期做科研都不知道该怎么教书,科研搞得好不见得教学能力强。而教学型的大学特别是高职高专,老师普遍反映教学任务繁重,没时间也没能力做科研,学校在这方面的要求也不是很高。招生与就业是他们最大的压力来源。所以我们选取不同类型高校来做案例分析的对象,以期更具体地了解问题所在。第二,从访谈对象的选取来看,一位是研究学生培养与就业关系的高校行政人员,也是一位优秀的青年学者,有着丰富的行政工作经验和深入的理论视角;一位是教法律的一线教师,有着很强的法律维权意识和长期的教学实践经验。刘副处长长期从事学生工作,特别关注学生培养与就业的问题,并作为教育部青年学者就这一问题到国外进行多次访学与调查;而她本身是学习高等教育学出身的,是一位懂教育的行政管理人员。而张老师是法律系的骨干教师,曾经做过律师,对于教师专业权利有着较强的维护意识,在教学中对于上课内容选择的"自由度"有着独到的看法。两个案例分别从行政人员和教师自身两个角度来看教育教学自由权的问题,对于教师在专业权利维护中与行政力量所可能产生的冲突有更全面的理解。第三,从个人因素来看,两位受访者都对教师专业自主权有很强的意识和看法,都希望从自身的角度出发更好地维护教师的专业自主权以提高教学质量。这两位老师的案例对于高校教师在遇到教育教学自主权困惑时,如何更好地发挥自主性并与外在环境良性互动有一定的参考价值。

（一）学生处刘副处长个案

1. 刘副处长的背景情况

刘副处长，X①大学学生工作处副处长，高等教育学博士生，高级职业指导师。她多年从事毕业生就业指导工作，自2001年起在学校开设"职业生涯规划与就业指导"选修课，每年开设多场职业生涯规划类与就业指导类讲座；在研究学生就业问题时，她把学生就业看成是一个从招生到培养再到就业的环环相扣的系统，由此，教师的教学质量与学生的培养之间的关系成为她攻读博士学位的研究重点。她具有深厚的理论功底和多年的工作实践经验，是一位懂教育的高校行政管理人员。

2. 从招生与就业看教师教育教学权

2007年刘副处长开始攻读高等教育学博士学位，从她的工作实践出发，研究方向选择的是关于学生培养与就业的问题，从而把关注点由工作中的就业指导引到学生的培养和教师的教学质量之间的关系上来。2010年与2011年，她作为教育部青年学者先后赴英国和美国访学，并就国外高校的学生培养情况进行了细致的考察。她的工作实践、研究方向与访学经历使得她对教师的教育教学自主权有一些独到的见解：

> 要谈论大学教师的教育教学自主权问题，如果你想听听高校行政管理人员的看法，也许应该去找人事处、科研处、教务处比较合适。但是我个人的工作和研究兴趣使得我有一些特别的体会。我是分管学生就业这一块的，经常要给学生进行就业指导和相应的心理辅导。我碰到很多的问题是，专业不对口或者说专业对口了，但感觉工作能力不足。虽然我们学校是一所口碑不错的研究型大学，但在就业竞争压力很大的情况下，仅仅靠学校的牌子是不够的，学生还要有很强的适应能力和学习能力。而实际情况是有时候一些企业更倾向于那些动手能力强的高职高专的毕业生。由此我开始思考大家谈论的学生的培养、专业的设置是否应该以就业为导向的问题。但这个也要从高校类型来看，高职高专类院校当然很自觉地就以就业为导向了，对于教师也特别讲究要具有理论教学和实践动手能力。但是综合型大学在办学理念上肯定会有所不同，特别是研究

---

① 在案例研究中，对案例研究对象及其所在单位做如下处理：案例研究对象以其姓称呼，所在单位以其校名拼音首字母代替。下同。

型大学还是有精英教育存在的。当然精英教育并不表示就一定是与职业能力脱节的,其课程设置与教学也是要考虑社会需求的。但在社会对动手能力日渐重视的情况下,一些省属院校还是忙着取消应用型学科。那就给这些学校的教师带来困惑,我究竟在教学中以什么为导向呢,我能按我的价值判断和学术追求来进行教学么,还是跟着学校的指挥棒走,毕竟那是我的东家。值得一提的是高校有一个普遍的做法是开课以教师为中心。现有的教师聘任制度下教师是聘任的,本意是有一个淘汰竞争机制来促进教师提高专业水平。但是实际情况是我们的聘任制还是一个"铁饭碗",我有这么多教师要满足聘任条件,他们就要完成这么多课时任务,那么不管需不需要,老师都要按教学工作量开那么多课时,开设的课程也不是从学生角度出发也不是以就业或社会需求为导向,而是老师能上什么课就开什么课。这样看起来是维护大学教师的教育教学权,其实不然,大学教师的专业权利要维护才能激发工作积极性,不等于大学教师可以滥用自己的专业权利。而大学教师的专业权利也来自于他的专业工作水平和学术威望。如果你课上得不好,内容脱离实际需要,难道还要以维权的名义强迫别人来上你的课吗?为什么学生哪怕学了对口的专业,最后还是觉得什么也没学会呢?这样叫他们在就业中怎么提高竞争力?

刘副处长从就业导向的角度谈到学生的培养和教师授课质量,出人意料地指出高校教师专业权利的维护一个很重要的方面是教师自身不能滥用权利,不能因老师而开课,而应根据学生和实际的需要开设课程。教师自身的授课质量决定他教育教学自主权的获得。此外,她还从招生的角度谈了她的看法:

> 我在国外访学的时候了解到,为保证教师更好地行使教育教学自主权,在招生环节,教师的意见就被充分考虑了。现在国内高校越来越重视学生的自主选择权,学生在进校之后,经过一段时间的学习与了解,还可以重新选择适合自己的专业转系学习。这是一件出发点很好的事情,可以避免学生选择专业的盲目性。但是由于缺乏教师意见的指导,学生们的选择就真的是合适的么?2011 年在浙江大学这个名牌大学里,哲学系只有 3 本科毕业生。因为大家都转向选择热门专业去了。"但在浙大哲学系主任董平教授看来,虽然只有三名本科生毕业,但意义非凡,这是

志愿哲学而非'被哲学'。"①那么那些选择热门专业的学生就真的适合那些专业么?所以给学生专业选择的自主权有利于学生选择自己热爱的专业,但也不可避免存在盲目性。这就需要教师的指导和意见。只有两者结合,才能在合适的专业招到适合的学生,教师也才能更好地发挥他的教育教学自主权,提高教学质量。另外,现在有些学校也开始了自主招生的探索,虽然各个高校具体的要求和措施有所不同,但是面试已经成为一个越来越重要的环节。那么在这个面试中,具体各个学科的教学第一线的老师应该在面试意见中起重要作用。

刘副处长作为一个有丰富管理经验的行政工作者,不把大学教师的教育教学自主权局限在课堂环节,而是贯穿从招生到课堂再到就业这一整套学生培养与指导管理环节。最后她总结说:

> 其实教师不仅承担教学工作,还有教育学生的责任。单靠心理中心疏导,靠辅导员工作和我们就业中心的指导是不够的。教师在教学环节中就要注意教育效应和对学生的正确引导。所以说教师的教育教学方面的自主权的充分行使正是建立在教师对学术的负责、对学生的热爱之上的。教师行使这一专业权利的同时也承担着相应的责任。目的不是为了我有这个权,而是我行使这个权利来使得学生得到更好的培养。所以真正觉得教师教育教学自主权受到限制的老师往往是那些想给学生更好的教育、更好的指导但又受限于一些原因不能更好行使自己责权的老师,而不是那些不负责任还抱怨没有给他便利和包容的老师。

(二)法律系张老师个案

1. 张老师的背景情况

张老师,C学院法律系骨干教师,法律硕士,职业律师;在从事教学工作前曾担任多年律师,有丰富的实践经验和很强的法律意识。进入一所职业学院从事教学工作后,仍兼职律师工作。她热爱教学,常与学生探讨交流以改进自身的教学。由于教学效果出色成为骨干教师。

---

① 高校招生网.浙大,2011年哲学系仅三名本科毕业生[EB/OL]. http://www.yu-loo.com/gxzs/news/2011/698075.shtml,2011-09-01

2. 教学型大学教师的困惑

张老师之前是个出色的律师,生活忙碌又紧张,在工作取得了一定的成就、生活有了一定的积累之后,她想过一种轻松的生活。做一个高校教师在外人看来是一个不错的选择。工作地位高,又轻松,不像中学老师还背负着巨大的升学压力,还有寒暑假。最重要的是她很喜欢和学生打交道,很喜欢教学工作。但真成了一名老师之后,她又有了新的困惑:

> 和研究型大学的老师不同,我们教学型学校在科研上的压力还是比较轻的,我觉得还是很适合我这种有实践经验,但学术造诣还不够的老师。但是我们有我们的苦处,学校总要考虑招生和就业的问题,这关系到大家的饭碗,就把这个压力分到各个老师身上,我们是有招生任务的,完成不了就不行。对教学质量也有很高要求,这个我倒不怕,我的学生律师资格通过率都很高。但是为了保证教学质量我们有很多繁琐的要求,每周要开很多会,你喜不喜欢都要开,也要填很多表。学生问问题多少分钟内没回答,学生就有权利投诉你。对学生早点名晚点名,和中学那种管制其实还蛮像的。所以时间几乎让教学任务给挤占了。说什么科研提升,什么进修培训,机会是很少的,出去转转的机会倒有,更好的学术上的提升由于学校平台的限制,是很有限的。如果说我们教学质量好吧,也要看怎么看。如果说中学是以升学为导向,我们就是以就业为导向的。比如我的课程,强调的还是通过率,实际上我还蛮喜欢教学的,不仅希望他们通过率高,也希望我的课堂更生动。但要更深层次的教学还需要学习和深造。这很难,机会少,也没时间。不过我倒听我一些在研究型高校里当老师的同学说,他们正好相反,教学和科研在时间分配上总有冲突,他们科研做得好,课却未必比我上得好。

3. 法律老师谈专业自主权

作为一名律师和法律老师,张老师对专业自主权更多是从法律角度来谈的:

> 人家常常说我们法律系的老师在课堂上很敢讲,因为我们法律意识强,那么维权意识就强,比如××大学法律系的李教授,就为了维权和航空公司打一元钱官司,也不是为了钱,就为让航空公司尊重他应有的权利。那么我们也就特别要维护自己的学术自由权。有人说,法律系的懂

法,知道怎么说既表达意见还不犯法。实际上在课堂上讲得多的往往不是我们,我们懂得要讲学术自由就要严格区分学术与政治的界限。而民主的政治也是学术自由的最终保证。所以在课堂的自主权是相对的、有限度的,有位老师在语言课里强行向学生推行自己的宗教信仰,最终被辞退,就是对学术自由没有正确的理解。当然学术自由是个舶来品,受传统观念的影响,在我国法律上也是缺乏具体的保障措施来维护大学教师的学术自由和专业权利的。

对于大学教师在课堂上的学术自由权,布鲁贝克说,在一所大学里,一位大学教师可能做的事包括:客观地比较不同的社会思想制度;描绘这些差别,对其中的一种表示中等程度的偏爱等等。① 他认为,如果大学教师把自己限定在言论的范围之内,限定在学术研究的范围之内,就应该给予其学术自由。如果教师有所行动,超出学术思想、学术观点范围的表达,那就应该受到限制。

(三) 案例解析

高校教师教育教学的对象是学生,保障教师的教育教学专业自主权、提高教师的工作效率与创造性,最终也是为了提高教育质量以更好地培养学生。作为学生处的行政人员,刘副处长把教师的教育教学专业自主权与学生的培养结合起来,认为教师的教育教学自主权应该贯穿到从招生到教学再到就业的整个培养过程。所以要维护教师的教育教学自主权,高校就应该在学校工作的各个环节充分考虑到教师的意见,而高校教师们也要充分意识到自身的权利不仅局限在课堂里,并且行使权利的同时也担负着提高学生培养质量的责任。

张老师作为一位教学型高校教师,比较了不同高校类型教师在教育教学自主权上的困惑,其共同点是教学与科研的冲突。其中时间分配上的冲突也影响到高校教师对专业自主权的享有。作为一名法律教师,张老师更从专业的角度解读了课堂上学术自由的边界,以及当前我国在学术自由和教师专业自主权立法方面存在的一些不足。

虽然两个案例分析从不同角度解读了高校教师的教育教学专业自主权,但是可以看到在宏观、中观与微观不同层面上共同的影响因素。

1. 传统观念对高等教育系统价值判断的导向

一个国家的传统文化、观念会折射在其高等教育系统的态度与价值取向

---

① 约翰・S.布鲁贝克.王承绪等译.高等教育哲学[M].杭州:浙江教育出版社,2001:53.

上。但我们要避免的是传统文化中一些不正确的观念对高等教育系统的导向。比如在刘副处长的案例中谈到的,一些高校没有考虑自身的办学类型与条件,一味追求升格为精英教育,或单纯以就业为导向不注重学术发展,都是受功利主义的影响,从而使得教师对自身的教学工作和学术追求产生困惑。学生在对自己专业做二次自主选择时也并不都是从自身条件和兴趣出发的,更多的是从就业前途的功利角度出发。而对此教师并没有充分的权利去引导他们。

在中国,从历史上看学术自由是一个舶来品,高校教师、高等教育系统乃至整个社会对教师权利的充分理解与支持还需要一个不断与自身传统观念冲突磨合的过程。比如张老师案例中谈到的在课堂上教师表达自身学术观点的时候尺度的问题,反映了政治因素对学术自由和教师专业自主权的制约与保障的辩证关系。对于政治因素与专业自主权利辩证关系的正确理解,是更好行使专业自主权的前提。世界上是没有绝对的自由的,教师可以客观地表达学术观点,却不能把个人的价值观念强加到别人身上,在享有自身学术权利的同时更要担负对社会的政治责任。实际上民主的政治恰恰是学术权利的根本保障。国家应该通过制订相关政策和法律来为教师的学术活动提供一个宽松的政治空间。保护他们的学术研究成果不受无端的打击。

在我国,对于学术自由与教师专业自主权的意识不足还反映在相关的法律上面。虽然我国立法充分表达了全社会对学术自由和教师专业自主权的尊重,但是却并没有把对这些权利的维护和保障措施充分引入司法程序中。对于妨害权利的行为没有实质性的惩罚与补偿措施。这一点张老师在案例中曾专门提到。

当然,要赢得社会对教师专业自主权的尊重和维护,教师也应当承担相应的责任,正如刘副处长所说,要保证课堂质量、学术研究质量,才有资格要求别人尊重你的专业自主权。就像医生的权威来自于他专业的工作和良好的疗效。

2. 学校管理模式上的功利主义和机械化导向

研究型大学与教学型大学的教师在工作中,困扰各有不同,但都是受到学校功利主义导向的影响。研究型大学的目标是更多的科研成果、更多的课题经费,教学型大学的目标是更多的生源、更高的就业率;共同的导向是市场经济。反映在教师的晋升评价制度上就给大学老师带来科研和教学不同方面的量化要求和过度压力。也使得教师在科研和教学的冲突中对自身的学术追求产生困惑,对自身的工作能力产生怀疑,对工作任务产生倦怠。这在我们两个案例中都可以看到,学术成就高不见得上得好课,会上课不见得懂科研。大学不是单纯的研究机构,也不是单纯的培训机构。

不是按需求设置课程,而是因教师岗位设置课程,这也反映了大学里行政权力干扰学术权力的机械化管理模式。

3. 教师对教育教学专业自主权还需要全面认识

在案例中,刘副处长作为一名学校行政工作人员指出了教师的教育教学自主权不应局限在课堂中,还应贯穿招生、培养、就业全套环节。但是笔者在之前对高校教师们所做的一系列访谈中却没有听到一个专职教师谈到课堂之外的教育教学自主权。不只是高校在相关环节忽略了教师的教育教学自主权,教师们自己也未必意识到权利的存在。在谈到权利的维护上也很少有教师谈到自身承担的培养责任。权利与义务是并存的,不能很好地履行教育教学义务,就没有资格享有相应的权利。行使专业自主权的最终目的不仅是教师发挥自己的创造性和积极性,还有教育目标的有效达成。专业自主权来自于教师的专业权威性和不可替代性。所以提高自身的学术水平和教学质量,获得社会的认可,也是教师行使专业自主权所必需的能力。

4. 教育教学专业自主权的误用与滥用

在第一个案例中,我们看到在招生和就业环节,大学教师应有的教育教学指导权没有被考虑到;而在设置课程上,让教师随意开设课程,不考虑实际所需,只是为了完成教师的工作任务;该给的权利没给,不该给的权利又滥用。这些都是外部环境对专业自主权的妨害。

而教师自身在获得开设课程权利的时候并没有考虑学生的实际所需,主要是为了满足评聘标准;不止在教学,在科研和其他工作中,首先是"为五斗米折腰",先考虑自身的晋升与工资,再考虑学术兴趣和追求,甚至打着维护自身专业自主权的幌子,只要享受权利却不承担相应义务。这都是教师个人对专业自主权的妨害。

二、科学研究自主权案例分析

科学研究自主权是大学教师在专业事务中科学研究方面享有的自主权和自治权。不仅包括大学教师在专业领域从事学术研究应享有的充分学术自由,也包括教师自身在科研当中的自主性和创造性。本部分分别选取一位理工科骨干教师刘教授的院校转换和一位人文学科年轻教师黄老师在职业成长道路上遇到的科研困惑为案例,原因有两点:第一,从年龄和教龄来看,根据前面的实证调查显示,教龄10年以下的大学教师虽然专业发展机会和能力相对更小,但专业发展意识和要求也不强,在科学研究自主权上受到的困扰也相对更小。教龄 10~20 年的中青年教师专业发展要求最迫切,但专业发展机会和能力相对更小。特别是硕士学历有待提升、讲师职称有待提高的青年教师,对于与职称评聘相关的科研评价关注度很大,在科研上受到的困扰也较大。而年龄较大、工作经历较丰富的骨干教师发展意识与能力最强,在专业发展特别是科学研究中遇到的困扰和青年教师就不太相同。第二,从专业背景来看,刘教授是理工科教师,黄老师是人文学科教师,人文学科和理工科有着很不相同的研究领域,遇到的科研困惑也很不一样,分析他们的案例有助于比较全面地了解不同学科专业背景下教师的具体科研困惑。

(一)刘教授个案

1. 刘教授的学术经历

刘教授,男,1962 年生,X 大学理学博士,2007—2008 年在香港科技大学从事博士后研究。近年来,主要从事哌啶类生物碱的不对称合成方法学和不对称全合成研究。目前,主要从事抗血吸虫药物的合成与筛选以及绿色化学合成研究。主持国家自然科学基金课题、参与主持科技部科技支撑计划子课题多项,在有机化学专业国际刊物上发表 SCI 论文 20 余篇,申请国家发明专利 2 项,获 2010 度江西省自然科学三等奖 1 项。

2. 刘教授的院校转换

刘教授最早在江西的一所地方院校化学化工系担任教师,在工作中他治学严谨,勤奋好学,业务能力不断提高。渐渐地他感到所学的知识已经不够了,由于他所在的学校处于一个相对封闭的小城市,受平台限制,在更广阔的领域进行学术交流和学习是比较困难的。不满足于自身发展受到的局限,他继续攻读硕士和博士学位。X 大学化学系有着很强的学科队伍和丰富的学习、发展机会,来到 X 大学后他忘我地投入到科研学习当中,大部分时间都是在实验室里度过的。以优异的成绩毕业之后,他被留在了 X 大学工作并被送到香港大学继续深造。在香港大学的学习很顺利,他一如既往地苦心钻研,沉浸在知识的海洋里。由于打算完成学业后返回厦门工作,他在厦门几经努力买到了一套小房子,把妻子和孩子也接到厦门来,并安排好孩子的学业。然而,出人意料的是,他在学成回来工作一段时间后,突然决定回到当初那所地方院校工作,并把好不容易买下的房子转手卖掉了。刚好孩子也高中毕业考上了大学。他解决了这些问题后,毅然地回到了当初的院校。

对于他的返回,与他一同出来念书的同事感到很不理解。他的同事想方设法要留在这所大学而不得,而刘教授是以其出色表现被校方留下的,在这么

好的平台上,加上业务能力也很强,应该会有很广阔的发展前景,怎么说回就回了呢?对此,刘教授有他自己的一番解释:

> 我离开 X 大学并不是因为这里不好,事实上我当初来到这里念书就是觉得这里的学习机会多,发展平台好。但是这里人才太多了,优秀的人才济济一堂,我虽然很努力,但这根本不算什么。这不是我妄自菲薄,也不是我害怕竞争。只是人才这么多,科研评聘的标准自然也水涨船高,在这里要取得一点升迁是非常之难的。且不说我能力是否够,就算我和别人在同一个水平线上,我也很努力,但是如果他是海外某名校学成归来的学者,在一些资源的获取上和评价标准上就比我占据很多优势。比如争取一个课题,我可能具备了申请它的充分条件,但是在这个众多对手资历、背景都比我强的竞争情形下,我很难获得课题。如果我回到原来的地方学校去,在那里我跟同事在一个起跑线上,我的努力就比较容易取得成功。
>
> 我来到这儿,一方面是为了改善生活,我很喜欢这个城市,也喜欢这个风景优美的学校;另一方面我也确实很喜欢我的专业,我沉迷其中,来到这里开拓了我的视野,让我学到不少东西,获得不少发展。所以我努力用微薄的收入在这里买房,安居。但是我们理工科的教师要不断发展,科研的训练和实践是必需的,我必须争取到课题和经费来进行我的研究。我不能只是跟在别人后面在别人的课题里做一个副手或帮手而没有展开自己研究的机会。我也很渴望能有机会做自己感兴趣的研究。你可以要求我为承担课题付出很多努力,我可以去做,哪怕很辛苦。但是资历、背景的要求不是我想到就能达到的。这是没办法的事情。所以人家一般都希望"往上走",到好的学校去,我却不惜放弃好不容易得到的平台回到原点。我个人觉得没什么不好,因为我已经在外面学习过,也建立了一定的学术联系和交流关系,我再回去就不用担心学术提升的问题。

目前,刘教授回到原来的学校,感觉很好。他回去后作为骨干教师得到重点培养,也获得了深入开展自己感兴趣的研究的充分条件,取得了很多科研成果。对于他的科研困惑,笔者想到了另一位医学教授说的话:

> 你不要以为量化管理和评价对我们理工科没有影响。通常人们认为人文社会科学的科研成果很难用量化标准去评价,如果一定要这么做,一

些人为了能够得到晋升,就不惜学术造假,或者写出一堆没有什么实际意义的学术垃圾。理工科大部分依靠数据说话,好像很适合量化评价,也容不得你造假蒙混过关。但是在量化标准里不管文理好像都少不了对学术资历、学术背景等的要求。学术关系的建立不止是学术交流那么单纯。

而且现在理工科学生都叫导师"老板",为什么呢?因为某种程度上他们的确就是"老板",作为一个有一定资历的学者,手中有繁重的课题是当然的事情,否则就达不到量化的标准。但是他的时间是有限的,只能交给学生来做。大部分理工科导师不像文科老师那样有专门的时间给学生授课,而是让他们自己做课题成长。时间到了,学生实验没作出来交不了差,数据造假现象就出现了。

最近听说有个课题是要在10秒钟内给锂电池充满电,让它能供汽车跑几百公里远,有点常识的一听就知道这几乎不可能啊,10秒就要充满那么大能量那不是相当于小型核爆么?这假造得也太离谱了!如果我们医学也这样造假,那不是要出人命么。这不仅是学术良心问题,还是做人良心的问题!

(二)黄老师个案

1. 黄老师的学术背景

黄老师,讲师,高等教育学博士生。是一名从事美术教育理论研究的年轻教师。黄老师中专毕业18岁就开始工作了,过早的工作经历使得她渴望回到校园进一步学习,因为中师学习时有一定的美术功底,2002年她考入X大学美术系,成为美术教育理论硕士研究生,毕业后留校成为美术系的教学秘书。经过几年的反复学习与考试,终于成为一名高等教育学博士生,同时也成为美术系的一名教育理论教师。

2. 黄老师的职业成长与科研困惑

黄老师是一个上进、勤奋、追求完美的人,初次见她印象就很深刻,除了一丝不苟的衣着外,连所骑的单车轮轨也被她擦得锃亮。

你也许觉得我很仔细、谨慎,但其实我是追求完美,在职业生涯上我也是这样的。我初中毕业时,中专是好学生大热的选择。我很用功念书进入了一所师范学校。可是毕业出来之后,我很快就觉得我学的知识不够了,学历也不够。在中师的时候我们上过绘画课,有一定的绘画功底,但是要考绘画专业是不够的,我就选了美术教育理论研究,考了几年我都很坚持,终于成为一名硕士生。毕业后因为我平常认真和勤奋的表现,留校成为一名教学秘书。很快我又觉得不够了,在高校里只有做科研当老师才能不断提升成长,但我要成为一名老师,硕士学历是不够的,我想到了念博士。在选择专业的时候我很彷徨,如果选美术专业我并没有这个天分,美术光勤奋是不行的;如果从教育理论入手我就要跨专业学习高等教育理论,而我是美术系出身,先天的理论功底就薄弱,这个跨越对我来说同样很难,但是这个可以通过我的努力来完成。这中间我牺牲很多,成家、生孩子都受到影响。经历一次又一次失败后我终于成功了。现在我在美术系也由专业劣势转向优势,从转向科研秘书做起,我最终成了一名科研型教师。

从黄老师的职业生涯成长经历来看,她是一个事业心重,不断坚持努力、不断争取资源改善自身的人,这个品质对她的科研成长也同样重要。作为年轻教师,由于曲折的工作经历,她有着更多提升自己的意识,但作为学术水平还需不断成长的青年教师,她也同样面临不少困惑:

现在,在美术系,教育理论这块我算是稀缺的老师了。这样在系里面我也就比较容易获得一些科研资源。相对来说要轻松一点。但是之前的理论基础不足等问题,使得我在专业学习中还是很费力的。和我的同学比起来,我不算最好的,但我有不怕挫折,随时都可以从头再来的劲头。而且现在孩子还小,我又面临博士论文的写作和繁重的工作,要分配好我的时间和精力也是很重要的事情。

和这些优秀的同学们在一起我越来越意识到我在科研上的不足,以前念书做科研是为了更好的工作平台而奋斗,多少有些功利,现在是越来越体会到科研本身的乐趣与追求。我现在在美术系暂时是比较轻松的,因为相对其他学科,我们的职称评聘标准在科研上的要求相对更低一些;但作为一名大学里的老师,做好科研,获得同行的认可才能最终站稳脚跟,将来的挑战还很大。

谈到职称评聘标准,以后要求应该会越来越高。现在很多系的老师就很犯愁,标准定得太高,能达到要求的都是已经有高职称的教师,需要晋升评聘的大多是我们这些学术资源不足需要扶持的年轻教师。如果标准定得太高,连踮脚都达不到,会损伤我们年轻教师的积极性。大家要么出去兼职赚钱,无心工作,要么干脆消极不思进取。反而起反作用。

我以前不太明白学校为什么订那么高的标准,心想是为了促进教师提高吧。可是后来我听说,有位校长是这么鼓励教师科研的,他说,要多拿课题,尤其是有经费的课题,比如某老师才做一个课题,经费就比一些做好几个课题的老师要多。我这才知道,学校的评价标准也是跟经济效益挂钩的。可是那些有经费的课题不也都是倾向于那些已经有一定学术资源积累的老师么,我们这些年轻的老师要提高一个平台达到那些评价标准不是更难了么。一想到将来每一步都要走得那么艰辛,我就忍不住在我微博里发感慨:什么时候能退休啊!

黄老师道出了不少年轻教师在科研问题上的心声,笔者也在访谈中听到好几位年轻老师感叹想早点退休。但是,退休就意味着学术生涯的结束么?实际上真正的学者,不是只把学术当职业的教书匠,他们对学术的兴趣与追求不会因职业生涯的结束而结束。正是把学术研究只看成饭碗的人,才被评价标准困扰不已。

(三)案例解析

在追求知识、创新知识的过程中,人的创造力的激发需要一个相对宽松与开放的环境。对于处于学术事业开始或上升期的中青年老师来说更需要外部环境的扶持与肯定。完全没有竞争机制,放任自流与设立过于严厉的评价机制都会严重打击他们的科研积极性。

1. 社会观念对学术追求的影响

当前我国正处在经济体制的转轨阶段,一方面,一些传统的观念仍然根深蒂固,对大学教师的科研自主权产生影响。例如,在评聘制度中,讲究论资排辈,讲学术权威,反映在评价标准上,就是看科研人员自身的资历、学术地位,而不考虑实际研究质量。单纯看成果的经费多少、级别高低,而不看实际的质量与科学效益。这使得像刘教授这样的中青年骨干教师,为了获得更好的发展不得不换到科研条件和资源更少的平台,这样自己才不会被论资排辈挤到后面而失去科研机会。也使得像黄老师这样的年轻教师获得科研发展机会变得分外艰难。另一方面,随着市场经济的影响,高校盲目追求经济效益而迷失学术本真追求。就像案例中那位校长所说的,课题做得多不多不重要,重要的是经费多不多。为了获得晋升、取得资源或者为了站稳脚跟和维持基本的生存,许多人不得不去选择热门的,虽然短期见效益但不一定符合自身学术兴趣的科研课题;而那些需要长时间研究的基础领域课题则少人问津。此外,受市场经济影响而在高校改革教师聘任制度时建立起来的竞争机制,受到传统观念的影响,实际并没有发挥作用。比如聘任制度里不仅教师评价标准量化且论资排辈,单靠实力,青年教师难以晋升,但是在传统的"大锅饭"思想下,他们也不容易失业,在不考虑晋升的情况下,教师干多干少一个样。

2. 高校教师评聘制度对教师工作自主性的影响

在高校的管理制度当中,与教师切身利益最相关的是教师评聘制度,所以高校通过评聘制度能最大限度影响教师的工作效率与表现。好的评聘制度要能在激励和惩罚上起到相应的作用,与之相关的评价标准的制定就成为关键。合理的评价标准应根据不同学科教师所从事的学术研究的具体特点,制定不同的评价方式和标准及相应的晋升制度,这样才能鼓励教师循序渐进不断提升,而不是一刀切,简单地用经费、数目等量化标准去衡量。这样起不到应有的激励作用。对此,不止是案例中的黄老师谈到这个问题,在笔者的访谈中,这几乎成为年轻教师共同的"心病"。现有的评聘制度并没有成为真正良性的竞争机制,如果大学教师觉得晋升无望,干脆不考虑的话,他们消极怠工也是可以保住"铁饭碗"的。

3. 学术资源对教师个人科研成长的影响

刘教授走出原来的学校是为了获得更广阔的平台和更多的学术交流机会,走回原来的学校也是为了更有利于他获取学术资源。黄老师也谈到学术资源对一个老师尤其是年轻教师科研成长的重要性,所以她才不断努力到新的平台学习。

获得更多的学术交流机会和建立更广泛的学术关系是每一个从事学术研究教师必须做的功课。这有利于学科之间的融合与促进。但是,在学术资源的获取上,也有一些负面的东西存在。比如某些人利用学术地位、学术权力在学术资源上享有特权,又比如为获取学术资源而拉关系、讲人情等。还有学术权威有时候也会成为思想专制者,等等。这些都会挫伤青年教师从事学术研究的积极性。

4. 大学教师个人在经济利益与学术追求上冲突

年轻教师处在事业的起步阶段,成家立业不仅需要大量的精力,还需要一定的物质基础保障。除保障自身生存之外,在教学与科学研究中所需的经费与条件也要得到满足,这样他们在教学和科研上的专业自主权才能充分实现。可是往往由于自身能力与学术资源不足的关系,他们在这些方面得不到满足。要提升自己的经济水平和学术地位,就面临着在外兼职或者为满足评价标准得到晋升而不得不放弃自己的一些学术兴趣和追求的困扰。所以国家和高校应重视青年人才的培养,在政策制定和经费支持上给予倾斜。

第二节 专业管理权案例分析

专业管理权是大学教师在专业事务方面享有的自主权和自治权。本节分别选取我国一位知名艺术家陈教授的辞职事件和F大学一位教研室主任黄副教授的职业转换历程为案例,原因有三点:第一,从个人背景来看,陈教授是"文革"结束后较早赴美的艺术家,身处国外多年,对国内外体制环境的不同点有切身的感受,对国内文化环境的变化也有很深的感触。黄副教授是一名军医大学毕业的医学博士后,很长一段时间从事医生职业,如今成了人文专业领域的一名副教授,对于不同职业领域的体制环境有比较深的感受。第二,从案例本身来看,陈教授是我国知名的艺术家,因为感受到国内环境的良性变化而回国从教,却又因对国内体制的不适应而辞职;黄教授则因为不适应医生职业内经济利益与职业责任之间的冲突转而投身教育研究,又为缓解巨大的科研压力转而把重心转移到管理工作中。这两个案例在大学教师专业管理权方面都是很典型的案例,引发的思考很多。第三,从影响因素来看,无论个人、学校还是社会层面,两位教授都专门而充分地论述了其辞职和变换职业的原因,而且都与我国体制环境密切相关,能较充分地体现我国宏观体制环境下大学教师专业管理权影响因素的特点。

一、陈教授个案

(一)陈教授的学术经历

陈教授,60岁。1970年至1978年,他辗转赣南、苏北农村插队落户,其间自习绘画。1978年,他以同等学力考入中央美术学院油画系研究生班,1980年毕业后,留在中央美术学院油画系第一工作室任教。1982年,陈教授移居纽约,成为自由画家。2000年,他受邀加盟Q美院,从自由画家变成美术学教授,他应聘Q大学美术学院,任绘画系第四研究室责任教授、博士生导师,同时主持"陈××工作室"的工作。陈教授的作品多次参加海外重要展览,多幅作品为美术馆、美国艺术机构及私人所收藏,在画坛产生较大影响。他的作品《西藏组画》被公认为划时代的现实主义经典油画作品,冲击了当时长期盛行并严重教条化的主题性创作模式,在美术界及文艺界引起很大轰动,持续获得广泛的关注、研究与评论。近年来,他的具象绘画创作,以及画中画、写生"静物"等,在图像泛滥的当代,呈现出新的独立价值观。

陈教授是"文革"结束后较早赴美的艺术家。他身处作为西方当代艺术中心的纽约,对中西艺术进行了有价值的比较思考,并出版了《纽约琐记》(吉林美术出版社2000年版)等著作。

(二) 陈教授辞职始末

2000年陈教授从纽约回北京,应聘Q大学美术学院,待遇丰厚,年薪5万,教学启动费30万。报到之日,受到了院方领导的热情欢迎,从2000年到2004年,数年中Q美院方面对陈教授的态度始终很尊敬,对于Q美院,陈教授也有很多认同。陈教授的《招生与教学感想》一文对此有完整的表述:

> Q"长江计划",是新世纪中国教育改革的措施之一,魄力大,投入重,期望高。特聘教授多数是外籍华裔,属改革开放后出国的中壮年专业人员,眼界开阔,知识结构大幅度更新,又大致是"文革"一代,兼具使命感、责任感、历史感及民族情怀,归国投效,远溯二十年前留学大潮,近收改革开放之效,今推想此举,此其时也。Q与工美合并,则体现国家在高等院校扶助拓展人文艺术、瞻望国际文化大势的良苦用心。就我个例而言,去国近二十载,国中文化形势与文化环境,诚与过去不可同日而语。在艺术创作及学术研究中,过去的政治钳制、狭隘的美学观、单元的创作格局,大幅度改变。院方对我的教学不予干涉,并在可能的情况下,及时支持。而同事、同行与不同专业间的充分尊重,彼此宽容,以至对新学院教学规划的共同热情,都使我切实感受到改革开放在文艺领域及艺术学院内的深刻变化。

然而,出人意料的是2004年10月15日,在其续签合同即将到期之前,陈教授向Q美院的院领导正式递交了辞职报告。该报告全文如下:

> 诸位院领导大鉴:
>
> 我在学校任教的续签合同(2002年—2005年),到明年元月15日将届期终。据合同规定,如一方有变动意向,应在到期前90天知会对方。经过慎重考虑,我决定在合同到期之日,结束我在本院的教学。
>
> 以下是对此决定的说明:
>
> 我之请辞,非关待遇问题,亦非人事相处的困扰,而是至今不能认同现行人文艺术教育体制。当我对体制背后的国情渐有更深的认知,最妥善的办法,乃以主动退出为宜。

五年期间,我的教学处处被动而勉强,而光阴无情,业务荒废,我亟盼回到画架前独自工作,继续做个体艺术家。

　　我深知,这一决定出于我对体制的不适应,及不愿适应。国家的进步在于:个人可以在某一事物上抱持不同的立场。我的离去,将中止对教学造成的浪费。

　　目前,第四研究室两位2001届博士生刚毕业,尚有2002届与2003届在读博士生各1名,将于2005年、2006年毕业。另外,今年招进本研究室第一批硕士研究生共4名,将于2007年毕业。我的请辞,与这6名学生的学业有所冲突,如何解决,愿在我退出的前提下,与领导协商可行方式,恪尽己任。

　　兹附附件之一,是去年北京外办转请本院外办要我书写的述职报告,已经呈交,因所涉不包括今年,故略作补充。附件之二为《教条与功利》,是前年应本院研究所教改会议要求所写,因写在纽约休假期间,回国过了交稿期,迄未呈交,今原稿附上。附件之三为《我对本院"学术评价体系报告"的意见》——这份附件坦率陈述了我对教育体制与本院教学的质疑,谨愿诸位对我请辞的理由有所了解。另有附件之四(近五年来学术活动的粗略报告)及附件之五(关于遗留问题),希请垂顾。

　　此报告,将同时呈交Q校方、外办、人事办各一份。我的职衔、工作、居留及医疗等证件,合同到期时将会上交,俾便注销。目前借住的团结湖教工宿舍,其入住性质始终未获解释(参看附件之五),何时搬离,听候指示。

　　再次衷心感谢学院对我的重用与信赖。我与自己的职称实难匹配,深感惭愧。五年教学是我弥足珍贵的人生经验,虽以请辞告终,但我对本院与教学的感情,恐怕比诸位所能了解的更深。

　　预先感谢院校领导予以批准。

　　此致

　　　　敬礼

陈××
2004年10月15日

　　陈教授辞职风波的结果是,由于考虑到他还带着两名博士生和4名硕士生,有的要到2007年才毕业,经过与校方交涉,陈教授又与Q美院续签了两年"善后"性质的合约,但不再承担新课,也不再招收新生。至2007年,陈教授才算完全卸掉教职。

二、黄副教授个案

(一)黄副教授的学术背景

黄副教授,毕业于第二军医大学,获医学博士后。毕业后成为一名心血管疾病方面的主治医生。代表作有《脉动低切应力对动脉粥样硬化形成的影响及其机制》、《布氏显微镜活血分析:细胞流变学研究的新方法》等。曾在广州任职一年,后转业到F大学武装部,成为军事教师。面对新的领域,他潜心钻研,在短期内先后发表了60多篇文章,实现了职业的顺利转型,被评为副教授,同时也担负起军事教研室的管理工作,并担任全国军事教学指导委员会委员。

(二)黄副教授的职业转换

黄副教授在军医大学里是一名优秀的学生,由于军队院校工作任务繁忙,除了政治工作、救死扶伤,还有大量的科学研究任务,他没有选择留下来成为一名军校教师,而成了一名专职医生。为了更好地进行医学研究,他曾选择到经济发达的广州任职,以为丰厚的待遇能给学术研究带来"无后顾之忧的保障,不为五斗米而折腰"。然而,令他意想不到的是,经济的发达反而使医生的研究和工作很大程度上受到市场化的冲击。由于深感医生责任与经济利益之间的冲突和压力,他毅然选择放弃当时做得很好的医生职业,重新回到学校,寻求学术的宁静。

面对新的职业和领域,他努力投身其中,短期内实现了职业角色的转化,研究成果丰硕。由于军事教研室没有专职教师,他和其他同事一样挂靠武装部的行政编制,职称评聘到副教授就无法再往上了。对此他曾经困惑过,也希望通过努力加强教研室队伍建设,改善地位为大家在职称评聘中争取到更大的发展空间。以下是他的感受:

> 使我感到沮丧的是,虽然我对职业投入极大的热情,并且在我还很年轻的时候我的科研成果就已经很多了,但是我始终只能是个副教授。F大学是国内知名大学,尽管教研室基础差,但我们每次招聘,都能吸引到很优秀的人才,一些刚从国外学成归来的博士也踊跃报名。但是进来之后由于发展空间的限制,这些人才都流失掉了。
>
> 关于我个人,在我30岁那年就忽然顿悟了。我当过兵,做过医生,又成了教师,经历过不少事情,我自己反思这些年我不停转换角色的不安分

来自于我的"不适应"、"不舒服",学术研究是需要宁静的内心的,我为了寻求这份平静才不停地换环境。追求的根本是能做发自内心感兴趣和想做的研究,而不是"为五斗米而折腰",当然也不能为评职称而研究。所以能不能再往上评职称对我来说已经不是那么重要了。而且追求事业并不表示要牺牲个人生活,人生有很多内容,所从事的工作只是其中的一个部分而已,干吗要为了工作上的事情让生活其他部分都不开心呢。所以现在我的研究成果比较少了,这几年都没写什么东西,倒不是我不做研究了,而是我想有感而发找到我想做的项目才研究,科学研究最忌讳浮躁的内心。

当然,你们年轻人不能像我一样,你们正处于事业的起步期,不是有马斯洛的层次需求理论么,人首先要满足生存等安全需要,才能谈及其他。你们这个阶段想超脱于职称评聘之外是很难的,没有它你们就没有职业安全感,你们的事业还没有稳固的基础和受人承认的地位。我已经有一定的事业基础了,但是其实我还是在转换自己的环境,我知道做学术的一些艰难,现在我渐渐向管理工作转移重心,作为一名行政人员我的科研压力轻松多了。这并不表示从事管理工作就没有它的烦恼,只是相对来说比做学术压力要轻。我也仍然希望通过我的努力,为教研室创造一个好的环境以利于年轻人的学术成长,这样我们的教研室才能真正发展起来。这是我作为管理者要面临的任务。

作为一名管理者的黄副教授,身兼教师和管理人员双重角色,对于行政权力和学术权力有着他自己的看法:

现在我不仅是一名教师,也是一个管理人员,我觉得我特别能理解教师的苦处。我们现在从事国防教育工作,国防教育作为一门公共课,它在学校里的地位并不高,特别是和平年代市场化情况下比较难引起人们的重视,要发展是很难的。如果按照其他成熟学科的标准来对我们的老师进行科研评价不仅不合理,也会打击他们的积极性,评价标准要切合实际。但是我作为一个教研室主任,并没有决定评价标准的权力。在学校行政结构里我们这个层面大部分是执行贯彻者。主要权力都集中在学校层面。所以如果上面给的政策不合理在我这层就特别有感受。作为一名管理者我觉得我和上层的冲突会大于和教师之间的冲突。当然教师也需要适度有效的管理,偶尔我也会和他们产生一些冲突,但很少。

现在我感觉即使是综合性大学,在强调科研之余,教学的重要地位也慢慢在提高。这成为一个趋势,我们学校就有一个新的政策,在职称评聘中专门为教学型的教师增加了副高级讲师、正高级讲师两个职称。这样有些公共课老师可以根据自己的学科情况和自身条件有所选择。我现在正努力给教研室建立一支专职教师队伍,这样我们也能走教学编制而不是行政编制,也能享受到这个评聘办法。这很难,要靠我向上面努力争取编制和发展条件。我自己这层拥有的权力很少。现在教研室处在"创业"阶段,就像你们年轻教师进入大学的"创业"阶段一样,我不能停止努力,不能通过换环境来逃避责任。等我们有了这支教师队伍,我会尊重他们的选择,可以选择做科研型教师,也鼓励他们结合自身实际选择做教学型教师,不要把标准定得那么高,年轻教师会有"无力"感,不开心的话,工作、科研都做不好。

三、案例解析

陈教授的辞职原因,如他在辞职报告中所说的"至今不能认同现行人文艺术教育体制","五年期间,我的教学处处被动而勉强",可见他辞职的原因与他专业自主权的自我维护有关。

黄副教授对自己转换职业的原因也给出解释:"我的这些转换有些是主动选择的,有些是当时的情况下被动的选择,是一个很自然的选择过程,但我始终追求的是那份做研究的宁静与平和。"那么究竟是哪些层面的具体因素影响了他们作为艺术家或研究者的自由追求,使得他们不能适应,乃至采取辞职手段或转换职业手段呢?我们可以从外部环境因素(包括社会宏观体制、高校内部制度)、教师个人因素以及教师个人与外部环境的互动中寻找原因。

(一)社会宏观体制上的行政干预

从陈教授在 Q 大学的经历和他的辞职信来看,陈教授辞职和 Q 大学的美院本身是没有太多关联的。"我之请辞,非关待遇问题,亦非人事相处的困扰,而是至今不能认同现行人文艺术教育体制。"陈教授说:"这一决定出于我对体制的不适应,及不愿适应。国家的进步在于:个人可以在某一事物上抱持不同的立场。"这里的"体制"的含义应该是广义的,指社会的宏观体制背景。

陈教授在辞职报告之附二《教条与功利》中谈到这种"不适应":乃是"权利",不是"知识",更不是"教育"。反映了他对"体制"不适应背后的在行政权力与学术权力冲突中的抗争,及其追求学术自由的教育主张。

而黄副教授也谈到他个人的看法:"学校的校长不适合同时身兼教师和

行政人员双重身份,一个原因是工作任务繁忙,有限时间在分配上会产生冲突,不利于工作效率的提高。另一个原因是一个涉足权利的学者很难成为纯粹的学者,容易在权利中迷失变成学霸。教育的管理的确需要懂教育规律的人来进行,这不表示只要是教育学者就一定适合当管理者,还需要很多管理上的能力。我们应按既懂得教育规律也具备管理能力这个标准来选择校长,而不是按学者的头衔或地位来选择校长。比如院士,在国外就是在教授之上的一个学衔,在我国就行政化了,享受副部级待遇。教授也一样享受副厅级待遇。这样一来对职称的追求变成了对行政权力的追求,科学研究怎么可能发自内心呢。如果真有学者具备当校长的能力,那么担任校长职务之后他必须转换角色专注于他的管理工作。"黄副教授谈的这段话虽然说的是学校层面的管理问题,但实际是对我国大的体制环境有感而发。在"学而优则仕"的传统下,学校里教师的职级被等级化、行政化,形成了"官僚的障碍"。

"官僚的障碍"是国内外影响大学教师专业自主权的普遍因素。美国社会学家刘易斯以美国大学管理模式为分析对象,对"官僚的障碍"做了解释:"在大多数情况下,他们并不限制大学内表达一些还不流行的观点和意见,但因持有一种官僚主义的生活观,首先强调良性运行,把组织摩擦最小化看作主要任务,学术管理者自然不信任可能扰乱日常秩序的'麻烦制造者'。"[1]从刘易斯的阐述来看,美国管理模式中的官僚主义主要在于为维护科层制的管理而陷于僵化的教条主义,缺乏学术标准的判断。而我国的问题则与此种官僚主义生活观不同。受传统官本位思想的影响,权利意味着社会地位和阶级等级,反映在制度上就是学术制度由上而下的单向生成机制,制定学术制度的往往不是掌握学术规律的专业人员,而是掌握行政权力的官僚。科层制的本意是把学术制度置于科学规范的管理之下而免受个人意志的干扰。而我国虽然也实行科层制管理,但在实践中其却往往因被行政权力利用来对学术权力进行干扰而变得僵化教条,缺乏学术标准。行政权力与学术权力关系的失衡成为我国当前社会宏观体制中影响大学教师专业管理权的重要原因,并具体体现在高校内部管理结构上。

(二)学校内部管理模式上量化管理的烦扰

受传统计划经济体制下统一化的管理模式影响,我国高校在学校政策的宏观偏向、教师与行政机构的关系以及基本管理制度上都受到社会宏观体制

---

[1] [美]刘易斯·科塞.郭方等译.理念人——一项社会学的考察[M].北京:中央编译出版,2001:303-319.

的影响。在《招生与教学感想》一文中,陈教授指出:"在教学实践中,我的困扰与无奈,来自国家现行教育体制及种种教条。"这些教条反映到高校内部工作中,就是量化的管理模式。按他自己的话说:"我至今没有学会在表格上,或按照教条指定的方式,陈述'成绩':那是对体制的确认,而不是对学术道德及其规律的确认。"

填表格大概是陈教授在大学里痛感压抑与烦扰的种种不愉快的经验之一。在《呈本院外办及北京外办述职与感想(2000—2004年)》一文中,他谈道:"人文艺术教育的量化管理,集中反映出学术行政化带来的后患。此亦……近期决意实施改革的总背景,然而治标不治本:不施行,现状难以突破,施行,则势必重复历次治标不治本的改革,形成更为盘根错节的畸形教育结构。"并指出学院教育的"向上负责"、以"分数、奖项、规章、表格"为目的的"量化"管理、教学的"程序化"、对"考试分数"的强调,都使得他在教学实践中所坚持的"非功利的、非程序性的"自由沟通、互动辩难与深刻领悟,陷入"困难的、孤立的、不讨好的"境地。用陈教授的话说:"这样的教学难以体现在教案文本上,难以在工作总结中表述,在我奉命填写的所有表格中,完全无法体现我的教学思想与教学后果。"也就是说,"不愿混饭吃,也不知道怎样违背自己的性格"的陈教授必须面对"在教学工作中,则恪尽己能,维持现状而已"的悲哀与失败。陈教授说:"学院教育应该,也能够达到这样一种起码的要求,即确立一位艺术学生葆蓄终生的品格。"这品格,就是前清华大学国学研究院大师陈寅恪写在70年前的名句:"独立之人格,自由之思想。"无法实现这一基本的教学理念是陈教授最终决定结束其教职的根本原因。

黄副教授也谈到他把工作中心转移到行政工作上所躲避的学术压力很大一部分来自于量化的评价标准,强调要根据各学科的具体情况制定灵活的评定标准非由各学院自身来决定不可,教师应充分参与到科研评价制度的制定当中,为此学校应当下放权力到院系。

从两位教授对于量化管理感到的困扰来看,主要是认为量化管理模式限制了学术自主权。虽然量化管理是以科学计量的名义出现的新管理模式,相对于传统模式具有严密性和规范性,但并不适用于所有学科领域的管理,特别是人文艺术领域。僵化的管理模式带来的不是科学的管理而是学术标准的缺失,而受我国宏观体制上行政化的影响,通过量化管理行政权利进一步加强了对学术权利的控制。

(三)个人与体制惯性和力量的抗争

陈教授辞职风波引起的反响不仅仅在于事件本身的独特性,更在于陈教授特殊的个人经历和背景。陈教授是我国深具影响的艺术家,有着过硬的专业自主能力,他的作品有着独立的价值追求,反映在性格上也具有很强的个性,他在艺术工作中具备充分的专业自主意识。然而就是这样一位专业自主能力与意识自主兼备的学者,却因为无法保护自身的专业自主权毅然辞职,不得不引起人们的思考。

从个人经历上看,陈教授在国外生活了18年,对于"国中文化形势与文化环境"的变化有很深的感触。他说:"我今服务于这所学院的价值,以及我微乎其微的服务本身,远不如这所学院选择我的价值:这选择证实了国家的良性变化",正是国家文化体制、环境的良性变化,成为陈教授归国工作的重要原因。

然而由于传统教育行政体制惯性的作用和历史上学术自由传统的缺乏,在实际工作中许多事情还是引发了陈教授的困扰。在多方努力改善未果后他选择了辞职这一无奈的方式。由此可见,影响他专业管理权的主要原因不在于他自身的能力与意识,而在对外部环境因素特别是体制的惯性和力量抗争的无奈,这反映了许多大学教师的状况。

黄副教授谈到陈教授的案例时说道:"虽然他是著名的学者,我不能和他相提并论,但我个人觉得在争取自主权利中我们有共同点。虽然我们的情况和事情很不相同,但是究其原因是陈对体制或环境的不舒服,面对这种不舒服,他努力向上面反映争取,得不到回应的时候,就离开这个环境。当然他是艺术家,有这个资本放弃一切,我是一个普通老师,我用转换来改变环境,这可以看成是某种折中妥协,但我始终在这个体制里争取,我还是积极的。"

从大学教师个人来说,由于体制的惯性和力量,在遇到专业自主权的困扰时大多数教师在抱怨的同时,选择了沉默。对于不合理现象,如陈教授所说,"院中同事,俱抱同感",但陈教授辞职的惊人之举并非人人能做得出,正如徐友在2005年3月31日发表于《南方都市报》的文章中说道:

> 他痛切指出的弊病并不是要有多高明的洞察力才能发现,要有多大的胆量才能说出的,他的同事在私下里同意他的意见。不过,每当他在会议上发言完毕,周围便一片沉默,或者随即转换话题。没有一位领导对他的直言予以制止和批评,个别领导还会鼓励他把想法讲出来。但显而易见,不会有领导和他站在一起,为改变现存的不合理状况而据理力争。这实在是我们面临的悲剧。我们和×××一样,不会轻易去责怪同事和顶头上司,我们和他一样,知道人们的难处,更是深知体制的惯性和力量。×××可以和体制告别,但大多数人做不到,除了勇气、魄力,还要有本

钱。但是,谁能说×××就一点风险不冒,他心中没有丝毫的留恋和遗憾?难道这纯属×××个人的私事?我在各种会议上、饭局上见到过各种专业的知识分子,其中包括担任学院院长、系主任职务的学者,他们谈到导致×××出走的种种类似弊端,无不感同身受。对问题的分析也可以说是鞭辟入里。但我同样知道,在慷慨激昂的谈话之后,他们没有采取任何行动。相反,大多数人实际上还是照样开会、布置、填表、争经费、争项目,做一切自己曾表示不屑的事。我们也许不可能像×××那么坚决和彻底,难道不可以多多少少为改变不合理的体制尽力,而不是一面批评,一面却支持和巩固,以至于使人真的认为,不合理的东西是根本不可动摇的?①

大学教师在面对专业自主权的维护时,个人的不作为就是对自身权利的放弃。大学教师是专业自主权的权利载体,如果自身缺乏专业自主的能力与意识,专业自主权也就无从谈起。

(四)大学教师个人与外部环境沟通反馈机制的缺乏

从维护大学教师专业自主权的角度,我们还可以就大学教师个人和外部环境两个层面的沟通进行反思。

面对体制不合理的现象陈教授也曾多方努力寻求改善。他曾数次以书面及口头方式,对院领导和Q大学书记、校长坦率直陈。也曾撰文呼吁,但是这些努力最终未果。因为他是以个人力量而不是以团体力量与体制的惯性和力量做斗争,缺乏专业团体组织的保障与法律手段的支持。最终陈教授作出辞职这一自由却又无奈的选择,以示抗争。而黄副教授在他的经历中也同样没有提及专业组织的作用。这反映了我国大学教师专业自主权沟通反馈机制的缺乏。

陈教授以其特殊身份、特殊角度和出人意料的"出招"与"体制的惯性和力量"战斗。通过媒体的传播,他的行为对于唤起大学教师专业自主权意识有一定作用。

陈教授在给央视《新闻调查》的一篇文章中说:"据本人观察,《新闻调查》播出迄今,教育现状没有本质改变。……在过去一年内,唯一的改变可能是:批评质疑现行教育体制的公开度与频繁度,略有改观,略见增加。"少数人的争取终究不够,媒体的作用也终归有限,要有更多的大学教师有效地维护自身

---

① 文中陈教授的姓名用×××替代。

专业自主权，就需要建立良好的学术性组织机构作为互动保障机构，以便于大学教师权利的诉求及对外部体制进行有效的反馈。

第三节 专业发展权案例分析

大学教师为了更好地提供专业服务，需要不断地进行专业学习和提高。这种专业发展包括从事大学教师职业之前所受的专业培养、岗前培训以及就职以后的各种培训与交流学习机会。科研也是大学教师的核心工作之一，为促进科研水平提高而进行的一系列科研交流与活动也是其发展的重要途径。

过去很多大学教师的专业发展局限在职前的培养与培训上，而就职后的培训机会较少，教师自身也不太专注于继续学习。随着知识经济时代的到来，越来越多的教师意识到教给学生一杯水，教师自身需要的不仅是一桶水，更需要一条常流常新的河流，因此对于职后继续深造以及培训、交流的需求逐渐增大。而教师要获得好的专业发展，不仅需要教育行政部门和学校及其他教育机构采取各种形式、多种渠道来保障教师发展权的实现，更需要大学教师发挥自身的主动性，争取发展的机会，决定与自己发展相关的事务；大学教师发展更注重教师的自主性和个性化，要使专业发展成为教师自己的事情。教师的自主学习与自我提高应当不受干扰。

在大学教师的发展上，年轻教师由于处在事业的起步期，发展的动力往往很强，但是遇到的困惑与困难也比较多。而年长的教师由于在事业上相对有了一定的学术地位、学术成就，又面临着退休，发展动力往往会逐渐变弱，甚至在退休后完全放弃学术研究。而大学教师从事的是学术职业，不仅是一个职业人，更是一个学者，不应因退休而停止学术追求。所以在这里分别选了一位年轻的大学教师和一位已经退休大学教师的发展案例来进行分析。

一、肖老师的发展困惑

(一)肖老师的学术背景

肖老师，英语语言文学硕士，毕业后就职于X大学外语系公共外语教学部。在高校从事教学工作8年后她成为助理教授。学校对于公共课教师提供两种职称晋升制度供选择，一种是教学型教师，最高职级是教学型副教授，对于教学课程量有更多的要求，而科研要求相对较低；另一种是科研型教师，最高职级可以到科研型教授，但在科研上的要求也相对较高。对此，肖老师是几经考虑才作出选择的。她选择了科研型教师。为了进一步的发展,肖老师这几年都在备战考博,由于学校规定在本校念博士必须辞职,她选择了到上海考博,与此同时,作为英语老师,评定职称在第二外语上有要求,她又奔波到广州去考日语。由于平常教学任务比较繁重,肖老师的责任心又很重,对自身的课堂质量有很严要求,加上要异地奔波备考,她常常觉得很累。但是她说最累的还是心,有时候都觉得坚持不下去了,有时候觉得即使坚持下去,在科研上的要求也很难达到,看不到发展的希望。

(二)肖老师成长的烦恼

有人说肖老师是自找麻烦,作为公共课教师的特殊待遇就是不用很高的科研要求就能评上副教授,虽然学校对副教授有博士学历的要求,但是目前还没有硬性规定,应该趁早先评上职称再说。对此肖老师有自己的想法:

> 说实话我很想选教学型,这样的话我现在早已是副教授了,但我觉得这对我的长远发展不利。不只是以后我再也评不了教授,这个教学型职称的评法毕竟在我国高校里不是普遍现象。如果我以后去其他高校教书,那我的职称该怎么解决呢?在大学里教学与研究相结合,走科研的道路才是持续发展的路。我们也有同事选了教学型,现在已经是副教授了,相对心里轻松不少,要评科研型副教授多难,在大学里当一辈子讲师多可怕,总觉得没有职业安全感。但是,他们一方面是课业量大,没时间也没心情做科研了;另一方面,科研压力不大,动力也不大,上完课就都是自己的小生活。看着轻松,却没有事业感和发展感,常觉得生活枯燥无聊。

> 所以我选择做科研型教师,但是压力也很大呀。首先是学历问题,我们是综合型重点高校,要求教师要具有博士以上学历才能评副教授,不然还有其他附加条件。看这个势头以后附加条件都要取消,就硬性要求博士学历了。那我就犯愁了,我们公共课教师教学任务重,根本走不开去念书学习。现在学校又规定在本校念博士必须辞职,现在就业困难,我哪里敢随便辞职去念书啊。到处都是找不到工作的博士,我念完博士回来工作都成问题了。所以我现在处于两难境地。

> 其次,科研型教师要评职称还面临科研评价标准问题。学校新修改了职称评定标准,要评副教授论文要求从发表两篇一类核心刊物文章上升到发表三篇,除了一篇可以用20万字以上的著作代替以外,另两篇必须是文章,且其中最多只能有一篇发在本校一级学术刊物,在它上面发多少都只能算一篇。你也知道,现在写几十万字的著作都比发表一类核心

刊物文章要轻松，只要你认真写就可以有机会发表。而一类核心刊物每个专业就那么几家刊物，没有一定的学术水平是很难发表的。而要等着发文章评职称的老师那么多，就是写得很好没有副教授以上职称要发表文章也很困难。更别提少数一些拉学术关系的事情。对于我这样水平有待提高、根基尚浅、学术关系不够的青年教师来说评副教授真是天方夜谭，怎么努力也很难够着条件。学校还要求要担任省部级以上课题的负责人，或者横向课题经费加起来要20万以上。和做买卖一样，有本事赚钱才有资格评职称。为了申请到课题，总要研究课题指南，找不到适合自己学术专业和兴趣的课题是常有的事情，但为了能申报上课题也顾不了这么多，所以有些老师只重申请，不重课题的完成质量。短期能完成的课题申请的人多，而那些真正需要时间耐下心来研究的基础课题则少人问津。上次副校长到我们院里调研，也说到标准问题。他说："实际上有些指标不能那么僵化，在公共课里更是如此，比如体育、音乐、美术、外语教学等学术类学科，不一定是学历越高的老师，就越会教书。学院在进人的时候，局限在是不是'211'、'985'高校出身，某些真正出色的人才又因为'出身'问题进不来。有个音乐系教师工作十几年兢兢业业，也参加很多大赛取得好成绩，就因为科研不达标到现在还是助教。这种教师主要靠实践，从小就学音乐，练体育，哪有办法达到那么高的科研要求。"当时我听了这个话特别有共鸣感，科研标准或者引进人才标准就是应该根据不同学科的要求，实事求是地制订出来嘛。

最后是要评教授，要求有出国留学经历，而且必须是一段较长的时间。这个对我们外语系老师来说根本不成问题，要求有国外学习经历对我们这个专业的老师来说也是合适的。但是不是任何专业的老师都要出国学习相当长的时间才能晋升职称呢？而且年轻老师正处于成家立业时期，家里的担子也刚刚挑起，要花这么长时间在外面对家庭对教学工作都有耽误。这些都是很现实的问题。高等教育学家潘懋元先生说做学问要"十年甘坐板凳冷"。那些学术大家的成就哪样不是花很长时间孜孜以求作出来的，我们年轻人也不是没有人愿意放下心来做学问。可前提是你要保障我基本的职业安全和稳定的家庭基础。成不好家怎么安心做学问？现在功利社会的浮躁也通过教学科研评价、学校的经费管理制度影响到我们身上来了。

的确，在教师聘任制度和教学科研评价制度的影响下，年轻教师往往把自身的职业规划和发展与职称评定、学历提升相对应起来阶段化。不断地学习、研究与交流获得的职业成长不仅反映在工作中的得心应手上,在他们眼里更体现在学历、职称的提升上。一方面其带来待遇的提高为进一步发展提供一定的物质基础和职业安全感;另一方面,也是对自身专业发展努力的肯定与鼓励。如果评价的标准能实事求是地反映该学科的专业发展能力,那么教师的每一步前进都会变得有意义有动力;如果评价标准背离了具体专业的学术要求,一味追求经济效益,数量化行政化,就会给教师带来困惑与烦恼,进而影响他们的专业发展。实践证明,标准定得太高和太低都不利于大学教师发挥自身专业发展的主观能动性。太低会使得教师队伍失去斗志,疏于工作;太高则直接打击大学教师的自信心,压抑工作情绪。

二、吴教授的教师发展观

(一) 吴教授的学术背景

吴教授,初中毕业参军,后考入南昌陆军指挥学院,并以全优的成绩毕业。35岁时从部队转业,在政府部门和高校之间,他选择了进高校武装部工作。学校成立专门的军事教研室后他成了专职教师,后担任全国普通高校军事教学指导委员会委员、X大学军事教研室主任,成为军事学教授,硕士生导师,退休后返聘军事教研室,继续从事研究生培养工作。在他任职期间,2002年,首次成功招收了我国高等教育学专业下国防教育研究方向的第一批脱产硕士研究生。随后又开展国防教育研究方向在职硕士研究生培养工作,为各高校培养了大量国防教育管理者与专职教师。2012年,其为主成功申请设立了我国第一个国防教育学硕士学科点。在我国国防教育界,他是知名的学者与专家。

(二) 自强不息的奋斗之路

吴教授在和每一批硕士新生见面交流时,都要谈到自己的奋斗历程:

> 我要告诉大家的是,你们的导师首先是一个农民,然后是一个兵,最后才是一个老师。当一个农民我学会了脚踏实地,作为一个士兵我学会了勇往直前,而我当好一名大学老师,靠的就是脚踏实地,勇往直前。相对于你们来说,我的起点非常低,我初中毕业就去参军了。在部队里我虽然各项训练都表现出色,但是文化素质并不高。由于表现出色我很快成了班长,新兵的入伍教育成了我的重要任务,那时候我给他们上政治课效果通常很好,因为每次我都会认真备课,仔细思考怎么把我的东西有效地传达给他们。我觉得我很喜欢给大家上课,但是又觉得自己知识面不够,

训练之余我努力自学，最后我选择考入军校进行进一步深造。在南昌陆军指挥学院，因为觉得自己基础不好，我就特别努力地学习。最后以全优成绩毕业。我从部队转业的时候已经35岁了，别人在这个时候已经事业小有所成了。而我要走向社会进入全新的事业领域重头开始。当时给我的选择要么是进入行政系统当一名公务员，要么是进高校。前者可能是大部分人的选择，而我却选择了高校。因为我发现我其实很喜欢有个安静的环境做学问，虽然我起步晚，但这对我也是个全新挑战。我别的不敢说，但是有一个优点，就是干一行爱一行。我小时候务农，别人就只知道盲目地劳动，我不只是下地勤快，还常常思考怎么播种、怎么种地比较省力，比较事半功倍。所以我十几岁的时候就拿十个工分，赛过一个成年壮劳力了。到了部队，我也放下心来适应艰苦的训练，也常常反思技术技巧。进了军校我又把心思都放在业务学习上。我进了高校之后，首先面对的一个问题是英语基础不好，由于很早就参军了，英语发音更是不好。那时候我们有培训班，老师是个很年轻的女老师，我不怕比我年纪小很多的人做我的老师，三人行必有我师。只要老师点名我都站起来大声地朗读，因为读得太难听，全班同学都笑我，笑得都弯到桌子底下去了。但是我不笑，我继续大声地读，不在乎大家的看法。慢慢地，老师和大家也不笑了，他们很认真地帮我纠正读音，我的英语最后考了75分，这不算很高，但老师说对我来说已经是很了不起的，而我尽力做到最好。

我们军事理论教师最初是在武装部下挂靠的，很多老师都以行政工作为主，无心教学。但我只要有空都在努力学习，不仅学英语，还学写文章，不管写得好不好，都拿去向大家请教，让大家给我提意见，反复地写，投稿失败就反复地投。而申请课题最初我也不会，还是我教过的一个学生教我怎么写申请报告，要注意哪些事项。在高校里做一名教师不会做学问怎么行呢。就这样磕磕碰碰地我在7年之后40多岁才成为一名讲师，也得到了很多人在学术上的帮助与指点。又过了5年我申请评副教授的时候，人事处想当然地把我的资料退回来了，他们认为我起步晚，条件应该不够。我抱着我的一堆成果去了人事处，摆在负责人的面前，让他拿职称评聘标准来对，看我有没有哪一条没有达标。最后他无话可说，我也顺利评上了副教授。再后面，评教授的历程就更加顺利了。所以就像龟兔赛跑，不要怕自己跑得慢，而要坚持下去。你们刚成为研究生，要学习怎么做研究，怎么写文章也是要有个过程的，只要有点想法就记录下来，有材料就积累起来。就像穷人盖房子，捡到一块砖就盖一下，随着积累的增加,过程会越来越顺。我们国防教育发文章很难,有些老师就抱怨叫苦,希望能降低对他们的要求和评价标准。从长远来看对他们的发展是不利的。在高校里就是要向强者看齐,做不到就努力创造条件,这样才会有不断的成长。

现在吴教授已经退休,虽然很想好好休息,但是对于学术的追求却并没有停止,他仍然很关心国防教育事业的发展,还在为国防教育的学科建设工作奔走,帮助年轻教师的发展和学科队伍的建立。

(三)团队合作的发展之道

吴教授不仅自身不断学习,自我反思,在教师发展上他还主张走团队合作的发展之道:

> 应该强调的是,我们不能把教师的发展只局限在个人的发展上,各自只为自己打算。虽然教师发展是一个非常个性化的过程,每个老师有不同需求和条件,但在实现过程中得到团队的帮助,或者说得到团队成员的互相帮助是实现各自的发展目标的一个有效途径。特别是现在,学科与学科之间的界限逐渐被打破,不同学科之间的合作和交流都是必不可少的。而我们国防教育师资队伍力量薄弱更需要团结起来。本身我们的教师也是来自不同的相关学科,进行合作和交流也是有条件的。所以我们教研室采取集体备课的形式,在课件制作、教学方式上发挥大家各自所长,又彼此提意见不断改进。在科研上,我们每周一早上都举办泡茶沙龙,大家聊聊各自的研究兴趣和最近写的文章,集体提意见。各自有什么科研信息和资源也互通有无。每次课题申报都通知大家,各自准备报告后也都互相提中肯的意见,这样我们申请课题的成功率也就提高了,我们还在科研中根据不同老师的学科背景互相合作,有时候还和历史系老师以及其他军校里的专家合作。我们的科研有个整体计划,围绕着国防教育学学科建设工作展开,目前已经有国防教育历史、国防教育学和高等学校国防教育等几个大的研究方向,老师分别担纲不同的研究方向,每一批进来的研究生根据各自的研究兴趣选择不同的方向,然后决定自己的毕业论文研究主题。经过多年的努力不仅出了系统的研究成果,教师队伍也成长起来形成了有机的组合,而我们在高等教育学专业下也成功自主设立了我国第一个国防教育硕士学科点。

还要说明的是,教师之间的团队合作不仅为教师个人的发展创造了条件,也为整个团体的成长创造了条件。团体的发展也是教师发展应该包括的部分,只有团队发展好了,团队中的每个教师才能得到发展。

除了教师团队的合作发展,吴教授认为创建发展平台,尤其是学科发展平台则为教师的发展创造了一个良好的环境。

> 教师的发展光有团队的合作还是不够的,这只是小环境,还要形成一个大的氛围。这个氛围不只是提供更多的学习培训机会和交流平台,还要全国、全省的同行之间形成合作发展的氛围。尤其是我们这种起步晚的学科,不仅要搞好课程建设,更要做好科研建设。我在全国普通高校军事理论教学指导委员会里担任委员,每一次开会我都努力宣传我的观点,课程与科研要并进。如果我们不努力改进课程质量在大学就站不住脚;如果我们不走科研的路在高校就得不到持续的发展而最终被边缘化。只要有可能我都在全国的会议上、在全省的会议上为课程与学科建设争取政策条件和资源。在这些会议上有很多高校的教师也是有一番干好国防教育的事业心的,我们团结起来不断摇旗呐喊,现在"国防教育要课程与学科建设协调发展"的观点已经逐渐成为共识,大家也都把自己的经验拿出来分享。我们现在已经有了自己的学科点,但这对学科建设来说还是不够的,还需要全国的业内教师一起来进行学科研究,还需要建立我们自己的刊物和专业阵地,所以虽然现在我退休了也很想休息,但是要做的事情还有很多。而我们的教师,也一直觉得自己不仅是一名教师,还是一个事业的开创者,在从事一个有奔头的工作。

三、案例解析

下面把两个案例中影响大学教师发展权的因素分别从社会、高校和教师自身以及教师与外界的反馈几个层面分别加以分析:

(一)社会氛围对大学教师发展的影响

在市场化和行政化的双重影响下,不仅是对大学教师的评价标准,甚至是对高校的评估标准都被数量化、指标化。为了迎合高校评估标准,为了在高校排行榜里名列前茅,高校的学术管理制度也就不以各个学科的实际情况来制定考核评价标准,而是追求高级别刊物文章的发表量、大经费项目的课题申请量;讲究教师的学历出身。这些都对教师的专业发展规划产生误导。

而教师的专业发展不仅是个人和所在高校的事情,还需要同行业教师的共同努力和整个社会的支持。

(二)高校教师评聘制度对教师专业发展规划的影响

从肖老师的案例可以看到,教师在规划自身的专业发展计划时,往往是以职称和学历来作为参考坐标的,把学历与职称的提升作为学术成长的阶段性标志。所以在谈到自身的专业发展的时候关注点首先是放在学校的教师评聘制度和评价标准上的。如果评价标准能实事求是地反映相应的学术水平,那么教师评聘制度就能真正激励教师的成长。如果标准太低或太高,则会阻碍教师的专业发展。

(三)大学教师个人是其专业发展权实现的关键因素

吴教授的案例给年轻教师解决专业发展遇到的困惑起到了指点迷津的作用,要保障大学教师的专业发展权,关键在教师自身的努力。教师专业发展本身是一个个性化的发展过程,只有教师自身才知道自己最需要学习什么,才能根据自身条件选择最适合自己的专业发展规划,也只有教师有了专业发展的动力,才能真正实现其专业发展权。吴教授并没有因为自己起步晚、基础差而等、靠、要,寄希望于评聘制度给予照顾;也没有急于求成,焦躁不安;更没有自怨自艾,自暴自弃。他静下心来做学问,不仅谋求自身的专业发展,而且努力建设师资梯队,并在全国范围内为学科的创建和发展奔走。这种专业发展和学术追求,不以名利、地位为目的,不因退休而终止,这才是一个高校学者所应当做到的。

(四)团队的合作与发展平台的构筑需要大学教师们的共同努力

吴教授的案例告诉我们,大学教师的发展离不开外部环境的支持。包括社会对大学教师的认可与支持,国家相关部门、高校为大学教师提供的各种学习、培训、交流机会等。其中,在大学教师之间形成有机的团队合作,创建发展平台才能使得大学教师的发展不会成为无本之木、无源之水。而这些不能单方面等待外部环境的给予,更要大学教师共同努力去创造,去争取。

第四节 专业服务权案例分析

大学教师专业服务权是指大学教师有权利用自身的专业知识与能力为社会提供直接或间接的服务。大学教师有权决定无偿为社会提供服务,也有权为自身的服务收取合理的报酬。但是大学教师应当秉承为社会服务的目的,防止自身在市场经济的冲击下,为追求物质利益,耽误本职工作,迷失对学术本真的追求。

通常大学教师所进行的专业服务不仅仅是教师的个人行为,他们往往作为一个科研团队为社会提供学术服务,在学术服务中获得的合理报酬除了给教师个人增加收入以外,还为他们所在的科研团队提供科研经费,甚至给所在高校增加经费来源。也有一些老师利用自身知识在外兼职或个人创办企业,为个人进行创收。无论是集体行为还是个体行为都有一个前提,就是要保障教学科研的本职工作不受影响。为社会服务的形式是多种多样的,但总的来说不外乎两种,一种是教学服务,包括教师的教学工作和面对社会举办的各种培训教学,由学生支付学费;一种是科研服务,通过课题等形式由政府和企业购买服务。这样在服务社会的时候,既要考虑到学生、企业、政府等服务购买者的需求,又要保证学术自由不受到外力包括行政力量、商业导向等的干预。所以在谈到大学教师专业服务权的时候,教师面临的冲突和困惑也就比较多,为此,在本节案例分析的时候,我们分别从正、反两面提供两个案例来进行分析,探讨专业服务权的合理权限。

一、青涩团队的成熟贡献

(一) 取得闪耀成果的青涩团队

近五年来,X 大学在社科和理工研究上取得不少世界级水平的科技成果。在一系列成果背后是一个个成熟的科研团队、强大的学科力量和著名的学科带头人。在强手林立的学校里,国家传染病诊断试剂与疫苗工程研究中心的研究团队则显得青涩无比。1999 年团队获得资助成立时,主要负责人是一位 35 岁的年轻讲师,另一位负责人更小,只有 27 岁,他们手下也就几个研究生。当初在获得资助时,别人几乎不愿把钱砸在这支平均年龄不到 30 岁的科研队伍上。然而就是这样一支队伍,历经 14 年的努力,取得了和那些成熟团队一样闪耀的成果。他们成功研制了世界上第一个预防戊型肝炎的疫苗并获准上市,所有关键的发现和技术突破都由这支年轻的队伍自主完成,拥有核心自主知识产权。而目前我国生产的很多生物药物的核心技术都来自国外。这样高度垄断性的源头创新性生物药物在我国是罕见的。而且作为世界上第三个基因工程病毒疫苗,它在研制技术的难度和安全性方面远非传统疫苗研制所能比拟。

(二) 伯乐与千里马的合作之旅

作为一支青涩的团队能取得今天的成就,与其自身的努力是分不开的,也正是团队的努力才使得他们获得了伯乐的青睐。疫苗的研制历经十几年,耗资好几亿,其中有很大一部分资金来自于养生堂的资助。那么是什么原因使得伯乐愿意把重金投在一支年轻的队伍上呢?

1999年,养生堂寻找生物医药项目进行风险投资,对于风险投资对象,总裁提出了特别的条件,要有理想,有热情。有人向他推荐X大学,为此他特别选在夜里12点来到学校里面转悠,就只为找到那个始终亮着灯辛勤工作到深夜的实验室;他还在大半夜给各实验室打电话,看有没有人接电话,听筒里是否有乱哄哄忙成一片的声音。而这支经常工作到深夜的年轻团队的负责人夏老师当时说了一句话,坚定了养生堂风险投资的决心。他说:"我们起步比别人晚,条件不如人,我们唯有更辛苦。"从此,伯乐与千里马走上了合作之旅,直到今天队伍仍在不断地成熟壮大。

应该说这支团队不只是努力的,也是幸运的。在他们成长的道路上能遇到伯乐慧眼识英雄,不拘一格资助人才,还是比较少见的。要不是养生堂总裁不顾公司众人反对的坚持,也就不会有这支科研队伍今天的成就。当然作为公司来说,产生效益是重要目的,所以在做风险投资的时候他们能更多地从教师实际的潜力出发,而不局限在其头衔和称呼上。而在一般的情况下,要拿到科研项目和资助,在申请条件上往往有很多限制,年龄、职称、资历、学术威望等是重要的考量,这使得很多有发展潜力的年轻教师望而止步。而年轻教师要想获得这些机会,往往只能选择努力加入已经成熟的团队,一旦努力无果,有些人便逐渐失去信心,放弃努力。[①]

二、陈教授眼中的社会服务自主权

(一)陈教授与他的团队

陈教授在退休前是一所重点大学军事教研室的骨干教师,也是武装部部长。虽然是重点高校,但军事理论课是一门冷门课,师资队伍建设在数量和质量方面都有待提高。陈教授在任职期间,为军事教学和教研室的发展投入了很大的精力和心血,在教学方面和师资队伍的数量建设方面取得了一定的成就,也有他自己的一些观点和做法,而这些做法与高校教师的社会服务是密切相关的。

(二)陈教授团队的发展之道

几年前的一个学术会议上陈教授与会交流自己团队的发展经验,引起了

---

① 佘峥. 厦大"头脑风暴"吹向全球[N]. 厦门日报,2013-06-19

笔者的注意。作为高校公共必修课,军事理论课一直以来是作为一门课程进行建设的,还没有成长为一门学科。所以,会议的一个议题就是,国防教育在高校里究竟应该走学科发展之路还是继续作为课程来建设。一些学者认为,在大学里,只有作为一门学科进行研究,才能走上持续发展的道路。而陈教授则认为,课程建设还存在很多问题,能搞好教学,保障足够的师资就已经很不错了,对此他谈了自己的做法和观点:

> 我觉得我们课程建设还存在很多问题,现在就来谈学科建设太早了,我们这个课起步晚,也没有专门的师资,课又冷门,教师大多留不住。这可以说是比较普遍的现象了。我当武装部主任以后还是很花了一些心思来建设师资队伍,搞好教学工作的。现在我们部里教师数量充足,留人留得住,大家也很愿意上好课,所以今天拿出来跟大家分享一下我的经验。
> 我的办法就是搞创收,搞社会服务,我们军事课没有专职老师,老师都来自相关专业,在他们原有专业范围内开选修课我是很鼓励的。因为在我们学校选修课也是按学时计算课酬的。有些学校怕影响本职教学就不太让老师创收开别的选修课,我不这么想。我们这个课冷门,待遇低,教师如果基本待遇都不好,怎么会待得住,与其让他们到外面到处兼职赚钱,不如就在学校里让他们开选修课,但我有个要求,就是军事理论课不能受影响,得保障此门课程。我们单位老师是要上很多课的,虽然辛苦但是他们很愿意这么做。这样人留下来了,待遇有保障,让他们上好军事理论课他们也定得下心。让他们上相关的课也是锻炼他们的教学能力,新老师适应课堂快。所以世俗点说,我最初是行政出身,我不费心思做什么科研,我们就这个条件,实惠点做好教学工作也是挺好的。不要跟我说这样做很功利,老师们也是有社会服务权的嘛。

陈教授的观点一出,立刻引起了争议,现场很多学者提出了不同意见。事隔几年,陈教授已经退休,没有了陈教授的监督,教师们在精力有限的情况下,越来越多地把精力放在赚钱的选修课上,而军事理论课则无暇顾及。有的教师因为上课太多,忙不过来,就在课堂上放录像,简单应付过去。由于课程质量下降,队伍受到很大影响,他那支原本数量充足的师资队伍竟然人员已经所剩无几。有的教师在外兼职,最终转行创业去了;有的教师设法转到其他教研室。对此,留给我们的思考很多,教师的社会服务最终目的是什么?教师搞创收就是我们所说的社会服务么?这对大学教师的社会服务自主权是维护还是损害？教师通过社会服务获得的就只是钱吗？

三、案例解析

下面把两个案例中影响大学教师社会服务权的因素分别从社会、高校和教师自身以及教师与外界的反馈几个层面加以分析：

(一)市场化与行政化对大学制度的双重影响

改革开放以来，我国从传统计划经济体制向市场经济体制转轨。大学的制度比如经费管理制度、教师评聘制度、收入分配制度等都受到影响，面临市场化与行政化的双重挑战。市场机制和竞争机制的引入，使得一些高校和老师盲目追求经济效益，反映在教师评聘制度上就是标准过度量化；反映在收入分配上，就是过度追求经济绩效；反映在经费管理模式上，受市场化影响，学校为生存出售学术服务，把学术权利交给学生、购买科研成果的政府或企业等顾客手里。此外，传统的官僚化模式依然存在，反映在教师评聘制度上，是"全员终身制"；反映在收入分配制度上，是打不破的"铁饭碗"；反映在经费管理模式上是为获得国家的拨款和资源，要绝对服从国家或政府制定的各种限制条件，甚至不惜学术权利受影响。

(二)高校经费管理模式对大学教师专业服务权的影响

高校的社会服务获得的经费收入包括以下几个部分：一是高校日常的教学科研工作除了获得学生学费以外，还可以获得国家政府部门的拨款，其中以学生人数为基础的经费分配方式，受招生人数的影响，和学费一样是以市场为导向的；二是通过课题立项、开班设课、提供咨询等方式向政府、企业提供学术服务所获得的收入，这部分也要受市场导向的影响；而政府的总项和专项拨款要受到政府各种条件的限制，下拨到学院后对于经费的使用，学院也要制定相关的限制条件，这同样会造成行政化的导向。不管是哪种导向，大学教师在社会服务权方面的主体性都会被学生、企业等顾客或者政府、学校行政管理机构所代替。而大学教师是通过学术创造来服务社会的，需要给予大学教师充分的学术自由进行学术课题的选择和创造。

(三)大学教师要正确认识社会服务权

教育是一项公益事业，大学教师的社会服务是学术服务而不是学术营利，所获得的一定收入只是为了更好地进行教学，为科研提供经费，而不能舍本逐末；大学是一个学术组织，不是企业，要进行学术的创造就只能以学术为出发点，而不是以营利为出发点。大学教师如果不能认识到这一点，就会在社会服务中迷失学术追求，把本来有限的精力和时间都花在了对利益的追逐上。这是滥用而不是维护社会服务权。

(四)高校和学院要对大学教师的专业服务权进行正确引导

从我们的案例中可以看到,大学教师在专业服务权上的价值判断很大程度上受到高校层面特别是学院、单位层面导向的影响。社会的影响也主要通过高校的聘任、经费管理、收入分配等制度和教师所在单位的理念来施加。例如,一些研究型大学评价标准侧重于与经费挂钩的科研评价,大学教师的教学质量就难以保障;而一些教学型大学评价标准侧重于与招生、就业挂钩的教学质量评价,教师科研积极性则普遍不高。一些高校只关注大学教师的社会服务能否给学校带来经济收益,而完全禁止大学教师在本职工作之外的一些相关兼职。比如一些实践性课程要求教师要有丰富的从业经验,例如医学、法律、飞机修理与制造等,教师在本职工作外与社会挂钩适当兼职和创业,是有益教学、科研质量提高的。还有一些高校则相反,对教师的兼职创收放任不管,在调查中,笔者就了解到有的思想政治课老师在外面开美容院,与本专业毫无相关,还有老师干脆停薪留职在外面赚起钱来。这些对于高校教师本职工作也都是有害的。在陈教授的案例中,出于留住师资、发展教学的好心,他想通过让年轻老师多开选修课赚钱来稳住"军心",结果给老师造成误导,以至于在他退休之后,教师们失去监督,纷纷奔经济效益而去。这说明不可忽视外部环境尤其是学院、教研室层面这些与大学教师息息相关的工作圈子对大学教师的引导和反馈作用。

本章小结

在我国,大学教师的专业自主权受到不同程度的影响,有很多他们共同关切并产生共鸣的问题;而决定大学教师专业自主权状况的关键因素还在于大学教师自身,因此不同的大学教师在专业自主权上遇到的具体问题也不一样,是非常个性化的。在前面的实证调查中,我们发现了影响因素的一些规律和共同点,但在这共同的困扰中,究竟教师的切肤之痛在哪里?不同的专业自主权面临的困扰有什么不同?不同的大学教师又面临哪些具体问题?这些都不是调查数据能完全回答的。因此本章在前面实证调查的基础上,进一步对影响大学教师各项专业自主权的因素进行案例研究,以期在数据调查所显示的规律之外,进一步了解深层次、具体化的影响因素。

根据实证调查,我们了解到影响大学教师专业自主权的因素主要来自社会、高校和教师个人三个层面。通过案例研究进一步发现，在社会方面主要有经济体制转轨和传统文化、观念对大学理念、管理制度的影响，进而影响大学教师的学术价值判断；此外还有政治、法治等因素的影响，与西方的宪政传统不同，中国封建社会里法律只是君王专政的工具，人治凌驾于法治之上，这些旧的观念对今天大学教师专业自主权的维护仍产生了一些影响，表现在行政化问题上，就是学校里行政力量常常凌驾于学术力量之上，也表现在关于学术自由、大学教师专业自主权的相关法律在具体实施层面不够细致，很多法律缺位的问题上。高校方面主要是大学的学术管理体制，如评价聘任机制、收入分配制度、经费管理模式等和教师切身利益密切相关的制度对大学教师专业自主权的限制。大学教师个人方面主要是大学教师个人对专业自主权内涵的认识不够，在学术追求和经济利益的冲突下造成权力的滥用；自觉意识不够，维权不足，以及学术权威和学术资源的制约等。

以上不同层面的影响因素集中表现为以下两方面的压力：

第一，外部环境变化的压力。经济体制的转轨带来的市场化和行政化对大学教师的学术追求和学术价值判断产生了冲击。同时，随着高等教育大众化和高校职能的日益多样化，大学教师的学科专业也日益多元化，而评价标准却随着行政干扰的加强变得数量化、单一化。具体表现在由于没有根据学科的性质来制定具体的评价标准，评价标准模糊，时常和学科要求产生冲突；评议过程不够透明，奖励难以落实，对年轻教师提出了难以承受的期望；此外，一些高校侧重科研评价，对于那些教学、社会服务任务重的教师产生不利影响。

第二，经费、绩效的压力。在高教成本快速增长的情况下，要维持运行、提高办学质量，大学需要获得更多的经费，而政府的财政拨款和学生的学费是目前高校的主要经济来源。行政化和市场化的影响不可避免。大学要对教育投入的使用效率和产出效益负责，就把这种绩效压力通过学术管理制度转嫁到大学教师身上，给大学教师带来巨大的心理压力。

由此，我们看到对大学教师造成最大困扰的因素，主要集中在与评聘制度、收入分配制度、经费管理模式相关的评价标准上。这与大学教师的生存、科研发展密切相关。只有保障基本经济条件，才能安心做学问；也只有有足够的经费保障，才能作出成果。所以大学教师往往把自身的学术发展规划与职称、待遇的提升对应起来；而高校也把聘任等相关制度作为促进教师提高教学、科研质量的竞争机制。然而在制定上受行政化和市场化的双重影响，评价标准往往难以根据学科的实际情况来实事求是地制定。僵化的数量化标准打压了大学教师前进的动力，而"大锅饭"、"铁饭碗"又使得大学教师即使不前进也不会失业。这些制度反而成了扼杀大学教师学术创造积极性的制度。要维护大学教师的专业自主权,提高其学术创造能力,核心是改革评价标准,建立良性的竞争机制。

此外,在案例研究中我们也看到,大学教师个人层面与外部环境的互动也是改善大学教师专业自主权的有效途径。例如专业服务权案例中,X大学年轻团队的科研贡献离不开"伯乐"与"千里马"的互相配合。专业发展权案例中,吴教授在起步晚、基础差的条件下通过个人不断的努力不仅获得了自身的发展,还创建了学术梯队和学科发展平台。

第八章

依法治校,保障大学教师专业自主权

从案例研究来看,在制约我国大学教师专业自主权因素的结构中,大学教师个人层面的因素是维护大学教师专业自主权的动因和关键;外部环境包括社会层面和高校内部层面是实现大学教师专业自主权的保障,其中高校内部层面是大学教师工作的具体组织环境,直接影响大学教师的专业自主权状况。本研究实证调查的结果也表明:目前制约我国大学教师专业自主权的主要影响因素来自于高校内部层面;而在大学教师专业自主权的核心因素——教师个人层面的因素上,也存在不少困扰,其影响程度仅次于高校内部层面;外部环境中社会层面的直接影响最小。值得一提的是,我国高校内部管理体制、组织结构、权利运作方式无一不受我国宏观体制环境的影响,社会层面的间接影响不可忽视。因此,只有进一步构建一个良好的社会宏观体制环境,才能对教师所处的高校内部环境产生积极的影响并激励教师发挥自身的能动性,从而使大学教师与外部环境之间产生良性的互动,保障大学教师的专业自主权利得到落实,进而促进教师提高工作效率和创造性。

为贯彻落实党的十八大精神,进一步推动《国家中长期教育改革和发展规划纲要(2010—2020年)》[1]的实施,2013年教育部印发了《全面推进依法治校实施纲要》(以下简称《实施纲要》)。根据《实施纲要》的精神,"依法治校"

---

[1] 中华人民共和国中央人民政府门户网站. 国家中长期教育改革和发展规划纲要(2010 – 2020 年)[EB/OL]. http://www.gov.cn/jrzg/2010 – 07/29/content_1667143.htm 2010 – 7 – 29.

是"依法治国"的重要组成部分。它以建设现代学校制度为目标,落实学校办学自主权,以提高学校章程及制度建设质量、规范和制约管理权利运行、推动基层民主建设、健全权利保障和救济机制为着力点,增强运用法治思维和法律手段解决学校改革发展中突出矛盾和问题的能力,全面提高学校依法管理的能力和水平。[①] 然而,我国政府虽已提出"依法治校"和保障学术权利的改革目标,但在具体实施层面还只是刚刚开始,究竟该怎么做? 如何从宏观体制上完善外部学术环境,构建依法治校的现代大学管理体制? 怎样保障和救济大学教师的专业自主权,在大学教师和外部环境之间建立有效的互动? 以及如何解决我国相关法律、制度还存在的一些"缺位"问题? 这些都是今后实践和研究的重点,也是大学教师保障专业自主权的诉求。

第一节 依法治校,完善外部学术环境

对于教师专业自主权而言,外部环境包括社会宏观体制和高校内部管理体制两方面。完善的外部环境是促进大学教师专业自主权实现的前提保障。本研究调查结果显示,制约我国大学教师专业自主权的影响因素主要来源于外部环境中的高校内部管理体制;社会宏观体制背景虽然产生的直接影响非常小,但通过高校内部管理体制产生的间接影响却很大。因此,本节将在综合考虑社会宏观体制和高校内部管理体制的影响后寻找有效对策。

我们认为,最根本的策略就是在高校实施"依法治校"。"依法治校"是2013年《实施纲要》的重要内容,即转变政府与高校之间的关系,推动基层民主建设,从法律角度、用法律思维来规范和制约管理权利的运行。

在学校内部治理结构上,《实施纲要》要求推动基层民主建设,并提出在学术组织中教师代表的比例不得少于1/2。具体而言,要通过学校章程的构建等制度和法律手段来保障教师学术权利,提高教师的创造性和教育质量。

一、构建政府、高校与社会的新型关系

本实证研究调查结果显示:我国社会宏观体制通过高校内部管理体制对

---

① 中国教育和科研计算机网. 教育部关于印发《全面推进依法治校实施纲要》的通知[EB/OL]. http://teacher.eol.cn/teacher_news_10922/20130117/t20130117_894760.shtml 2013-01-17.

大学教师专业自主权产生的综合影响主要表现为市场化的影响与行政化的干预。这一结果出现与我国社会发展的转型和宏观管理体制的变革有关。为了应对市场化和行政化的挑战,新的《实施纲要》提出以建立依法办学、自主管理、民主监督、社会参与的现代学校制度为目标,通过落实高校办学自主权、转变政府职能来构建政府、学校、社会之间的新型关系。

(一)制约我国大学教师专业自主权的外部环境因素

1.大学教师专业自主权面临市场化和行政化的挑战

改革开放以来,我国社会经济发生了根本性的变化,这种变化集中表现在从计划经济体制向市场经济体制的转轨上。在这一背景下,为适应市场经济的要求,我国高等教育管理体制也发生了重大的变革,也使得大学教师专业自主权的维护面临着更为复杂的形势:

一方面,由于市场机制的引入,大学普遍开始重视经济效益,但有些大学却盲目地推行经济挂帅政策,在教师管理工作中忽视了教育、科研、社会服务的本真价值和学术追求。这种导向也影响了教师的价值取向,如一些教师往往把本职的教学和科研工作放在次要位置而以兼职为主业,这样就严重危及大学教学科研工作的质量。与此同时,随着大学在市场经济中发挥的作用越来越大,其所带来的消极影响也越来越大,大学学术越来越功利化已是不争事实。现在大学办学经费渠道主要来源于国家财政拨款或收取的学费,如此,大学就需要对教育投入的使用效率和所产出的效能负责并向社会作出比较详尽的说明。在高等教育成本快速上升的情况下,来自社会的绩效压力越来越大,社会对高等教育的期望越来越高[①],在此情况下,市场经济的诱惑使部分大学和教师在学术和创收之间出现失衡状态,要维护学术权利就变得越来越困难。

另一方面,在利益关系的驱动下,学术权利与行政权利的冲突更加剧烈,直逼教师的权利维护问题。市场经济要求大学具有更大自主权,要求激发大学教师的创造力,要求保证教师的学术自由。落实大学办学自主权和提升大学的自主性成为高等教育改革的核心问题,这是如何处理好政府与学校之间关系的外部治理问题,与之密切相关的是大学如何用好办学自主权,恰当地处理好行使权利和履行义务的内部治理问题。政府把权利下放到大学以后,国家的公权利就转换为大学组织的权利,大学内部治理如果存在缺陷就会制约大学办学自主权的落实。

---

① 顾建民.自由与责任:西方大学终身教职制度研究[M].浙江教育出版社,2007:274.

但受传统管理观念影响,无论在大学与政府之间,还是大学内部管理机构之间,仍存在行政权力与学术权力的剧烈冲突,尽管有时是明显的有时是潜在的,但在冲突的过程中行政权力明显地居于上风。随着大学办学自主权的逐步落实,大学内部学术权力和行政权力之间的冲突也日益凸显。由于大学内部的权利结构没有作出相应的变化和调整,权利分配呈现高度集中的局面。首先,随着社会与大学的结合越来越紧密,要求大学必须尊重各学科的特性,而传统的集中管理机制束缚了学术自主权的发挥。其次,随着学校内部分配越来越向行政岗位倾斜,使得教师无心于真正学术,从而出现行政化愈演愈烈的情况。① 很多时候,大学的行政化与市场化是同步推进的,"我们不得不说,在目前,大学教师作为学术组织的基本成员,他们越来越不安心于学术探究了,而是越来越心有旁骛,把更多的心思投入到钻研权术、跑关系上,因为没有这些东西,自己就很难完成科研指标,就很难获得晋升,而如果有了这些东西,其他的东西似乎都不在话下"②。中国大学教师在权利结构中的缺位成为突出问题,利益保障自然也遇到诸多困扰。

2. 行政化、市场化干预集中表现在科层制结构和量化管理方式上

对大学教师专业自主权状况进行的调查的统计结果显示,在专业决定权(包括教育教学自主权和科学研究自由权)、专业管理权、专业发展权和专业服务权上,他们感到最受困扰的是大学教师专业决定权中的科学研究自由权,其他各方面专业自主权中遇到的困扰也都是与科研问题相关的。矛盾的焦点在于与大学教师职称晋升制度密切相关的评价制度。量化的评价管理方式成为困扰大学教师专业自主权的主要原因。

对大学教师专业自主权影响因素的调查结果显示,大学教师工作受到的市场化和行政化影响主要来自学校内部管理层面,而在对教师进行进一步调查和访谈后发现,学校内部管理制度的功利化和行政化问题主要集中表现在教师评审制度中的量化评价和量化管理上。特别是量化管理导致的功利化,对于教师的评价过于看重数字,一方面使得教师评价机制异化,评价标准中学术标准缺失无法客观反映教师工作和学术水平,影响教师工作积极性和主动性;另一方面又诱导教师走上功利化的道路,忽略了对工作和学术价值的本真追求。这些都不利于教师学术权利的保障。

马克斯·韦伯提出,一个理性化的政府应该是严格依从法律、规章等成文

---

① 熊丙奇.四大问题困扰我国高校人事制度改革[J].中国改革,2006(11).
② 王洪才.去"行政化"与"纪宝成难题"求解[J].高等理科教育,2011(2).

规则,存在高度分层分化和控制机制,职责分明的非人格化组织和机构,以便在最大程度上,消除"官"或"权"按照个人意志的随意妄为,也在某种程度上体现法的精神和法治理念。因此,无论是国家还是高校内部层面的"行政化"都表示出对科层制的偏好,因为其具有严密清晰的结构特征,显得一切有章可循、有法可依。但是在我国,由于传统行政体制的惯性影响,学校内部的行政机构也被看成是国家行政机构的下属,行政人员与大学教师的关系也被看成是上级与下级的关系,而科层制本身具有的非人性化、刻板、僵化的特点,其垂直层级管理与我国的"官本位"思想的结合,带来的不仅是工作上的损耗、低效,更是长官意志与学术权利的冲突。

正是这种长官意志使得实际工作中,无论在政府与高校还是高校内部行政部门与学术人员间,其关系的运行并不是严格地按章办事。学界中人们所痛斥的"官"与"学"的联合问题正出在制度缺乏足够的刚性所引起的"潜规则"上。

量化管理方式是在科学计量学名义下的一种管理方式,用一系列数字化的评价工具和标准来衡量大学办学质量和水平,因此看起来科学、便捷和权威。但是在市场化的冲击下,各个高校在衡量工作业绩和水平时显得越来越急功近利。相对于教育效果的滞后性和内隐性,科研成果的显著性和经济上的丰厚回报,使得各个高校都把科研实力的竞争摆在首位。反映在教师的职称晋升、奖励制度上就是以科研的量化评价为主要标准。大学教师普遍存在发表论文和争取科研课题尤其是经费方面的压力,并且在量化的要求下他们要在一定时间内完成一定水平和数量的任务,因而不得不放弃需要长时间完成的大规模研究或者经济利益不速显的基础研究,为了生存而沦为学术工人。

3. 我国科层制和量化管理对大学教师专业自主权的影响

大学教师参与学术制度的制定,也直接受制于学术制度并把它作为自己工作的具体环境去应对。因此学术制度对于大学教师专业自主权的维护和工作积极性的激发至关重要。而在我国行政权力与学术权力的矛盾中,行政权力利用科层制和量化管理模式打着科学的旗号,行使长官意志,严重干扰了我国大学教师的工作积极性,阻碍了大学教师专业自主权的实现。

作为学院派知识分子,习惯按照制度的要求把自己的学术生涯看作是学术阶梯的攀登过程。科层制把教师发展的道路等级化、量化,从某种角度说并不利于大学教师的学术和科研上的长期发展。尤其是在我国的基本学术管理制度中,科研教学评价制度、职称评审晋升制度和教师收入分配奖励制度都以量化评价为准,使得学术的内在标准缺失,也不利于兼顾不同学科的发展需求。我们的调查数据显示,相对于理工科、医科和文科中的经济管理类教师,在量化管理和评价上,文科其他学科教师受到的困扰更大,数据分布具有显著差异。这说明不同学科的发展需求需要多元化的评价方式。

(二)深化教育体制改革,构建政府、学校、社会之间的新型关系

针对我国大学面临的行政化挑战,《实施纲要》强调,为保障学术权利按照学术规律相对独立行使,要实现学术权力与行政权力的相对分离,以克服实际存在的行政化倾向。具体来说就是政府要转变传统上对高等学校采用的行政管理方式,落实高等学校的办学自主权。各个高校也要相应地健全依法办学、自主管理的制度体系,加强各自的章程建设,着力规范内部治理结构和权力运行,到2015年,全面形成一校一章程的格局。经过核准的章程,应当成为高校实现依法治校的基本依据。与此同时,应完善民主管理的制度结构,落实教师与学生的主体地位,形成自由平等公正法治的育人环境。

按照《中国共产党高等学校基层组织工作条例》规定:应当在公办高等学校完善党委领导下的校长负责制;在民办学校充分发挥基层党组织的政治核心作用。依法明确高等学校党委会、校长办公会的职权范围和决策规则,发挥学术委员会、学校理事会(董事会)等组织在决策中的作用;职业学校要建立有行业企业人员参加的学校理事会或董事会,形成校企合作决策机制;民办学校和中外合作办学机构要健全学校董事会或者理事会的议事规则。

应对我国面临的市场化挑战,新的《实施纲要》要求依法健全社会参与机制。高等学校要拓宽社会参与学校办学与管理的渠道与方式。在决策咨询、教学科研、安全管理、学生实习实践等方面引入更多社会资源,健全制度,扩大社会参与的广度与深度。

此外,为防止"市场化"对高校科研、教学带来的不利影响,新的《实施纲要》提出严格依法依规招生,依法组织和实施办学活动。对学校内设机构开展或者参与的经营性培训活动进行规范,要求其不能影响学校正常的教育教学活动。落实教师职业道德规范,坚决杜绝教师违反法定义务和国家规定,利用自身特定职权谋取不当利益的行为。

二、完善高校治理结构,构建现代大学管理制度

按照新的《实施纲要》的要求,随着高校办学自主权的落实,政府、高校、社会之间新型关系的确立,完善高校治理结构、根据高校自身特点制定学校章程、健全依法办学自主管理体制、构建现代大学制度被提上了议事日程。

(一)完善高校治理结构,健全依法办学自主管理体制

为完善高校治理结构,新的《实施纲要》指出,"要依法明确、合理界定学校内部不同事务的决策权,健全决策机构的职权和议事规则,完善校内重大事项集体决策规则,大力推进学校决策的科学化、民主化、法治化"。

"大学治理服从一个中位原则,即如果大学权力过分分散,则大学不能显示整体的力量;相反如果大学权力过分集中则大学失去其知识创新活力,尤其不能激发基层的创造力。"[①]"学院层次更适宜于学术自治,必须由教授参与治理来决定学科发展方向,并且要以教授治理为主导;在高校层次则宜采用校长治校,尽管仍然要保证教授的充分参与,但要以校长治理为主导。不过其前提是选择合适的大学校长,如果校长不懂得学术管理事务、不懂得经营管理就很难担负治校的重任。"[②]权利下放到院、系,在学校内部形成以院系为主体的行政结构,有利于更灵活高效地按照学术规律进行教师管理,同时也可减少学校行政机构干扰因素的影响。在笔者对7所高校405位大学教师的调查中,认为教师管理工作更适合由院系来进行以克服人事管理中官僚化、统一化问题的人数累计比率为86.6%。

此外,为建立健全民主管理与监督机制,保障大学教师在权利行使中的主人翁地位,激发大学教师的工作积极性与创造性,新的《实施纲要》也规定:"学校制定章程或者关系师生权益的重要规章制度,要遵循民主、公开的程序,广泛征求校内外利益相关方的意见。重大问题要采取听证方式听取意见,并以适当方式反馈意见采纳情况,保证师生的意见得到充分表达,合理诉求和合法利益得到充分体现。学校章程和规章制度,应当加以汇编并公布,便于师生了解、查阅。有网络条件的,应当在学校网页上予以公开。涉及师生利益的管理制度实施前要经过适当的公示程序和期限,未经公示的,不得施行。"

(二)加强大学章程建设,构建具有弹性的管理制度

《实施纲要》要求,学校要依法制定具有自身特色的章程,健全学校依法自主办学的管理体系。这就要求高校依据自身的情况探索多样化的管理模式。

1.探索多样化管理模式,适应不同类型的高校发展需要

我国大学教师的管理模式必须实现从传统的适应计划经济向适应市场经

---

① 王洪才.论大学内部治理模式与中位原则[J].江苏高教,2008(1).
② 王洪才.论现代大学制度的雏形[J].中国高等教育,2007(22).

济的整体性转变。① 市场经济要求赋予大学主体地位,使其能根据自身利益独立决策,自我发展、自我约束,成为真正负责的独立实体。但不同大学具有不同的特点,因此需要根据自身特点建立多样化、个性化的教师管理制度,要避免采取一种单一的机械的管理模式。目前单一的机械的管理模式就是普遍采用量化的管理模式,这一管理模式导致大学越来越趋同化。

2. 采用人文化管理手段,激发教师效能与创造力

衡量教师管理制度改革成功与否,主要应看教师的积极性、创造性是否被充分调动和发挥出来。目前管理中最大的弊端是过分注重物质激励措施,导致教师学术工作出现过分功利化的趋向,越来越远离学术工作的本质。为此,大学管理一定要注重精神激励,注重大学教师学术工作的创造本质,鼓励其创造更多的原创性的成果,从而体现出更多的人文关怀。因此,大学教师管理制度建设应以人的潜能激发为中心来取代传统的物质刺激办法,充分地尊重学术工作创造性,将人事制度改革的重心从以事为本转到以人为本上。我们认为,实行人文化管理,注重人文关怀,对于构建和谐校园,促进人的全面发展具有持久的意义。

3. 完善教师评审制度,加强同行评价

教师管理中很重要的部分是教师的评聘。目前我国教师绩效评价制度主要采取量化考核方法,过度量化,会出现学术标准的缺失和评审机制的异化。在教师评聘工作中,对教师的绩效评价应当以院、系为主,加强同行评价。因为院、系是具体承担教学、科研学术任务的组织,不同院系教师的学术评价标准应各不相同,不同院系的学科地位也影响着教师聘任的标准和选择空间。现有的绩效评价以量化方式为主,难以反映对不同学科教师工作要求的多样性。

(三)深化教师聘任制度改革,保障学术自由

"现代大学制度的核心特征是大学与社会经济发展需要的适应性。"② 为适应社会经济的转型,我国大学教师管理制度进行了聘任制度和收入分配制度的改革,突出了对教师工作绩效的考核,引入了市场竞争和激励机制。这些改革措施对于提高大学教师管理绩效、革除计划经济体制下传统管理体制弊端起了积极的作用,但是对于教师的管理方式却又出现了过分

---

① 刘剑虹.转型期大学人事制度改革的过渡性特征与制度重构[J].中国大学师资,2004(2).

② 王洪才.现代大学制度的内涵及其规定性[J].教育发展研究,2005(11).

倚重量化管理的弊端,集中体现在与教师利益密切相关的评审制度上,从而给教师管理带来新的问题,成为影响大学教师教学、科研工作积极性、自主性的主要因素。

受我国传统人事制度影响,长期以来教师实行的是全员终身制,"铁饭碗"不利于教师的竞争与发展。在我国大学教师管理制度改革过程中,改革教师聘任制度和收入分配制度有利于革除这种弊端。然而,学校教师管理毕竟不同于企业管理,如果学校过于商业化,则容易忽视基础科研并削弱教师的教学、学术自由甚至大学精神。

2003年,北京大学进行了教师人事制度改革,采取了"终身教授"、"非升即走"等措施。[①] 尽管这一改革很难一步达到理想目标,但改革方向是对的,即给那些具有学术抱负和学术潜力的教师以终身教职,使其安心于学术研究和学术传播,而使那些不胜任者离开学术岗位。

为保障学术自由,新的《实施纲要》要求:"学校要依法建立健全保障师生的研究自由、学习自由和学术自由的体制、机制。健全学术评价制度,保障各种学术评价机构独立开展活动,建立公平、公正的学术评价标准和程序。在教学管理制度方面,学校要建立灵活的教学管理制度,鼓励、保护学生自主、自由的学习,形成有利于创造性人才成长的制度环境。要明确教师课堂教学的行为规则和基本要求,保障教师根据课程的有关要求,科学安排教学内容和方法,充分、正当地行使教学的专业自主权,提高课堂教学的质量与效果。要建立完善对违反学术规范、学术道德行为的认定程序和办法,维护良好的学术氛围。"

第二节 依法执教,增强大学教师的专业素质

大学教师是专业自主权的权利载体,也是实现专业自主权的根本,因此大学教师个人的专业素质直接制约着他们专业自主权的实现。大学教师的专业素质包括专业自主能力与专业自主意识。

本研究调查结果显示,大学教师虽然普遍对自身处理学术关系的能力和应对外在干扰(包括市场经济的冲击、行政化的干预和学术霸权的压迫)、内在干扰(自我反思不足)的抗争能力充满焦虑,但对自身的专业素养和应对社

[①] 贺春华.高校人事制度改革浅论[J].北京理工大学学报,2004(6).

会变迁的能力富有信心。而行政人员对于大学教师各个方面的素质整体评价不高,没有达到满意的水平。大学教师个人层面具体影响因素的调查结果还显示,大学教师在自身层面遇到的最大困扰是自身反思能力的不足,也就是说,在对大学教师专业自主权的干扰中,最大的干扰不是来自于外力,而是来自于自身。由此我们对大学教师专业自主能力与专业自主意识,特别是大学教师的自我反思能力提出建议。

一、确立终身学习、自主发展的观念,提升大学教师专业能力

教师专业自主能力主要指从事教师这个专业化职业所应具备的专业能力。随着信息时代的到来,教师作为知识传授者的权威地位受到挑战,需要教师终身学习,不断发展,提高自身的专业能力以确保自身职业的权威性和不可替代性。而大学教师专业自主权的来源就在于专业的权威性赋予的权利。所以教师的专业自主能力是实现教师专业自主权的根本。大学教师作为传授高级专门知识的教育者和高深知识的研究者,对于专业能力有更高和更多的要求,而且由于大学教师职业角色的多重性,他们也需要建立相应的良好学术关系、具备处理学术事务以外事务的能力,才能更好地跟外部环境沟通,表达自身在专业自主权上的丰富要求。

大学教师专业自主能力的提高有赖于自身的不断发展,而大学教师的不断发展基于两个条件:

一是大学教师具备自主发展的能力。具体而言,自主发展能力包括充分利用外界提供的进修条件与学习机会,自主地安排发展方式、学习内容,在专业发展中能自主选择、自主判断、自我控制以提高效率,完善自身专业能力。

二是外部环境的保障。具体而言,外部环境的保障包括完善我国大学教师的资格准入制度,完善我国的教师教育制度,加强大学教师的岗前培训和实践锻炼环节,并为大学教师的终身发展提供充分的学习条件和发展机会,并且要鼓励大学教师在教学、科研和社会服务等工作中不断丰富自己,通过多种途径来保障大学教师专业发展权的实现。

从我们的调查结果看,大学教师在应对时代变迁和发展自身能力上有一定自信,高校也为教师的专业发展尽可能提供外在条件和保障,故而,在教师专业发展要求和学校提供外在保障之间的冲突对教师专业发展权的困扰并不大。然而,教师在自主选择发展方式方面还存在一定困扰,需要进一步加强在专业发展中的自主选择能力。与此同时,学校在提供发展机会和条件时,也要多从教师实际需要出发,尊重教师的自主选择。

二、强化教师专业自主意识与法律意识,形成一种高度自主的专业成就动机

教师专业自主意识首先是指教师明确意识到自己有行使专业决定、专业管理、专业发展和专业服务的权利,当其受到不当干预时能进行有力的回击;其次是指明确意识到自己在享有专业自主权的同时,也应承担相应的义务和责任,对自己的教育、科研行为和专业发展负责;再次,教师专业自主意识还指教师有能力实施其专业自主权并能够使自己的行为处于自己的意志控制和调节下,不盲从、不任性,并能对其产生的后果负责,体现了一定的自律性。大学教师肩负教学和科研双重责任,在科研工作上要求拥有更多的学术自由;此外,在专业工作中与社会也有很多的互动。这就要求大学教师在专业自主意识上有更丰富的内涵,不仅能在从事教学、科研和社会服务等多重工作时及时有效地自我化解职业角色的多重性带来的内心冲突,还要学会自我反思、判断、理解与适应社会和时代的变迁。增强大学教师的专业自主意识主要有以下途径:

一是提高大学教师职业的专业地位。自主意识是教师专业自主实现的内驱力。大学教师只有对自身职业的专业化地位有深刻的认识,对自身的主体地位有充分的意识,才能把专业自主变成自己的内在需要。本研究调查结果显示,我国大学教师普遍对自己的职业满意度较高,困扰他们自主性发挥的主要原因在于工作压力过大,这些压力具体表现在各项专业自主权行使过程中遇到的困扰上,而学术委员会等专业组织在专业自主权的维护上并没有发挥应有的作用。要加强大学教师职业的专业地位,还需加强专业组织的建设,这一点,我们将在大学教师个人与外部环境的沟通交流机制构建中进行详细探讨。

二是加强法律对大学教师专业自主权的支撑与保障。要加强大学教师的权利意识,就要把大学教师专业主权的保障法律化、制度化。大学教师只有充分认识到自己具体享有哪些专业自主权利,并意识到自身作为权利主体所应承担的责任时,才能更好地维护自身权利。对此,《实施纲要》要求:"全面提高教师依法执教的意识与能力。要认真组织教师的法制宣传教育,在教师的入职培训、岗位培训中,明确法制教育的内容与学时,建立健全考核制度,重要的和新出台的教育法律、法规要实现教师全员培训。要围绕全面推进依法治校的要求,组织教师深入学习有关落实国家教育方针、规范办学行为、维护教师合法权益、保障教职工民主管理权的法律规定,明确教师的权利、义务与职

责,切实提高广大教职员工依法实施教育教学活动、参与学校管理的能力。对专门从事法制教育教学的教师,要组织参加专门培训,提高其对法治理念、法律意识的理解与掌握程度。"

与此相对应,学校领导干部、职能部门工作人员也要加强依法治校意识与能力的培养。形成尊重师生合法权益的理念,自觉养成依法办事的习惯,从而依法规范其行政和管理权利的行使。

三是教师自身加强专业自主观念,当专业自主权受到干扰时敢于抗争和积极争取。本研究调查结果显示,大学教师在专业工作中自我控制与判断能力较强,但应对外界行政干扰、经济诱惑和学术霸权的抗争力不强,因此就需要不断完善大学教师的学术性格并规范大学教师的学术行为,防止官本位观念的泛化。调查结果还显示,大学教师在专业自主权上遇到的内部干扰要大于外部干扰,具体表现为教师对自身知识和能力的反思不足,为此特别需要强化教师在专业工作中的自我反思意识和自我反思能力。

三、提升教师的反思能力和自我批判能力

在关于大学教师个人层面具体困扰因素的调查中,大学教师反思能力不足影响知识传播的权威性成为各种困扰因素之首。因此,反思能力是大学教师在专业工作中自主性和自主能力的最高表现形式。

随着时代的变化、多媒体技术的发展,网络、电视等多种手段在某种程度上充当着教师的角色。这对大学教师的职业权威性提出了挑战,既然学习资源如此丰富,那么教师还有作为专业人员存在的必要么?为了应对挑战,教师,特别是大学教师必须不断更新自己的知识,更需要不断反思自己已有的经验、知识体系是否合理,从而使自己始终能够成为知识经济的引领者而保持权威的地位。对于许多大学教师而言,他们一方面要肯定自己的权威性并坚信自己的判断正确,但另一方面又要怀疑自己的正确性并不断地进行自我批判,这种双重要求极易引发他们的内心冲突。从调查结果来看,这种冲突最大的是部属重点院校大学教师,因为他们作为研究型大学教师,肩负着追求科学真理与正义的重任,因此要在研究中经常对自身保持理性的清醒并进行自我批判。调查还发现,普通地方本科院校教师遇到的困扰比省属重点院校教师还要大,因此他们更需要进行自我反思。我们认为,大学教师在教学工作中,"经验+反思=教师的成长"是不变的真理。可以说,反思成为提高大学教师教学和科研水平、促进其专业成长的直接动力。

反思不仅包括对自我的反思,还包括对周遭教育体制和环境的反思,因为

大学教师只有从现实环境中跳出来,与现实环境保持一段理性的距离,才能全面客观地审视自己的教育生活和实践,进而才能促进自身获得更大发展,人格更加趋向自由。只有这样,教师才能从被动的顺从认同中走出,从固有的教育习惯中走出,从控制和束缚中走出,显现作为独立自主的教育者和研究者的个性。

第三节 依法治教,构建大学教师专业自主权保障机制

《实施纲要》不仅提出了教师在学校中的主体地位,明确要求保障教师的学术权利,还进一步关注学术权利保障和监督机制,并首次提到保障和救济制度。这一举措有利于建立大学教师与外部学术环境的良好互动关系。

我们知道,大学教师个人与外部学术环境之间存在一个沟通和反馈机制,大学教师个人的学术性格、观念和拥有的学术能力和学术资源会影响他应对外部环境影响因素的态度,从而会在内心产生不同的反映,那么教师本人对外部环境的反馈也因而不同,进而影响他自身的专业自主权。比如大学教师在专业自主权受到不当干扰时,如果采取积极争取的态度,有利于维护自身的专业自主权,这也与大学教师个人的影响力有关;如果采取消极不作为的态度,实际是对自身专业自主权的放弃。外部体制如果得不到教师有效的反馈,就无法发现和改善问题。大学教师专业自主权的维护主要是通过大学教师个人与外部环境之间的有效互动来实现的。一般而言,实现大学教师个人与外部环境的有效沟通和反馈,保障大学教师专业自主权的实现,主要通过以下三个渠道来进行:

一是法律援助的渠道。即通过法律途径对大学教师专业自主权进行确立、保障和救济,强化大学教师的专业自主权意识,维护大学教师专业自主权的实现。

二是专业协会的渠道。大学教师专业自主权来自于职业地位所具有的专业权威性。只有巩固教师的专业地位才能从根本上保障教师专业自主权。专业团体组织是巩固教师专业地位、维护教师个体和团体专业自主权的重要渠道;大学教师个人只有通过组织的力量团结起来才能更好地保障自己的专业权利。这就意味着政府行政部门通过一定的权利让渡,由专业团体组织来管理专业事务,以实现对大学教师专业事务的专业管理,并通过专业团体组织来

得到大学教师专业自主权状况的有效反馈。

三是心理的渠道。本研究调查结果显示,大学教师个人与行政人员之间存在彼此的不信任,需要构建二者的信任机制,以保障大学教师与外部环境的有效互动。

一、大学教师专业自主权的法律保障与行政制度救济

《实施纲要》要求"依法治校",意味着高校领导及办事人员必须依照宪法、法律及其精神,制定符合法律、法规及校情的人事规范,来管理学校事务。这就是说,高校管理者和行政人员一方面要依照宪法、法律法规制定管理制度,作为实施管理的依据;另一方面,管理人员在具体工作中拥有一定的自主权,即自由裁量权。但是在实际工作中,管理者很难确保其自由裁量权在法律规范限度内行使,特别是在某些问题在法律上缺乏明确的规范而又掺杂大量领导意志的情况下,就容易产生违法或不当行为,从而侵犯教师的利益。因此在大学教师专业自主权的法律保障问题上,往往还牵涉到行政制度救济的问题。

(一) 美国大学教师专业自主权的法律保障

从法律保障方面有效地保障大学教师的专业自主权利,国外特别是美国有着较为成熟的经验。虽然学术自由的理念很早就传播到了美国,但美国早期并没有像其他国家一样将学术自由明确列为一种受宪法保护的权利。教授们在因言获罪遭到解聘时,除非涉及契约关系,法院一般不会介入。在很长的时间内,对学术自由的侵犯并不能诉诸法律的判决,只能依赖团体或个人的良心。为教授伸张正义、调查学术自由案件的工作主要是由美国大学教授协会(以下简称 AAUP)、美国公民自由联盟(American Civil Liberties Union)、美国大学协会、美国学院协会等压力团体来完成的。尤其是 AAUP,每年都要处理大量有关学术自由的案例。1930 年后,AAUP 采取强硬的制裁手段,将侵犯学术自由的学校"从合格名单(eligible list)"中剔除出去,这种强硬手段效果颇为显著。

在 1952 年的阿德勒案[①]中,自由第一次出现于美国最高法院的司法意见中,美国联邦最高法院的判决,第一次明确援用学术自由的概念,这也是美国联邦最高法院的法官第一次公开表示学术自由是一种"宪法权利"。美国法

---

① 周光礼. 在控权与管理之间:中国高等教育行政的法理学取向[J]. 现代大学教育,2003(2).

律隶属英美法系,其法律体系是制定法与判例法的混合体。判例法的原则是遵循先例,即先前判例对此后同类判例具有法律约束力,可以成为后者的判案依据。阿德勒案的审判,可谓开风气之先。此后,联邦法院审理了大量援用学术自由原则的案例,有力地维护了以学术自由为基础的大学教师专业自主权。

1. 学术自由权的维护及判例

1950—1960年的一系列案件中,美国高等法院参照第一修正案中的言论自由和结社自由权、第五修正案的对反对自证其罪的保障(Protection Against Self-incrimination)和第四修正案中正当程序的保障,给予学术自由以宪法性的地位,如在1957年的斯威兹诉新罕布什尔(Sweezy V. New Hampshire)的案件中,法庭推翻了对一个教授拒绝回答关于是否在州大学进行某些内容演讲的问题的蔑视性判决,认为美国大学界基本的自由是不证自明的。

2. 教育教学自主权的维护及判例

法庭对关于学术自由方面的争端涉及讲授内容、教学方法,或是教师课堂行为方式的时候总是保持沉默,认为这些事务最好交给管理者和教师——对学术事务有基本责任的人——来处理。如,1973年,海特瑞克(Hetrick)诉马丁(Martain)的案件中,一所州立大学因为一名不具有终身教职的教师的教学方法不能得到学校认可而拒绝和该教师续签雇佣合同,该教师以大学侵犯了第一宪法修正案中规定的言论自由权利而起诉该所大学,法庭考虑到案件涉及教学方法上的争论,而拒绝将其与宪法保护的言论自由等同起来。

3. 专业管理权的维护及判例

在涉及校务的案件中,教师常常比在关于课堂事务的案件中更容易赢得法庭的同情。因为法院更多的是关注学校如何避免失去公众信任以及如何使校方和教师之间保持一种和睦的关系。较为典型的案件是1973年史密斯诉罗塞(Smith V. Losee)一案,当时南部犹他州公立院校系统一所初级学院的一位非终身的副教授被拒绝了终身教职而且被解除了职务,副教授起诉,声称该学院的行为侵犯了第一宪法修正案赋予他的权利。审判法庭认为,同时上诉法院也赞成,该副教授在担任校长和作为校教师协会执行委员会的一员时虽然违反了学院的管理规定,并在学院有关会议上发表了与学院管理政策相悖的言论,但是其行为的确是在履行第一修正案中赋予公民的言论自由的权利,所以他不能因此而被开除。

综上所述,从20世纪下半叶开始,美国联邦最高法院开始介入学术自由的案件。通过一系列判例,学术自由逐渐被视为第一修正案的一种特别的关切,受到宪法保护。在此之后,法律保障开始成为解决学术自由纠纷的主要渠道之一,有力地保障了美国大学教师的专业自主权。

(二) 我国大学教师专业自主权的法律保障

1. 我国大学教师专业自主权法律保障的问题

法律作为一种国家规章制度,其完善程度对保障大学教师的专业自主权具有举足轻重的作用。教师专业自主权也是世界大多数国家教育法律、法规涉及的内容。早在1954年,国际教师团体协商委员会在莫斯科通过的《教师宪章》第四条就规定,"凡有关学校课程和教育实践方面的事项,教师教学自由与职业自由必须受到尊重"。1966年,联合国教科文组织通过的《关于教师地位的建议》明确规定:"教师在履行职责上享有学术自由。……在选择和使用教材,以及运用教育教学方法方面,在得到认可的范围内,并在教育当局支持下,由教师起主要作用。"我国1993年颁布的《教师法》第七条第一款也明确规定,教师具有"进行教育教学活动、开展教育教学改革和实验"的权利,明确了教师在职业活动中拥有"教育自由"。以上对教师教育自由的规定说明,法律上赋予教师的教育权范围较广。依我国现行教育法律和行政法规的规定,教师享有的教育权利主要有:教育教学权;开展科学研究和学术活动权;管理学生权;获取报酬待遇权;参与学校民主管理权;进修培训权;改善工作条件和生活条件权;享有与职务聘任、考核奖惩、退休等相应的权利;享有法定节日权;其他特殊权利。虽然我国法律赋予了教师充分的权利,但写在纸上的权利不等于现实中的权利,我国大学教师专业自主权的实现仍有许多阻碍,最大根源在于行政权力与学术权力的冲突。而行政权力与学术权力的主次关系在我国法律中至今仍未厘清。这使得整个高等教育事业的展开遵从着行政权力的指挥。学术权利的弱化也是导致教师专业权利缺失的一个重要原因。在我国实施教师聘任制以来,虽然聘任制的建立是基于公平的原则,但是教师作为学校聘来的"合同工",校长抑或行政人员拥有对教师去留的最终决定权。加之,当今生存就业压力大,即使教师的专业权利被侵害,教师也只能选择忍耐。再者,目前我国的法律申诉制度尚不完善,渠道仍不畅通。因此,教师维权步履维艰。

2. 关注学术权利,落实大学教师专业自主权

虽然法律从未停止过对教师权利保护的努力,也切实对教师权利的保护作出不少贡献。但就目前情况来看,在大学教师专业自主权的保护方面仍存在许多不足之处。借鉴美国大学教师专业自主权的法律保障经验,我国法律也应加强对学术权利维护的关切,确立学术事务中行政权力与学术权力的合理关系,更要细化法律,加强针对性,并明确权责,落实大学教师专业自主权。

(1) 细化大学教师专业自主权利,加强法律针对性

1994 年 1 月实施的《教师法》在第二章中规定了我国教师的权利和义务。法规采取逐一列举的方式对各类型各级别教师的权利和义务进行概括性规定。这一法规是一部针对教师职业的普适性法律,适合于中小学教师,同样也适合于高校各类教师。但是,教育是一个层次分明且极具联系性的组织系统。高校教师处于整个系统的最高层,其工作具有独特性。这种特殊性首先表现为高校教师承担着教学与科研双重任务。

高校教师职业的多重性使高校教师具有职业自由性和服务公益性等特点。这在某种程度上也决定了高校教师的权利和义务同样具有独特性。即高校教师专业自主权的涉及范围比普通教师更为广泛。拥有如高校课程设置的决策权、教学计划制定的参与权、参与科研课题计划的制定等权利。因此不仅要在《教师法》中体现大学教师专业自主权的特殊性,更要在《高等教育法》等规范高等学校的配套法规中进行特殊规定。否则,大学教师在行使权利过程中难以找到相关依据。更甚者,会让一些试图削弱大学教师专业权利的人充分利用法律的薄弱环节。

(2) 明确权责,落实大学教师专业自主权

目前,虽然《教师法》和《高等教育法》都或多或少涉及教师对学校事项的参与权和决定权。但对高校教师对其专业的控制权以及学校重大事项管理权仅是模糊提及,并没有在法律条款中明确规定高校教师专业权利的具体权限范围是什么,参与人员的资格和数目,教师专业权利被剥夺后的惩戒或监督机制。对学术委员会的职责权限是什么,怎样对待学术组织与高校内部其他行政组织之间的微妙关系这类问题,同样尚未作出规定。法律的模糊无形中为一些管理者忽视教师的权利提供了机会。

(三) 我国大学教师专业自主权的行政制度救济

我国大学教师在专业自主权的法律保障上,一方面,由于在高校法治化的人事管理中,管理人员自由裁量权缺乏规范和监督,而教育管理本身又具有较强的学术专业性和民主自治性,故不宜将所有的纠纷全部交给司法机关审查;另一方面从法学理论和司法角度来说也存在教师权利性质界定不清楚、教师权利申诉程序缺乏操作性和教师权利行政诉讼受案范围过窄等问题。鉴于此,就需要拓展教师的救济渠道。

1. 完善民主管理和监督机制,推进高校管理工作依法进行

要保证高校的管理工作依法进行,规范管理人员的自由裁量权,首先要尊重和保障教师权利。学校要依据《教师法》和相关法律法规的规定,进一步建

立和完善教师聘任和管理制度,依法在教师聘用、职务评聘、继续教育、奖惩考核等方面建立完善的制度规范,保障教师享有各项合法权益和待遇。《实施纲要》指出要充分尊重教师在教学、科研方面的专业权利,学术组织中教师代表的比例不得低于1/2。此外还指出要明确教师考核、监督与奖惩的规则与程序。

《实施纲要》还强调要建立健全学术自由的保障与监督机制;还对学术评价标准、程序、制度和机构的确定,教师的教学专业自主权的行使,学术失范的认定程序和办法以及学术氛围的培养作出了细致的要求。

2. 拓展教师权利救济渠道,完善教师权利救济制度

我国高校目前定位为事业单位,似乎体现了教育的公共服务性和学校独立的法律地位。但实践中教师作为事业编制的人员,往往有别于一般的劳动者而被排斥于《劳动法》之外。教师不同于国家公务员,在具体管理中又往往参照公务员管理办法,适用人事行政管理的一些规定,采取行政性的运作模式。这种定位导致了教师权利纠纷性质界定不清、民事纠纷与行政纠纷相交织的情况比较常见而且十分复杂。

目前,我国教师职业权利行政法律救济的依据主要有《教育法》、《教师法》、《高等教育法》、《行政复议法》、《行政诉讼法》等,而现行法规中没有明确教师提起申诉的期限、申诉的具体程序规则、对于不服申诉的救济等等,这在很大程度上影响了教师申诉制度的效果。

此外,人们通常把学校与教师之间的管理行为视为内部行政行为,认为其不属于行政诉讼受案范围。但是学校解聘教师、不予评定教师职务、剥夺其进修培训权等已经侵犯了公民的基本权利。把教育领域的行政管理行为一律视为内部行政行为,无疑会阻碍教师合法权益的司法保护。而我国行政诉讼的受案范围主要包括具体行政行为及人身权、财产权。这样,学校制定校规校纪等抽象行政行为以及人身权、财产权以外的其他基本权利就被排除在行政诉讼受案范围之外,要想提起行政诉讼只能靠单行法律的规定,而《教育法》、《教师法》等相关教育法规对此的规定却不明确。

因此,要扩大行政诉讼的受案范围,保障教师权利能够得到相比行政系统更为中立、公正,程序更为科学严密的司法救济,以达到有效监督行政权,切实维护教师合法权益的社会目标。

《实施纲要》提出要完善教师权利救济制度,依法健全校内纠纷解决机制,而且规定要把法治作为解决校内矛盾和冲突的基本方式。此外还提到要特别注重和发挥基层调解组织、教职工代表大会、学生团体和法制工作机构在

处理纠纷中的作用,设立教师申诉或者调解委员会,从而有效地节约司法资源。教师可以根据救济成本、救济效果以及对裁决机构的信赖程度等,从自身的实际利益出发合理选择纠纷解决方式。

二、大学教师专业自主权的专业组织保障

(一)国外大学教师专业自主权的专业组织保障

国外大学教师专业团体组织在保障大学教师专业自主权方面的宝贵经验也给我国大学教师专业自主权沟通保障机制的构建带来启示。

1. 美国大学教师专业自主权集体谈判制度

美国大学教师是校董会的雇员,早期校方时常以解聘相要挟,干预学术自由。在当时的美国大学,虽然教师有表达自己观点的权利,但大学也有解聘教师的权利。因为美国的教师与校方领导的关系是雇员与雇主的关系。教师只有依靠代表自身利益的集体力量才能对学院的管理有较多的发言权,才能争得自己的利益并保障自己的职业安全。他们通过成立教师工会,进行集体谈判来维护自身的专业自主权。

1935年美国颁布《国家劳工关系法》(National Labor Relations Act),1970年该法案经修改后开始适用于所有年收入在100万美元以上的私立高等学校。依据《国家劳工关系法》的有关规定,大学教师可以组织工会,并选举工会代表与校方进行协商谈判,就双方各自的权利、责任和义务关系,包括教师的工资待遇、工作时间和工作职责的要求,以及学校聘用、晋升、解聘教师的正当程序,教师终身教职制的授予等方面的事项达成一致意见。此外,教师工会及其活动不受校方的支配和干涉,校方不能在教师的聘用和职业保障上对加入工会的教师进行歧视,也不能拒绝教师集体谈判。否则,教师可以因为校方的不公平劳动行为(unfair labor practice)向法院提起诉讼。

美国工会组织对于集体谈判运动的发展起了十分积极的作用,美国教师联合会(AFT)为建立教师工会提供经济支持,全国教育协会(NEA)曾把组建大学教师工会组织作为其最重要的任务。他们的积极推动促成了集体谈判制度的建立,1972年美国大学教授协会发表声明,要求把集体谈判作为实现该协会高等学校目标的一种新的主要手段,并分配必要的奖金和工作人员,以促进集体谈判活动的开展。美国大学教授协会的认可是集体谈判制度在美国得以推行的重要影响因素。

在"高等教育合同分析系统"的集体谈判组织中,有三大工会组织,包括1916年美国劳工联合会组建的美国教师联合会、1915年创建且主要代表四年

制私立院校教师利益的美国大学教授协会,以及主要代表二年制公立院校教师的全国教育协会。

美国教育史上第一次运用教师集体谈判获得成功并取得聘用协议的范例,于1944年出现在伊利诺伊州的西塞罗学区(Cicero Illinois)。1959年,威斯康星州率先制定了《公职人员谈判法》,规定公立机构的雇主必须履行与其雇佣人员进行谈判的义务。虽然该法令仅仅包括地方两年制技术学院的教师,并不包括公立学院和大学的教师,但是该法令却为该州教师的集体谈判提供了法律依据。集体谈判制度在保护高校教师的经济、职业安全,争取学术自由与终身聘任制权利等方面发挥了十分重要的作用。

20世纪60年代中期起,美国高校开始发展工会组织,到1990年,已有61%的公立院校实现了工会化。大学教师利用集体的力量开始对全国的政策施加影响。

2. 英国大学教师专业团体的法定权威

在英国的教师组织中影响最大的是全国教师联合会(The National Union of Teachers,NUT),这个组织最初是为提高和改善自身权益,由英国小学教师自发组织形成的。NUT的积极研究和政策建议,促进了英国教师教育的迅速发展。可以说英国教师专业地位的明确、教师继续教育制度的建立、教师教育一体化的进展无不体现出NUT的巨大影响力。

然而不同于美国实行的地方分权式教育管理体制,英国中央政府对于教育的管理与控制相对集中,NUT的影响力变得起伏不定。19世纪末20世纪初,政府对教育的管理和控制相对还不成熟,NUT的地位较高,建议多数受到重视,"伯恩汉姆计划"是个里程碑。1919年,英国政府制定了"伯恩汉姆计划",授权国务大臣,允许其任命以NUT为首的各教师组织为工资专题讨论组成员。这就对NUT的权利给予了官方认可。因此在1987年"伯恩汉姆计划"被废除前,NUT等教师组织具有很强的集体协商权利,"伯恩汉姆计划"被废除后,同年颁布了《教师工资与条件法》,该法案使教师组织的权利受到了很大限制。

而与NUT不同的是,英国对教师政策影响最大的专业团体英格兰教学总会(GTC)则拥有向政府教育职能部门的法定建议权。一般来说,专业研究团体给政府提供服务咨询的权利来源于其学术威望和社会认可。而GTC的法定权威相对其学术威望而言更具有效力。即使美国影响力巨大的专业团体,从法律上讲,都不及GTC在政府政策制定过程中的地位。在英国教学历史上,教师第一次通过GTC成为政府相关决策过程中的重要组成部分,从而GTC也成为教师、学校与政府之间的桥梁与纽带。事实上,这种法定权利的争取使得 GTC 经过 100 多年的坎坷经历才得以成立。一些教师组织和知名人士一直坚持教师专业主义的理念,为 GTC 的成立做了不懈的努力。1966 年苏格兰成立了教学总会,然而,英格兰、威尔士的教学总会是 2000 年 9 月 1 日才正式成立的。1984 年,英国政府还成立了官方的教师教育鉴定委员会(CATE)。到了 20 世纪 90 年代,每年的议会上都有提案要求成立 GTC。在所有支持建立 GTC 人员的努力下,最终 1998 年的《教学与高等教育法》为 GTC 的成立提供了法定依据。值得一提的是,在拥有法定权威的同时,GTC 仍保持其非政府性、独立性与专业性。所以,目前英国政府尽管具有 TTA、OFSTED、STRB 等一系列官方组织对教师教育的质量、评价、福利待遇等实施管理,专业学术团体的影响相对较弱,但 GTC 对相关政策仍具有不凡的影响力。

3. 法国大学教师专业团体的独特风格

法国虽然实行的是中央集权式教育管理体制,权利集中在中央。但是教师组织具有浓厚政治色彩,不同的政治倾向导致不同教师组织在组织立场、运作方式和影响程度上具有差异性;在法国政治发展的背景和独特的文化传统下,教师组织与政府是在参与式民主的框架下,具体通过与政府行政部门共同组成"对等委员会"的方式,对教育实行共同管理。这使得法国的教师组织有着别于他国的政治威望与权利,与政府教育行政部门的关系也时好时坏。全国教育联盟(Federation de l'Education Nationale, FEN),成立于 1905 年,作为一种权力制衡团体,其主要交涉对象是中央国民教育部。尽管 FEN 内部各派系常因理念不合发生争斗,但总体而言,其组织目标还是相对一致的。总体说来,FEN 对政府的教育决策的影响不仅很大,而且还是全方位的。

此外法国在教育管理方面的独特之处在于,从中央到地方各个层面都设有发达的教育政策咨询组织,这些咨询组织"构成了法国教育行政管理方面的第二个系统。在这些决策咨询组织中,教师、学生、家长、社会团体等相关利益代表占据了相当的份额,所形成的'对等委员会制度'使社会参与在法国的教育决策机制中得到充分尊重和实现。这种独具特色的民主决策机制,使得政策相关利益者和决策者的意愿得到很好的表达和融合"[①]。

4. 日本大学教师专业团体扩大影响力的渠道

日本的教师组织中影响力最大的是日本教职员组合(Japanese Teachers Union, JTU)。此外,还有全日本教职员组合协议会(全教)、日本教职联盟(全日教联)、全国教育管理职员团体协会(全管协)等。

---

① 郭朝红.影响教师政策的中介组织[M].天津:天津教育出版社,2006:99.

日本和英国一样,实行的中央集权和地方分权相结合的教育管理体制,权力力求在中央与地方之间实现平衡。二战以后,随着美国教育使节团的到来,日本的教育管理发生了重大变化,其特点是废除中央集权制,实行地方分权制。① 为减少中央对教育的控制,有美国学者提出成立学校董事会、家长教师协会以及独立的教师组织等建议。② 日本教育开始模仿美国走向民主化和现代化道路。在此背景下,为了提高教师的专业地位,维护教师自身的权益,相关人士自发联合组成JTU。这是一个工会与专业组织的结合体,成立以来对政府教育决策的影响很大,表现出对政府强大的制衡倾向。实际上,日本政府近年来是逐渐加强集权倾向的,在一定程度上,日本专业团体组织作为社会力量参与和影响教育政策的机会与权利弱于美国,受到较多限制。JTU成立以来也一直与政府合作不佳,直到1971年后文部大臣与JTU对话才有所改善。那么JTU是如何在这种情况下依旧保持巨大的影响力的呢?

首先,JTU与政府正走向合作,1995年,JTU正式决定与政府协调关系,积极参与政府文教政策的立案与合作。其意识到,专业团体在保持相对独立性、公正性的同时,与政府更多地沟通合作而不是对抗,才能对维护教师专业权利起到更好的作用。

其次,日本的集团意识与并存文化也对教师组织的生存与发展起到重大作用。JTU为了获得比单独行动更大的力量,加入劳工联盟即"日本劳动组合总评议会",以达到团体间的结盟和力量的壮大。同时,JTU还和其他公务员组织建立密切联系,通过日本公务员劳动组合共同会议等方式争取会员权益。此外,其还不断通过大众传媒来表达自己的立场。

最后,JTU以教师为本,加强教育研究活动,强调通过提高教师的专业地位,建立学术权威和社会声望来提高自身的影响力。

日本的专业研究团体还有日本教师教育学会、全国私立大学教职课程联络协会等。与教师组织关注教师的专业地位、维护组织成员的工作权益不同,教师教育学会是更关注学术研究的自由与交流的学术组织,为政府决策提供咨询,自主性强,与政府有松散合作的关系。

(二)国外大学教师专业自主权的专业组织保障经验与启示

上述四国在专业组织上的异同,给我国建立大学教师专业自主权专业组

---

① 曾天山. 外国教育管理发展史略[M]. 北京:教育科学出版社,1995:270.

② Trainor, Joseph C. Education Reform in Occupied Japan: Trainer's Memoir[M]. Meisei University Press, 1983.

织保障体系带来不少经验和启示。

1. 多元化为教师专业团体组织生存与发展提供环境支持

从四国的教育管理体制来看,因实行中央集权与地方分权相结合的教育管理体制,英国和日本教师组织的政策和影响力都受到一定的限制。法国虽然也实行中央集权式教育管理,但他们通过民主参与式管理,把集中统一与民主自治相对融合在一块。法国教师组织通过与政府不断磨合与理解,最终获得独特的权利与地位。而美国实行地方分权式教育管理,教师专业组织不仅数量明显高于他国,对政策影响的范围也更为广泛。

尽管各国教育管理体制、文化传统各异,但是崇尚学术自由、标榜民主的历史传统是相同的。此外,在现代工业社会,社会利益高度分化,产生了多样化的利益团体,各国的教育改革则促进了教育领域不同利益团体民主意识的觉醒,在一次次的改革浪潮中,各国教师专业团体不断受到洗炼并取得进步,这都得益于多元化的背景为各国的学术团体、组织的产生与发展提供的环境支持。

2. 非正式权利是教师专业团体组织生存与发展的关键

四国的教师专业团体组织发展历史不一,社会影响各异,但在长期的发展过程中,都逐步形成了一定规模的非正式权利或者声望。这种隐形权利不仅在组织内部成员中,甚至在社会群众和政府意识中都具有潜在的影响力,从而使他们对专业团体组织表现出支持或不敢轻视的态度。

这种非正式权利的获得是与组织成员长期不懈努力密不可分的,比如英国的 GTC 争取法定建议权而经历坎坷的成立过程,法国教师组织与政府长期磨合、沟通形成的参与式民主管理等。这些努力主要表现在以下几个方面:

首先是跟政府的合作关系日益加强。美、英、法、日四国的教师组织都意识到,对政府决策产生影响力,不是建立在对抗与不合作之上的,而是建立在与政府的沟通与理解上。四国的教师组织与政府职能部门之间的分歧都趋向缓和。

其次是加强组织之间的合作,甚至与政治组织合作,通过政治活动发挥影响力。随着各国教育改革的深入发展,教师组织的活动范围与方向出现大的变化,在取得共识的基础上,组织之间的合作趋向融合,以避免出现单独行动影响力不足的情况。目前英国的 NUT 和 GTC 正积极合作,并希望与其他教师组织合并组成更大范围的统一的英国教师组织。日本的 JTU 还和日本公务员组织合作谋求权益。各国教师组织正运用集体协商、支持或参加选举活动、游说等政治行动来对政府政策制定施加影响。另外,日本的 JTU 组织还注重发挥大众媒体的作用以表达自身的态度。

最后是重视教师的专业化发展,以此来提高教师的专业地位,建立专业组织的学术权威和社会声望。尽管各国教师组织影响教师政策制定的方式多样,但注重教学科研、加强学术合作、提高教师专业素质被公认为最有效的影响手段。教师组织要想有说服力,必须要有翔实的科研数据和成果作为基础。即便采取激烈政治行动的教师组织,在保障教师专业权利方面进行集体谈判和协商的时候,也是以具体的调查数据来说话的。

3. 教师专业权利是教师专业团体组织生存与发展的关注核心

教师专业地位的确立、专业权利的获得不仅是构建专业团体组织非正式权利的关键,也是教师专业团体组织生存与发展关注的核心。各国的教师专业团体组织都是以教师为主体的,并构建教师、学生、家长、社会共同监督、参与的民主机制。倾听教师的意见和建议,重视与教师的沟通可以增强政策建议的实效性。

(三) 我国大学教师专业自主权的专业组织保障

在绪论中我们谈到大学教师专业自主权包括个人专业自主权和团体专业自主权,个体专业自主权的实现离不开团体专业自主权的实现,这里的团体是指大学教师群体,他们以专业组织作为诉求代表来维护大学教师的专业自主权。因此专业组织是为教师群体设置的机构,是教师行使专业权利的重要渠道。

1. 深化教育体制改革,细化大学教师专业组织的功能

随着我国市场经济体制的建立、政治体制改革的深入,教育领域出现越来越多元化的利益主体,而大学教师正成为政府、高校、学生和家长不同利益主体共同关注的对象。我国目前正处于经济转型期,政府、高校、教师、学生、家长等不同社会主体虽然根本利益是一致的,但不能因此忽视他们之间利益的差异性。

此外,伴随着高等教育大众化和大学职能多样化,大学教师的学科专业、聘任类别等也日益多元化。学术专业的同质性日渐瓦解,大学教师自身之间的利益也是多样化的。但是这种异质性的压力反而使得行政权利趋势加强,而学术专业团体内部在一些基本的价值观上产生了分歧,比如评价标准的模糊与冲突、院校的教师奖励制度对年轻教师提出了难以承受的期望、有些(年轻)教师承担较多的教学和专业服务却在以学术成就和学术水平为取舍标准的评价过程中处于不利地位等等。这些多元价值观的形成、多元利益的诉求,

无不要求我国进行教育决策体制的深入改革。①

为顺应教育环境的新变化,《实施纲要》强调行政权力与学术权力的相对分离,保障学术权利按照学术规律相对独立行使。在全面推进依法治校的同时,我国大学教师的专业团体组织也应当借助教育改革的推动力,不断实现多元化发展,根据不同的社会主体和教师间的不同利益诉求,建立类型和功能更加丰富的教师专业团体组织。从国外的专业团体组织来看,主要有三种类型:一种是与教师有关的利益团体,多数国家以教师组织的形式出现;一种是各种非政府的、与教师教育与管理相关的专业研究团体或机构等,为政府提供决策咨询;还有一种是专家委员会或智囊机构。他们在给教师的专业发展提供咨询交流活动的同时,也通过各种方式维护教师的专业自主权,包括形成集体的力量,以制衡或影响相关教育政策的制定。实践证明只有建立类型和功能更为丰富的专业团体组织,才能满足教师多元化的权利维护诉求。应依据不同的专业建设需求和专业人员需要,建立相应的专业组织。

2. 保持专业组织独立性,建立学术威望与社会影响力

我国高校的专业组织大多是在行政命令的指挥下建立起来并为行政人员服务的组织,属于行政机构下属的咨询审议机构,而不是维护大学教师专业自主权的学术性组织。所以,从维护大学教师专业自主权的角度来看,许多高校的专业组织形同虚设,发挥作用的微乎其微,教师专业权利的行使情况就可想而知了。英国的 GTC 虽然拥有法定的建议权,但始终注重保持其相对独立性与公正性。而美国集体谈判制度对大学教师专业自主权的有效保障在于其专业性组织力量的强大,且相对独立于政府行政部门,主要以维护大学教师专业利益为目的,成为美国大学教师以集体力量维护自身专业自主权的重要渠道。

根据我们的调查,大学教师普遍认为学术委员会没有发挥应有的作用;而在对行政人员进行的调查中,他们对于大学教师参与管理的方式也是倾向于行政人员与大学教师之间的座谈,选择让教师通过参加学术委员会形式参与管理的行政人员相对较少;大学里的工会更是普遍成为大学教师娱乐休闲活动的组织者,在维护大学教师专业自主权方面的作用几乎不存在。为此,《实施纲要》要求完善民主管理和监督机制,并具体指出要落实《学校教职工代表大会规定》,充分发挥教职工代表大会作为教职工参与学校民主管理和监督主渠道的作用;扩大教职工对学校领导和管理部门的评议权、考核权。

---

① 顾建民. 自由与责任:西方大学终身教职制度研究[M]. 浙江教育出版社,2007:282.

为了改变专业组织依附于行政机构的现状,我们建议:专业组织应广泛吸纳教师参与,且参与应以自愿为基础;专业组织的领导者应由教师共同选举产生,共同商讨并制定科学的组织活动章程;而对于行政部门来说,应少对教师和专业组织品头论足,而应多鼓励和支持,使专业组织成为对教师、对学术负责且具有决策权利的机构。我们认为,专业组织建设的目标是最终实现教师专业自主权的制度化和规范化。

维护大学教师专业自主权还有一个重要前提条件是建立专业组织的非正式影响力,这就要求完善专业组织、充分发挥专业组织的作用。一方面,专业组织要以学术为宗旨,加强大学教师之间的教学、科研合作,使自身成为独立的专业机构和大学教师的代言人,提高教师的专业地位与专业影响力,实现专业组织自治。另一方面,必须指出,专业组织的运作从来不应是孤军奋战,因为团结一切可以团结的力量才是一切成功的法宝。因此,专业组织不仅要与相关领域的同类组织甚至其他领域的中介组织合作,也要与政府部门合作,不断和政府、社会沟通,使自身成为大学教师与外部环境的有效对话渠道。

3. 发挥专业组织沟通功能,维护教师权益

专业组织作为维护大学教师权益的基层组织,应本着为大学教师利益服务的宗旨,以教师为本,定期收集教师教学科研信息和建议,总结分析教师的物质和精神需求。"上"监督行政领导者的工作;"下"保护好教师的合法权益,构建有效的沟通互动渠道,提供双方的对话机会,而非隶属于高校行政机构,这样才能更好地进行双边的互动与反馈。我们在调查中发现,虽然行政人员普遍赞同大学教师参与管理,也认为充分赋予了大学教师管理权利,但是大学教师却对专业管理权感到不满,根本原因在于行政机构赋予的专业管理权利并非大学教师实际所需的。这就需要专业组织进行双边的沟通与互动。

三、依法治教,建立大学教师和行政人员的信任机制

新的《实施纲要》强调,要以教学、科研为中心,积极探索符合学校特点的管理体制,克服实际存在的行政化倾向,实现行政权力与学术权力的相对分离,保障学术权利按照学术规律相对独立行使。大学教师在维护自身专业自主权时需要和外部的制度环境进行互动,在和行政机构打交道时,他们主要面对的就是行政人员,因此大学教师和行政人员之间的互信与否就决定了沟通和反馈的有效性如何。

高校内部行政人员对于大学教师来说本应是提供服务的服务者,因为大学行政目的就是保障大学教师更有效地开展工作。但在我国,由于"官本位"

思想比较泛化,高校内部行政人员也被看成是政府行政机构中的官员,从而与教师之间成了上级与下级的关系、命令与被命令的关系,致使长官意志严重地干扰了学术权利的运用。因此大学教师对行政人员缺乏信赖感。

而我们在调查中发现,虽然大多数行政人员赞同大学教师参与行政管理,但是却对教师是否具备相应的素质感到怀疑,因为对他们素质的评价没有达到比较满意的水平。并且虽然行政人员认为赋予了大学教师充分的行政管理参与权利,但是其中不少行政人员在访谈中也表示,是否采纳大学教师意见要看具体情况,这一态度本身就反映了他们对教师能力的不信任。而教师在调查中对于专业管理权现状并不满意,认为行政部门赋予的管理权力内容并不是自己实际所关切的。

这些都反映了大学教师与行政人员之间信任机制的缺乏已经影响了大学教师与外部环境的沟通与互动,从而不利于大学教师专业自主权的保障。因此,我们要从大学教师和行政人员两方面努力,建立互信与对话的机制。

(一)大学教师学术性格的完善和学术关系的扩展

大学教师由于个人的学科背景和认知方式不同,从而具有不同的工作经验,所拥有的人力资本和学术资源的状况也不同,进而对于外部环境的反馈也各不相同。当高校内部层面不能满足大学教师专业自主权需求的时候,他们有的是进行积极反馈,有的是消极顺从,有的则是产生逆反心理我行我素,因而,不同的应对态度也决定了教师具有不同的专业自主权状况。所以,我们可以看到,在应对社会层面体制变迁带来的压力和挑战时,有的教师能作出理性判断,主动适应,有的则比较悲观消极,还有的甚至迷失在经济与利益的追求中;在面对自身的心理矛盾冲突时,有的教师能主动排解,乐观应对,有的则比较消沉被动。因此,大学教师自身是否具备一个比较完善的性格特别是学术性格对其专业发展至关重要。

由于我国封建文化传统的影响深远,导致了学术自由一直以来处于相对缺失的状况,以至于相当一部分大学教育工作者很长时间把自己当成经济的、社会的和国家的奴仆而不是主人,以至于他们在面对学术霸权、行政干预和经济利诱时不敢做大胆的抗争,这就是一种比较严重的学术性格缺陷,这种性格使他们仅仅是学术工人而不是学术创造者。可以说,大学教师的不作为本身就是对不合理制度状况的支持。

大学教师对外部体制环境的反馈能力除了受自身的心理因素影响外还受自身的学术资源获取能力的影响。如果教师能够与外部建立广泛的学术联系,则有利于推进科研方面的合作与自身专业能力的发展。我们在调查中发现,大学教师在应对外界挑战时,在自身心理角色冲突所产生的矛盾和自身学术关系不足引起的困扰上,后者造成的困扰更大。进一步访谈发现,出现这种情况很大一部分原因是学术潜规则的存在。他们困扰的不是因为缺乏健康的学术关系,而是感觉自身的"后门"不足。此外,学术霸权也是引起他们困扰的主要原因。所以,我们所谈的"大学教师要不断发展自己的能力,建立广泛的学术关系"指的是健康良好的学术关系。如果只是走后门、攀关系,最终是对大学教师自身专业自主权的更大损害,因为它会形成一种恶性循环。

(二)行政人员转变角色,从管理者到服务者

事实上,我们在对行政人员进行的调查中发现,大多数行政人员对于大学教师的专业自主权维护都是持支持的态度,因为他们中很多人本身也在从事教学科研工作,所以相对于高校以外的行政工作人员,他们对教育和管理规律有更充分的认识。但是在实际工作中,由于受传统行政管理体制的影响,他们总是不自觉地以长官自居而自己并没有意识到。一些兼任教师和行政职务的工作人员本身也觉得行政人员的身份能带来更多的实际利益。这就需要他们转变观念。科层制的本来含义是进行科学规范的管理,避免人治现象出现,而不是一种区分等级高低的长官制度。行政人员只有充分认识到这一点,主动地转变自身的观念与角色,才能更有效地为大学教师服务,从而保障学校的办学效益不断地得到提升。

此外,行政人员在调查中也给出建议,希望教师在参与管理时更多地参加行政人员和大学教师之间面对面的座谈。这表达了他们想和大学教师进行更多沟通互动的愿望。因此,建立专门的大学教师和行政人员的沟通机制并使之制度化就显得尤为必要。

结　　语

　　大学教师是高校宝贵的资源,赋予大学教师充分的专业自主权,不仅是促进大学教师专业化发展的前提要求,更是激发大学教师工作潜能、提高教育质量和高校办学水平的关键。然而由于我国传统管理体制的惯性影响和行政权力过分强势的综合作用,大学教师在高校内部权利结构中长期处于缺位状态,因此,大学教师专业自主权的实现任重而道远。

　　本研究通过对福建省7所不同类型、层次高校的大学教师和行政人员的实证调查分析了大学教师在专业决定、专业管理、专业发展和社会服务几方面的专业自主权实际状况;从社会、学校、个人三方面分析影响大学教师专业自主权实现的因素,找出其结构性特征;并把大学教师个人背景作为自变量与大学教师专业自主权进行影响差异分析,以找出两者之间的关系和规律。

　　根据本研究调查结果,我们得出如下结论:

　　其一,影响大学教师工作自主性的原因不在于大学教师的职业地位,而在于其在工作中过大的压力和缺乏专业性组织对大学教师专业自主权的保障。这些工作压力具体体现在大学教师专业自主权的各项权利不能很好得到实现方面,在各项具体专业自主权利中,大学教师在专业决定权上受到的困扰最大,特别是科研自主权。

　　其二,影响各项专业自主权实现的因素来自于大学教师个人以及外部环境中的社会宏观体制和大学内部的管理体制。本研究的调查显示,影响我国大学教师专业自主权实现的外部因素非常复杂,但主要是传统管理体制惯性影响下高校内部行政权力占主导带来的行政化影响和社会经济转型给高校带来的市场化冲击;在高校内部因素上主要受科研评价、职称晋升等基本制度的影响,并且矛盾集中在量化的管理模式上。

　　其三,要保障我国大学教师专业自主权,除了要在社会、高校和教师个人三个层面有针对性地采取对策外,更重要的是实现外部环境(包括社会宏观体制与高校内部管理体制)和大学教师个人之间的有效沟通和反馈。而构建这一沟通反馈机制主要是通过专业性组织功能的完善、法律制度的支持和大学教师与行政人员的互信来实现。

在数据分析的基础之上,为了进一步了解大学教师在各项专业自主权上的诉求与困惑,笔者分别从专业决定权(包括教育教学自主权和科学研究自由权)、专业管理权、专业发展权和专业服务权几个维度选取了10个案例进行分析。案例研究对象既有大学教师,也有大学行政管理人员;既有年轻教师,也有年长学者;既有个人的奋斗经历,也有科研团队的成长历程。学校类型包括教学型大学和研究型大学。以期找出不同类型高校教师在各项专业自主权上的具体诉求。研究发现,虽然大学教师在专业自主权上的诉求是多样化的,但是共同关心的核心问题在于大学教师的评聘晋升制度和评价标准。大学教师在规划自身专业发展时会把个人的专业发展阶段与学校的评聘晋升对应起来,如果高校评价标准符合学科特点和教师实际情况,那么评聘制度就能成为有效的激励竞争机制,激发大学教师的能动性,反之,则影响大学教师专业发展积极性,并对各项专业自主权的实现产生阻碍作用。

针对实证调查和案例研究发现的问题,笔者认为,保障大学教师专业自主权的根本途径是依法治校、落实高校办学自主权、建立现代大学制度、保障学术权利。

笔者认为本书可能的创新之处主要有如下几个方面:

第一,重新解读了大学教师专业自主权的内涵:目前国内关于教师专业自主权的概念、说法不一,大学教师专业自主权的内涵更是尚无定论。本书在综合分析已有的相关定义后对大学教师专业自主权的内涵进行了重新界定和解读,并试图从大学教师专业自主权的享有主体所具有的特点出发分析大学教师专业自主权的特殊性。

第二,构建了影响大学教师专业自主权因素的实证分析框架。对于影响大学教师专业自主权因素的实证研究,有两种典型做法:一种是从社会、学校、个人三个层面找原因;另一种是把教师个人的年龄、职业等背景因素作为自变量,考察其与大学教师专业自主权之间的关系。本书则把两种研究角度结合在一起,构建了大学教师专业自主权影响因素的实证分析框架:首先,笔者对各项专业自主权的内容进行了具体划分和界定并整理成访谈提纲,通过访谈了解哪些权利内容最容易受到影响及影响因素是哪些,然后把这些影响因素编制成问卷对大学教师专业自主权状况从专业决定权(包括教育教学自主权和科学研究自由权)、专业管理权、专业发展权和专业服务权几方面进行调查;其次,把各项专业自主权的影响因素从社会、学校、个人三个层面进行分层考察,找出影响因素的结构性特征;再次,把大学教师个人背景作为自变量,分析其对大学教师专业自主权的影响差异;最后,结合大学教师专业自主权影响因素的结构性特征提出对策。

第三,提出了外部环境与大学教师个人之间沟通反馈机制的构建设想。对于保障大学教师专业自主权的对策,已有的研究大多针对社会、高校和教师个人三个层面的具体问题提出针对性对策。很少有人注意到在社会、高校这个外部环境和大学教师个人之间应存在一个沟通反馈机制并进而提出构想。本书认为除了社会、大学和教师个人三个层面的具体对策外,外部环境和大学教师个人之间的沟通与反馈对于大学教师专业自主权的实现和保障最为重要。这一沟通反馈机制是外部环境得到有效反馈进而完善制度的途径,也是大学教师进行权利诉求的有效通道。结合美国等国(理论研究有参考文献专业组织和法律部分,比较不含台湾地区的借鉴)在专业性组织和法律制度上的成熟经验,本书从专业组织、法律制度、行政人员与大学教师关系几个方面对这一沟通反馈机制的构建提出了对策。

鉴于研究主题比较敏感和笔者的能力、水平有限,研究还有许多不足之处。首先,大学教师和大学行政人员工作繁忙,要他们花较多的时间做比较深入的问卷调查有相当困难;而且权利问题始终是一个较为敏感的话题,这也给笔者在访谈和调查中收集信息带来了许多困难。其次,关于我国大学教师专业自主权问题的系统研究不多,仅散见于有关高校教师学术权利、学术自由等的文章中。加之笔者的实践经验不足,对专业自主权问题的领悟存在很大局限,因此,对造成专业自主权困境的原因分析和对策建议难免存在理想化色彩。再次,实证调查采用自编问卷,虽曾听取多位专家的建议和指点并及时修订,但仍有许多不足之处有待进一步修改和完善。最后,本研究仅选取福建省7所不同类型、层次高校教师和行政人员作为调查对象,虽具备一定代表性,但相对于全国其他地方高校教师群体来讲仍存在局限性。需要特别指出的是,本书主要就大学教师专业自主权进行研究,关于大学教师其他权利的研究是今后值得进一步探讨的问题。

附　录

附录1　访谈提纲

基本信息(略)

1. 您喜欢大学教师这个职业么？您觉得这个职业的工作压力大不大？(如果工作压力大,那么主要是哪个方面压力最大,困扰最多？教学/科研/个人发展/社会服务/参与服务？)是否阻碍了您工作的自主性？

2. 面对工作压力,您认为哪方面的原因阻碍了您克服困难的积极性？(自身主动性和能力的问题？还是赋予教师的专业权利不足？)

3. 您在工作和专业发展中哪些事情可以自主决定,哪些不能？(具体就科研、教学管理评价制度,职称晋升和专业发展规划,学校民主管理程度以及社会服务是否具有经济导向等展开访谈)

4. 您认为教师个人应该具有哪些专业素质才能更好地发挥主动性,保障专业自主权？

5. 请您就专业性组织对您行使专业自主权的作用谈谈看法。

6. 您觉得贵校行政人员对教师的态度怎样？面对妨害你专业自主权的事务,你会怎么做？(积极争取、勇于反抗？默默忍受？无所谓？其他？)

7. 对于大学教师专业自主权的维护,您有什么建议？

附录2 调查问卷

大学教师专业自主权调查问卷(教师用)

尊敬的老师:

您好!大学教师专业自主权研究关系教师创造性的发挥程度,关系教师自我价值的实现,为了解大学教师专业自主权情况,我们进行本项调查,希望通过问卷调查,真实地反映大学教师在教育工作中教学、科研、个人发展等各方面遇到的问题,以便找出影响教师专业自主权发挥的各项因素,促进我国高校教师在工作中更好地发挥自主性。

本问卷为无记名问卷,不涉及对任何学校、领导与教师的评价。请根据您的实际情况选择合适的选项。衷心感谢您的支持与帮助!

一、请填写您的个人资料,在对应选项上划√

所在学校	学科性质	性别	职称	学历	教龄	所处年龄段
		A. 男 B. 女	A. 教授 B. 副教授 C. 讲师 D. 助教	A. 博士后 B. 博士 C. 硕士 D. 学士 E. 其他	A. 10年以下 B. 10~20年 C. 20年以上	A. 30岁以下 B. 30~39岁 C. 40~49岁 D. 50岁及以上

二、单项选择,请根据实际情况对下列问题作出判断,并在合适选项上划√

1. 作为大学教师既要秉承人文精神,追求学术价值,但有时又不得不对市场经济带来的各种物质诱惑进行妥协。您同意这样的看法吗?
   A. 非常同意   B. 比较同意   C. 一般   D. 不太同意   E. 不同意

2. 作为大学教师存在这样的自我冲突：一方面作为知识的传授者，要保持自己的职业权威性；另一方面又要不断反思自我，敢于自我批评与纠正。您同意吗？

  A. 非常同意 B. 比较同意 C. 一般 D. 不太同意 E. 不同意

3. 大多数老师认为工作的压力和负荷使得身体处于亚健康状态，您同意吗？

  A. 非常同意 B. 比较同意 C. 一般 D. 不太同意 E. 不同意

4. 学术权威在很大程度上主宰了科研选题和学术观点的表达，您同意吗？

  A. 非常同意 B. 比较同意 C. 一般 D. 不太同意 E. 不同意

5. 目前教师在科研课题申报过程中，行政性干预的因素还很大，您同意吗？

  A. 非常同意 B. 比较同意 C. 一般 D. 不太同意 E. 不同意

6. 专业的发展需要广泛的学术联系，但是自己在这方面做得还不足，您同意吗？

  A. 非常同意 B. 比较同意 C. 一般 D. 不太同意 E. 不同意

7. 尽管对教师培训、发展制度的种种限制并不满意，但我仍然尽最大努力发展自己。

  A. 非常同意 B. 比较同意 C. 一般 D. 不太同意 E. 不同意

8. 尽管我尽了自己的最大努力，但我的工作潜能仍未最大限度地发挥出来。

  A. 非常同意 B. 比较同意 C. 一般 D. 不太同意 E. 不同意

9. 在专业发展上，我还不能做到自主地选择学习的方式、内容和机会等。

  A. 非常同意 B. 比较同意 C. 一般 D. 不太同意 E. 不同意

10. 信息时代，获取知识信息的手段多样化，教师要保持职业权威性需要不断学习，但我力不从心。

  A. 非常同意 B. 比较同意 C. 一般 D. 不太同意 E. 不同意

11. 目前高校和学科发展很大程度上受政策因素影响，个体努力虽然重要，但不起根本作用。

  A. 非常同意 B. 比较同意 C. 一般 D. 不太同意 E. 不同意

12. 目前在高校引进人才机制上对于海外归国者存在着"外来和尚会念经"的政策偏向，给我带来的竞争、排挤压力大于前进动力。

  A. 非常同意 B. 比较同意 C. 一般 D. 不太同意 E. 不同意

13. 目前在大学办学中还未实现以学术为本的目标，实质上仍表现为行政权利主导学术权利的状况。

  A. 非常同意 B. 比较同意 C. 一般 D. 不太同意 E. 不同意

  14. 我觉得学术委员会在维护教师学术权利方面,并没有发挥应有的作用。

  A. 非常同意 B. 比较同意 C. 一般 D. 不太同意 E. 不同意 F. 不清楚

  15. 学校教学管理制度刻板、形式化,一定程度上会使教师失去教学自主性。

  A. 非常同意 B. 比较同意 C. 一般 D. 不太同意 E. 不同意

  16. 大学教师的考评制度过度量化,使大学教师追求的目标太过短期化、功利化,阻碍学术水平的真正提高。

  A. 非常同意 B. 比较同意 C. 一般 D. 不太同意 E. 不同意

  17. 在教师的考评工作中,表格烦琐,简单重复,干扰教师的工作和情绪。

  A. 非常同意 B. 比较同意 C. 一般 D. 不太同意 E. 不同意

  18. 在现行的科研评价制度中,评价指标过分统一,不能照顾不同学科的不同发展需求。

  A. 非常同意 B. 比较同意 C. 一般 D. 不太同意 E. 不同意

  19. 理想的教师业绩评估制度应当以学术水平作为唯一条件和审核标准,您同意吗?

  A. 非常同意 B. 比较同意 C. 一般 D. 不太同意 E. 不同意

  20. 教师管理工作由院系来管理比由学校来管理更能促进学科发展,有助于克服人事管理中官僚化、统一化现象,您同意吗?

  A. 非常同意 B. 比较同意 C. 一般 D. 不太同意 E. 不同意

  21. 如果学校征求改革制度的建议,您的选择是:

  A. 积极进言献策

  B. 当发现与自己利益相关的不合理政策制度时才发表意见

  C. 人微言轻,说了也白说

  D. 制度是虚设的,按自己的意愿办事

  22. 高校经济挂帅,严重冲击了教学、科研、社会服务工作,您同意这种观点吗?

  A. 非常同意 B. 比较同意 C. 一般 D. 不太同意 E. 不同意

  23. 同样是大学教师的工作,如果给您更宽松的教学工作条件,有更大的自主权,但待遇低点,您会跳槽么?

A. 会，自主权很重要　　B. 不存在这个问题，现在已经很自主了

C. 不会，虽然不自主，但是待遇更重要　　D. 没想好

24. 如果有流动机会让您从事其他行业，您会转行么？

A. 一定会，我对教师职业已经不满意了

B. 不会，我还是比较愿意当大学教师

C. 虽然喜欢大学教师这个职业，但是如果待遇够好，发展机会更多，会转行

D. 虽然不是很满意大学教师这个职业，但是也不想转行

E. 没想好

三、不定项选择，若选择多项，请按重要程度排序，标出 1、2、3…

25. 作为大学教师，在科研中您常遇到的困惑是什么？

A. 研究能力薄弱，写不出有价值的东西来（　　）

B. 论文难以发表（　　）

C. 科研课题申报难（　　）

D. 难以集中精力从事自己感兴趣的基础研究（　　）

E. 教学和科研工作相冲突（　　）

F. 其他_____（请注明）（　　）

26. 教学和科研顾此失彼的主要原因是？

A. 教学任务过重挤占科研时间（　　）

B. 科研任务过重影响教学（　　）

C. 科研内容与兴趣和教学不一致（　　）

D. 教学科研关系协调，没有这个问题

27. 您认为促使您进行教学和科研工作的最大驱动力是什么？

A. 职称评定（　　）　　B. 工作职责（　　）

C. 创收驱动（　　）　　D. 面子和攀比（　　）

E. 个人兴趣（　　）

F. 其他_____（请注明）（　　）

大学教师专业自主权调查问卷（行政人员用）

尊敬的老师：

您好！为了解大学教师专业自主权在教育实践中的具体实现状况，我们进行本项调查研究。调查结果只用于数据统计与分析，不涉及对任何学校、领

导与教师的评价。您对本问卷填写的真实情况将为教师专业自主的研究提供非常有价值的参考,本问卷调查以不记名方式进行,请您根据您的实际情况选择合适的选项。衷心感谢您的支持与帮助!

不定项选择题(根据您的实际情况可单选或者多选)

1. 您所从事的工作是:

A. 党群组织序列　B. 科研管理序列　C. 教学管理序列

D. 人事行政部门　E. 其他行政部门

2. 您所在部门在决策制定前是否向教师征求过意见?

A. 是　B. 否　C. 不清楚

如果有相关活动,教师参与态度如何?

A. 很积极　B. 比较积极　C. 一般　D. 较小　E. 没有　F. 不清楚

如果教师提出建议,对您部门最终决策的影响有多大?

A. 很大　B. 比较大　C. 一般　D. 较小　E. 没有　F. 不清楚

3. 您觉得教师有必要参与学校管理吗?

A. 很有必要　B. 必要　C. 不太必要　D. 没有必要　E. 不清楚

如果有必要,您认为大学教师参与学校管理的主要内容是什么?

A. 教学科研管理　B. 行政管理　C. 后勤事务管理

D. 整个学校事务管理　E. 其他

采取哪种方式最合适?

A. 教师与行政人员座谈会　B. 参加学术性质的委员会

C. 担任行政职务　D. 其他:_____

4. 您对大学教师素质的满意度:

1) 学术态度　A. 非常满意　B. 满意　C. 不满意　D. 很不满意

2) 学术自律　A. 非常满意　B. 满意　C. 不满意　D. 很不满意

3) 处理学术以外事务的能力　A. 非常满意　B. 满意　C. 不满意
　　D. 很不满意

4) 个人素养　A. 非常满意　B. 满意　C. 不满意　D. 很不满意

5) 与其他人员关系处理能力　A. 非常满意　B. 满意　C. 不满意
　　D. 很不满意

附录3 访谈内容整理(节选)

访谈之一:Z 大学,男教师 G,35 岁,硕士学历,讲师,在该学校从事专业课的教学工作近 5 年。女教师 N,40 岁,硕士学历,副教授,在该学校从事专业课的教学工作近 10 年并担任院行政职务。

访谈内容:

X:贵校非常重视教学工作,请问贵校在教学管理制度上都有哪些特色?

N:为保障教学质量,我们学校的教学管理是非常严格的。教师必须严格遵守教学纪律,所有教学文件和相关资料都要齐全。每周都要组织教师开教学会议进行交流学习。

G:对,我们对于教师迟到等教学事故的惩罚措施是很严厉的。教师还必须回答学生提出的每一个问题,如果拒不回答也要受到处罚。

X:哦,那你们认为这样对你们的教学工作是促进更多呢还是压力更多?

N:嗯,怎么说呢,这样对教学质量的保障是有明显效果的,你这几天在学校调查也看得到,我们的学风是很好的。我们作为一个独立学院,生源质量是不能和研究型大学比的,在学生的教学和管理上也要严格得多,老师也普遍很重视教学。

G:经常要开教学会议,教学制度也很严格,虽然有利于教学质量的提高,但是管得太多、太死,开的会太多,有点流于形式化,让人厌烦。制度可以严格但不能太刻板,有时候都形式化了。比如每周开教学会议,虽然必要的教学交流是要的,但是哪有那么多会来开,走过场比较多,又占时间又影响情绪还不能不去。再比如回答学生问题,哪怕学生问的是不合理的问题也要回答,不然就要受罚。我们学校教师在教学上是比较负责的,但是很多时候有被迫的感觉,真正的自主性发挥不出来。

X:也就是说您认为学校在教学上管得过死么?那对教师的上课过程、内容等的安排有没有管得过多?

G:嗯,一分为二吧。其实要说教学制度方面,应该是比较烦琐的,表格、文件、手续太多了。但是具体怎么上课学校还是比较尊重我们老师的。毕竟上课也是一种艺术,不可能格式化。

X:那贵校在科研管理制度上是不是也有这些问题?

G:我们学校类型不一样,科研上学校提的要求倒不多。再说教学任务太重,哪还有心思搞科研。

　　N:我们作为独立学院由于条件限制,教师要做科研是比较难的,比如课题的申请就不具有竞争力。不过学校还是鼓励教师多出去参加学术交流、学术活动发展自己。

　　G:学校说是鼓励,但是要出去还是要经过批准的,倒不是不让我们去,主要是没有经费支持。所以我们真正出去的机会也少。

　　访谈之二:X大学的一位女教师Y,38岁,博士学历,讲师,在学校从事专业课的教学工作近10年。

　　访谈内容:

　　X:您在问卷中选择对职业不满意,但是也不想转行,为什么即使不满意也不打算转行呢?

　　Y:我不满意不是因为这个职业不好,其实从职业本身来讲大学教师的职业地位比较高,我也觉得我比较适合从事这份工作,所以我不打算转行。但是我的工作压力太大了,而且别人还不相信,都觉得我们大学老师不用坐班很自由,又不像中学老师有升学压力,应该很安逸才对,但是我觉得我的生活和工作已经分不开了,即使在家里我也无时无刻都在想科研的事情。

　　X:那您认为您的工作压力具体表现在哪些方面呢?您提到您无时无刻都在想科研的事情,是不是这方面您感觉压力最大?

　　Y:是的,科研压力最大,但也不止这一个方面。在工作中总好像有个鞭子赶着我往前跑,虽然是促进自己提高,但我更多的是感到不自在。又要完成教学任务,又要达到科研指标,又要忙充电学习,又要想着职称考核。对于我们青年老师来说还有生活压力,要是出去兼职又会影响本职工作。反正一大堆的事情要管又顾不过来。

　　X:您提到生活压力,对于青年教师是不是物质的需求比较重要?

　　Y:怎么说呢,物质需求的满足也是很重要的,特别对于我们青年教师来说,正是成家立业之时,只有把家安顿好了才能安心做学问。我们关注科研,也是希望能顺利评上职称,提高自己的生活水平。但是我觉得物质需求的满足是阶段性的,长远来说我们更追求精神的满足。实际上我对工作的不满主要不是因为物质的需求没有得到满足,最主要是我觉得不自在。比如科研要求,并不一定适合每一个老师,特别是我们青年教师,尽管我们很努力,但是学术的成长需要一定的时间,对我们来说发文章、拿到课题都不是很容易的事情,对我们的要求和那些有资历的老师一样,有时我们很难达到,这就会产生挫折感,也影响我们的职称晋升,感觉很无力。而且我感觉为了做科研,拿到课题,有时候我们做的不一定是我们感兴趣的研究,写文章也是什么热门写什么,很被动。

访谈之三:X 大学的一位女教师 Z,42 岁,博士学历,教授,硕士生导师,在学校从事专业课的教学工作近 15 年。

访谈内容:

X:您在问卷中选择虽然喜欢大学教师这个职业,但是有机会的话会转行,那么在什么情况下您会转行,待遇够好?还是机会够多?或是其他原因?

Z:我很喜欢这个职业,我也不是对待遇有什么要求,我喜欢的是这个职业本身,毕竟和社会其他职业相比,大学教师是很受人尊重的。不过你也是一个大学老师,应该也会体会到这个工作看起来时间比较自由,实际上心里很不自由。

X:那您所说的不自由主要指哪些方面呢?

Y:嗯,总有很多事情要完成,一个任务接着一个任务,要上课,要带学生,要搞科研,要做课题。尤其是科研方面,如果是自己喜欢做的事情也就罢了,但是我们常常是被动地做事情,想做点自己感兴趣的研究也不是那么容易。有时候很想安安静静地搞研究,但是又是开会,又是考核,有很多琐碎的事情。很多时候都不知道为什么而忙,你做教师专业自主权研究就很有意义,实际上我们老师在专业领域是很需要话语权的。

附录4 全面推进依法治校实施纲要

为贯彻落实党的十八大精神,进一步推动《国家中长期教育改革和发展规划纲要(2010—2020 年)》实施,在各级各类学校深入贯彻科学发展观,全面落实依法治国要求,大力推进依法治校,建设现代学校制度,制定本实施纲要。

一、全面推进依法治校的重要性与紧迫性

1.深刻认识全面推进依法治校的重要性。当前,随着社会主义民主法治和政治文明建设的推进,教育改革的不断深化,各级各类学校的发展环境、发展理念、发展方式正在发生深刻变化,迫切需要全面推进依法治校、加快建设现代学校制度。推进依法治校,是学校适应加快建设社会主义法治国家要求,发挥法治在学校管理中的重要作用,提高学校治理法治化、科学化水平的客观需要;是深化教育体制改革,推进政校分开、管办分离,构建政府、学校、社会之

间新型关系,建设现代学校制度的内在要求;是适应教育发展新形势,提高管理水平与效益,维护学校、教师、学生各方合法权益,全面提高人才培养质量,实现教育现代化的重要保障。

2. 深刻认识全面推进依法治校的紧迫性。《教育部关于大力加强依法治校工作的通知》(教政法〔2003〕3号)发布以来,各地和学校普遍重视学校章程和制度建设,加强校长和教师法制培训,积极创建依法治校示范学校,探索了不少成功的经验,依法办学和依法管理的意识和能力明显提高。但是,与教育改革发展的新形势、新任务相比,与全面推进依法治国的新要求相比,依法治校还存在较大差距,主要体现在:工作进展不平衡,一些地方和学校对推进依法治校认识还不到位,制度不健全;一些人民群众反映强烈的违法办学、违规招生、违规收费等问题在个别地区和学校还不时发生;学校管理者和教师运用法律手段保护自身权益、依法对学生实施教育与管理的能力、意识还亟待提高,权利救济机制还不健全;政府教育管理职能转变还未完全到位,部分教育行政管理人员依法行政意识和能力还不强。这些问题的存在,在一定程度上影响了国家教育方针的贯彻落实,影响到教育科学发展与深化改革的进程。解决以上问题,必须进一步深化教育改革,加快转变政府职能,全面加快推进依法治校。

二、全面推进依法治校的指导思想和总体要求

3. 全面推进依法治校的指导思想。全面推进依法治校,必须以中国特色社会主义理论为指导,坚持社会主义办学方向,弘扬和践行社会主义核心价值体系,将坚持和改善学校党的领导与学校的依法治理紧密结合起来;必须全面贯彻国家教育方针,把立德树人,培养德智体美全面发展的社会主义建设者和接班人作为学校教育的根本任务,全面提高校长、教职工和学生的法律素质,加强公民意识教育,培养社会主义合格公民;必须坚持以人为本,依法办学,积极落实教师、学生的主体地位,依法保障师生的合法权利;必须切实转变管理理念与方式,提高管理效率和效益,为全面推进依法治国和全面实现教育现代化打下坚实的基础。

4. 全面推进依法治校的总体要求。学校要牢固树立依法办事、尊重章程、法律规则面前人人平等的理念,建立公正合法、系统完善的制度与程序,保证学校的办学宗旨、教育活动与制度规范符合民主法治、自由平等、公平正义的社会主义法治理念要求;要以建设现代学校制度为目标,落实和规范学校办学自主权,形成政府依法管理学校,学校依法办学、自主管理,教师依法执教,社

会依法支持和参与学校管理的格局;要以提高学校章程及制度建设质量、规范和制约管理权利运行、推动基层民主建设、健全权利保障和救济机制为着力点,增强运用法治思维和法律手段解决学校改革发展中突出矛盾和问题的能力,全面提高学校依法管理的能力和水平;要切实落实师生主体地位,大力提高自律意识、服务意识,依法落实和保障师生的知情权、参与权、表达权和监督权,积极建设民主校园、和谐校园、平安校园。

三、加强章程建设,健全学校依法办学自主管理的制度体系

5. 依法制定具有自身特色的学校章程。学校起草制定章程要遵循法制统一、坚持社会主义办学方向的基本原则,以促进改革、增强学校自主权为导向,着力规范内部治理结构和权力运行规则,充分反映广大教职员工、学生的意愿,凝练共同的理念与价值认同,体现学校的办学特色和发展目标,突出科学性和可操作性。高等学校要依据《高等学校章程制定暂行办法》制定或者修改章程,由教育部或者省级教育行政部门核准;普通中小学、幼儿园、中等职业学校章程,由主管教育行政部门核准。到 2015 年,全面形成一校一章程的格局。经过核准的章程,应当成为学校改革发展、实现依法治校的基本依据。

6. 提高制度建设质量。学校制定章程或者关系师生权益的重要规章制度,要遵循民主、公开的程序,广泛征求校内外利益相关方的意见。重大问题要采取听证方式听取意见,并以适当方式反馈意见采纳情况,保证师生的意见得到充分表达,合理诉求和合法利益得到充分体现。要依据法律和章程的原则与要求,制定并完善教学、科研、学生、人事、资产与财务、后勤、安全、对外合作等方面的管理制度,建立健全各种办事程序、内部机构组织规则、议事规则等,形成健全、规范、统一的制度体系。章程及学校的其他规章制度要遵循法律保留原则,符合理性与常识,不得超越法定权限和教育需要设定义务。学校章程和规章制度,应当加以汇编并公布,便于师生了解、查阅。有网络条件的,应当在学校网页上予以公开。涉及师生利益的管理制度实施前要经过适当的公示程序和期限,未经公示的,不得施行。

7. 建立规范性文件审查与清理机制。学校要设立或者指定专门机构,按照法制统一的原则,对校内规章制度进行审查。对与上位法或者国家有关规定相抵触,不符合学校章程和改革发展要求,或者相互之间不协调的内部规范性文件和管理制度,要及时修改或者废止,保证学校的规章制度体系层次合理、简洁明确、协调一致。要建立规范性文件和管理制度,定期清理制度,清理结果要向师生公布。新的教育法律法规、规章或者重要文件发布后,要及时对

照修订校内相应的规章制度。

四、健全科学决策、民主管理机制，完善学校治理结构

8. 依法健全科学民主决策机制。要依法明确、合理界定学校内部不同事务的决策权，健全决策机构的职权和议事规则，完善校内重大事项集体决策规则，大力推进学校决策的科学化、民主化、法治化。要进一步加强和改善党对学校的领导，按照《中国共产党高等学校基层组织工作条例》，在公办高等学校完善党委领导下的校长负责制；在中小学、民办学校充分发挥基层党组织的政治核心作用。依法明确高等学校党委会、校长办公会的职权范围和决策规则，发挥学术委员会、学校理事会（董事会）等组织在决策中的作用；中小学要健全校长负责制，建立有教师、学生及家长代表参加的校务委员会，完善民主决策程序；职业学校要建立有行业企业人员参加的学校理事会或董事会，形成校企合作决策机制；民办学校和中外合作办学机构要健全学校董事会或者理事会的议事规则，依法按期开会履行法定职责。健全决策程序。有关学校发展规划、基本建设、重大合作项目、重要资产处置以及重大教育教学改革等决策事项，应当按照有关规定，进行合法性论证，开展合理性、可行性和可控性评估，建立完善职能部门论证、邀请专家咨询、听取教师意见、专业机构或者主管部门测评相结合的风险评估机制。要以教学、科研为中心，积极探索符合学校特点的管理体制，克服实际存在的行政化倾向，实现行政权利与学术权利的相对分离，保障学术权利按照学术规律相对独立行使。

9. 完善决策执行与监督机制。要在学校内形成决策权、执行权与监督权既相互制约又相互协调的内部治理结构，保证管理与决策执行的规范、廉洁、高效。按照精简、高效的原则和为教师、学生提供便利服务的要求，自主设置职能部门，明确职能部门的职责、权限与分工，健全重要部门、岗位的权利监督与制约机制，完善预防职务犯罪和商业贿赂的制度措施。除依法应当保密或者涉及学校特定利益需要保密的事项外，决策事项、依据和结果要在校内公开，允许师生查阅。在重大决策执行过程中，学校要跟踪决策的实施情况，通过多种途径了解教职员工及有关方面对决策实施的意见和建议，全面评估决策执行效果，并根据评估结果决定是否对决策予以调整或者停止执行。公办学校因违反决策规定、出现重大决策失误、造成重大损失的，要按照谁决策、谁负责的原则追究责任。

10. 完善民主管理和监督机制。要落实《学校教职工代表大会规定》，充分发挥教职工代表大会作为教职工参与学校民主管理和监督主渠道的作用。

学校专业技术职务评聘办法、收入分配方案等与教职工切身利益相关的制度、事务,要经教职工代表大会审议通过;涉及学校发展的重大事项要提交教职工代表大会讨论。要扩大教职工对学校领导和管理部门的评议权、考核权。要积极拓展学生参与学校民主管理的渠道,进一步改革完善高等、中等学校的学生代表大会制度,推进学生自主管理。制定涉及学生利益的管理规定,要充分征求学生及其家长意见。要扩大有序参与,加强议事协商,充分发挥教职工代表大会、共青团、学生会等群众组织在民主决策机制中的作用,积极探索师生代表参与学校决策机构的机制。

11. 建立中小学家长委员会制度。中小学、幼儿园应当逐步建立健全家长委员会制度。家长委员会承担支持教育教学工作,参与和监督学校管理,促进学校与家庭沟通、合作等职责,其成员应当由全体家长民主选举产生。学校应当提供必要条件,保障家长委员会对学校、教师的教育教学、管理活动实施监督,提出意见、建议;应当定期与家长委员会成员进行沟通,听取意见。学校实施直接涉及学生个体利益的活动,一般应由学校或者教师提出建议和选择方案,并作出相应说明,提交家长委员会讨论,由家长自主选择、作出决定。要积极探索完善家长委员会的组织形式和运行规则,不断扩大家长对学校办学活动和管理行为的知情权、参与权和监督权。

12. 依法健全社会参与机制。要积极探索扩大社会参与学校办学与管理的渠道与方式。中小学要加强与所在社区的合作,积极开展社区服务,创造条件开放教育资源和公共设施,参与社区建设,完善与社区、有关企事业组织合作共建的体制、机制。健全兼职法制副校长的聘任办法和任职要求,探索借助社会资源和力量,加强学校安全管理、开展法制和其他有针对性的教育教学活动,改善学校周边环境。职业学校、高等学校要积极扩大社会合作,在决策咨询、教学科研、安全管理、学生实习实践等方面更多引入社会资源,健全制度,扩大社会参与的广度与深度。

五、依法办学,落实师生主体地位,形成自由平等公正法治的育人环境

13. 依法组织和实施办学活动。学校办学活动应当以育人为本,全面贯彻党和国家教育方针,切实依法规范办学行为,全面执行国家课程方案和课程标准,注重教育教学效果,形成良好的校风、教风和学风。要严格依法依规招生,建立内部制衡机制和社会监督机制,保证招生制度、选拔机制的公平、公正,招生活动的规范、透明。学校不得违背法律原则和国家有关规定,擅自设立有区

别的招生条件或规则。要健全教育教学管理制度,在专业设置、课程安排、教材选择等环节建立评估机制,建立教学质量的评估和反馈机制。要依据有关规定,完善管理制度,对学校内设机构开展或者参与经营性培训活动进行规范,保证不影响学校正常的教育教学活动。要落实教师职业道德规范,明确教师行为规则,坚决杜绝教师违反法定义务和国家规定,利用自身特定职权谋取不当利益的行为。

14. 依法建设平等校园环境。大力弘扬平等意识,在体制和制度上落实和体现师生平等、性别平等、民族平等、管理者与师生平等的理念。全面落实面向每个学生、平等对待每个学生的原则,消除以不当形式对学生进行分类、区别对待以及带有歧视的制度、言行。要切实保障残疾人的平等受教育权利,不得以非法理由拒绝招收残疾学生。要为残疾学生平等、无障碍地参与学校生活提供必要条件和合理便利。

15. 尊重和保护学生权利。要完善制度规则,健全监督机制,保证学生在使用教育教学设施、资源,获得学业和品行评价,获得奖学金及其他奖励、资助等方面受到平等、公正对待。学生管理制度应当以学生为中心,体现公平公正和育人为本的价值理念,尊重和保护学生的人格尊严、基本权利。对学生进行处分,应当做到事实清楚、定性准确、依据充分、程序正当,重教育效果,做到公平公正。作出不利处分前,应当给予学生陈述与申辩的机会,对未成年学生应当听取其法定监护人的意见。对违反学校纪律的学生,要明确处分的期限与后果,积极教育挽救。要保障学生的人身权、财产权和受教育权不受非法侵害,杜绝体罚或者变相体罚、限制人身自由、侵犯人格尊严、违法违规收费,以及由于学校过错而造成的学生伤害等侵权行为,以及教师、学校工作人员对学生实施的违法犯罪行为。

16. 尊重和保障教师权利。学校要依据《教师法》和相关法律法规的规定,进一步建立和完善教师聘任和管理制度,制定权利义务均衡、目标任务明确,具有可执行性的聘任合同,明确学校与教师的权利与义务,依法聘任教师,认真履行合同。要依法在教师聘用、职务评聘、继续教育、奖惩考核等方面建立完善的制度规范,保障教师享有各项合法权益和待遇。要充分尊重教师在教学、科研方面的专业权利,学术组织中教师代表的比例不低于1/2。要落实教师职业道德规范,强化师德建设,明确教师考核、监督与奖惩的规则与程序。

17. 建立健全学术自由的保障与监督机制。要依法建立健全保障师生的研究自由、学习自由和学术自由的体制、机制。健全学术评价制度,保障各种学术评价机构独立开展活动,建立公平、公正的学术评价标准和程序。要建立灵活的教学管理制度,鼓励、保护学生自主、自由地学习,形成有利于创造性人才成长的制度环境。要明确教师课堂教学的行为规则和基本要求,保障教师根据课程的有关要求,科学安排教学内容和方法,充分、正当地行使教学的专业自主权,提高课堂教学的质量与效果。要建立完善对违反学术规范、学术道德行为的认定程序和办法,维护良好的学术氛围。

18. 大力推进信息公开和办事公开。学校配置资源以及实施干部选拔任用、专业技术职务评聘、岗位聘任、学术评价和各种评优、选拔活动,要按照公开公正的原则,制定具体的实施规则,实现过程和结果的公开透明,接受利益相关方的监督。要按照《高等学校信息公开办法》以及中小学信息公开的规定,建立健全信息公开的机构、制度,落实公开的具体措施,保证教职工、学生、社会公众对学校重大事项、重要制度的知情权,重点公开经费使用、培养目标与课程设置、教育教学质量、招生就业、基本建设招投标、收费等社会关注的信息。要创新公开方式、丰富公开内容,建立有效的信息沟通渠道,使学生、家长以及教师对学校的意见、建议能够及时反映给学校领导、管理部门,并得到相应的反馈。学校面向师生提供管理或者服务的职能部门,要全面推进办事公开制度,公开办事依据、条件、要求、过程和结果,充分告知办事项目有关信息,并公开岗位职责、工作规范、监督渠道等内容,提供优质、高效、便利的服务。

六、健全学校权利救济和纠纷解决机制,有效化解矛盾纠纷

19. 依法健全校内纠纷解决机制。要把法治作为解决校内矛盾和冲突的基本方式,建立并综合运用信访、调解、申诉、仲裁等各种争议解决机制,依法妥善、便捷地处理学校内部各种利益纠纷。要特别注重和发挥基层调解组织、教职工代表大会、学生团体和法制工作机构在处理纠纷中的作用,建立公平公正的处理程序,将因人事处分、学术评价、教职工待遇、学籍管理等行为引发的纠纷,纳入不同的解决渠道,提高解决纠纷的效率和效果。要尊崇法律、尊重司法。对难以在校内完全解决的纠纷,应当按照法定程序,提交有关行政机关、仲裁机构、社会调解组织或者司法机关依法解决。对师生与学校发生的法律争议,学校应当积极应诉,认真落实法律文书要求学校履行的义务。

20. 完善教师学生权利救济制度。学校要设立教师申诉或者调解委员会,就教师因职责权利、职务评聘、年度考核、待遇及奖惩等,与学校及有关职能部门之间发生的纠纷,或者对学校管理制度、规范性文件提出的意见,及时进行调处,作出申诉结论或者调解意见。教师申诉或者调解委员会应当有广泛的代表性和权威性,成员应当经教职工代表大会认可。完善学生申诉机制。学

校应当建立相对独立的学生申诉处理机构,其人员组成、受理及处理规则,应当符合正当程序原则的要求,并允许学生聘请代理人参加申诉。学校处理教师、学生申诉或纠纷,应当建立并积极运用听证方式,保证处理程序的公开、公正。

21.健全安全管理及突发事件的应急处理机制。各级各类学校、幼儿园要根据学生的身心特点和认知能力,完善校园安全管理制度,落实对学生教育与管理的法定职责,健全学校安全事故、突发事件应急处理机制,切实保障学生、教师的人身权和财产权,维护学校秩序的稳定。要积极借助政府部门、社会力量、专业组织,构建学校安全风险管理体系,形成以校方责任险为核心的校园保险体制,建立学校安全风险管理制度、学生伤害事故调解制度,健全安全风险的事前预防、事后转移机制,建设平安、和谐校园。

七、深入开展法制宣传教育,形成浓厚的学校法治文化氛围

22.切实加强对学校领导干部、职能部门工作人员依法治校意识与能力的培养。学校管理者要带头增强学法尊法守法用法意识,牢固树立依法办学、依据章程自主管理、公平正义、服务大局、尊重师生合法权益的理念,自觉养成依法办事的习惯,切实提高运用法治思维和法治方式深化改革、推动发展、化解矛盾、维护稳定的能力,准确把握权利与义务、民主与法治、实体与程序、教育与惩戒的平衡,实现目的与手段的有机统一。学校领导任职前,主管教育行政部门应当以适当方式考察其掌握相关法律知识和依法治校理念的情况。学校要高度重视内部职能部门管理理念和方式的转变,切实提高职能部门工作人员依法、依章程办事,为师生服务的意识。

23.全面提高教师依法执教的意识与能力。要认真组织教师的法制宣传教育,在教师的入职培训、岗位培训中,明确法制教育的内容与学时,建立健全考核制度,重要的和新出台的教育法律、法规要实现教师全员培训。要围绕全面推进依法治校的要求,组织教师深入学习有关落实国家教育方针、规范办学行为、维护教师合法权益、保障教职工民主管理权的法律规定,明确教师的权利、义务与职责,切实提高广大教职员工依法实施教育教学活动、参与学校管理的能力。对专门从事法制教育教学的教师,要组织参加专门培训,提高其对法治理念、法律意识的理解与掌握程度。

24.加强和改善学生法制教育。认真落实教育系统普法规划的要求,开展好"法律进课堂"活动。中小学要将学生法治意识、法律素养,作为素质教育的重要内容,在学生综合素质评价中予以体现。要深入开展学生法制教育的

理论与实践研究,不断丰富法制教育的形式与内容,使学生通过课堂教学、主题活动、社会实践等多种方式,掌握法律知识,培养法治理念。要把法治文化作为校园文化建设的重要组成部分,将平等自由意识、权利义务观念、规则意识、契约精神等理念,渗透到学生行为规则、日常教学要求当中,凝练到学校校训或者办学传统、教育理念当中,营造体现法治精神的校园文化氛围。要适当加大对《儿童权利公约》、《残疾人权利公约》等我国签署加入的重要国际公约的宣传教育,培养学生建立对多元文化、少数人群和弱势人群权利的尊重与平等意识。

八、加强组织与考核,切实提高依法治校的能力与水平

25. 完善依法治校工作机制。学校要将依法治校纳入整体工作规划,明确学校领导班子、各级职能部门、工作岗位的职责,建立健全工作要求与目标考核机制。要将依法治校情况作为年度工作的专门内容,向教职工代表大会进行报告,并同时报送主管教育行政部门。高等学校应当设立或者指定专门机构、中小学应当指定专人负责学校法律事务、综合推进依法治校,有条件的学校,可以聘请专业机构或者人员作为法律顾问,协助学校处理法律事务。学校的法制工作机构或人员在学校的决策、管理过程中要发挥参谋和助手作用,对学校出台的有关管理措施、对外签订的合同、实施的改革方案等,要进行合法性评估、论证。

26. 健全依法治校考核评价机制。教育行政部门要把依法治校情况,作为对学校进行综合评估的重要方面,在对学校办学和管理评估考核中,更加突出依法治校综合考核的作用,减少对学校具体办学与管理活动的干扰。要完善校长选任和考核制度,把依法治校的情况,作为考核学校领导班子的重要指标,创新考核评价机制,采取多种途径听取师生和社会公众的意见。各级教育行政部门都要建立由法制工作机构或者其他综合部门牵头负责的推进依法治校工作机制,加强对学校依法治校工作的指导,健全学校领导依法治校能力培训和考核制度,采取有效措施,推动和鼓励学校积极实践、不断创新推进依法治校的制度、机制。

九、转变政府职能,加强对学校依法治校的保障

27. 切实转变对学校的行政管理方式。各级教育行政部门要大力推动依法治校工作,严格依法行政,按照法律规定的职责、权限与程序对学校进行管理,规范行政权力的行使。要切实转变管理学校的方式、手段,从具体的行政

管理转向依法监管、提供服务;切实落实和尊重学校办学自主权,减少过多、过细的直接管理活动。要主动协调其他有关部门为学校解决法律问题,保障学校的办学自主权和合法权益,积极开展校园及周边环境的治理工作,依法维护校园安全,为学校改革发展创造良好外部环境。

28. 依法建立健全对学校的监督和指导机制。教育行政部门要积极探索建立教育行政执法体制机制,健全行政执法责任制,提高行政执法能力,实现依法对学校办学与管理行为的监督和管理。要遵循法定职权与程序,积极运用行政指导、行政处罚、行政强制等手段,依法纠正学校的违法、违规行为,保障法律和国家政策有效实施。对公办学校实施违反国家法律和政策规定的行为,要依法健全对学校及其负责人的问责机制。要建立对学校办学与管理活动中违法行为的投诉、举报机制,引入社会监督和利益相关人的监督,进一步健全教师、学生的行政申诉制度,畅通师生权利的救济渠道,改革完善行政监管机制。要建立学校规章和重要制度的备案制度,及时纠正学校有悖法律规定和法治原则的规定。

29. 深入开展依法治校示范学校创建活动。推进依法治校要立足学校需求,结合实际、分类指导、示范引领。不同层次、不同类型的学校要根据本纲要,结合自身特点和需要,制定本校依法治校的具体办法。地方各级教育行政部门要及时总结在依法治校实践中形成的典型经验与成功做法,完善对不同层次、类型学校依法治校的具体要求,分类实施指导。要进一步完善依法治校示范学校的评价标准,将依法治校示范学校创建活动制度化、规范化,在国家和地方层面,开展依法治校示范学校创建活动,积极推广典型经验,推动各级各类学校依法治校水平的整体提高。

参考文献

一、著作

[1] 陶爱珠.世界一流大学研究[M].上海:上海交通大学出版社,1993.

[2] 刘捷.专业化:挑战21世纪的教师[M].北京:教育科学出版社,2002.

[3] [美]约翰·布鲁贝克.王承绪等译.高等教育哲学[M].杭州:浙江教育出版社,2001.

[4] 高强华.教师专业自主与学校教育[M].台北:台湾师范大学出版社,1997.

[5] 刘兴汉.我国台湾地区大学教师专业自主权之研究[M].台北:台湾书店,1993.

[6] [加]约翰·范德格拉夫.王承绪译.学术权利——七国高等教育管理体制比较[M].杭州:浙江教育出版社,2001.

[7] [美]刘易斯·科塞.郭方等译.理念人——一项社会学的考察[M].北京:中央编译出版社,2001.

[8] 洪小良主编.社会调查研究原理与方法[M].北京:华文出版社,2000.

[9] 顾建民.自由与责任:西方大学终身教职制度研究[M].浙江教育出版社,2007.

[10] 郭朝红.影响教师政策的中介组织[M].天津:天津教育出版社,2006.

[11] 曾天山.外国教育管理发展史略[M].北京:教育科学出版社,1995.

[12] 陈丹青.退步集续编[M].桂林:广西师范大学出版社,2007.

[13]赵大宇主编.政府与大学关系之研究[M].哈尔滨:黑龙江人民出版社,2003.

[14]张建邦.台湾六所大学官僚同僚政治管理模式之研究[M].台北:惊声文物供应公司,1982.

[15]张意忠.教授治学论[M].南昌:江西人民出版社,2008.

[16]王洪才.大学校长:角色·使命·选拔[M].上海:上海交通大学出版社,2010.

[17][美]克拉克·科尔.陈学飞等译.大学的功用[M].南昌:江西教育出版社,1993.

[18]傅道春、李彤.教师工作的动力与效能[M].哈尔滨:黑龙江教育出版社,2002.

二、学位论文

[1]季洪涛.论高校教师的法律地位及其权利保障[D].吉林大学硕士学位论文,2004.

[2]王为国."国小"教师专业自主——一所"国小"的个案研究[M/CD].台中师范学院初等教育研究所,1995.

[3]林彩岫."国民中学"教师专业自主性之研究[M/CD].台湾师范大学教育研究所,1987.

[4]李斯颖.学校场域中的教师权利[D].湖南师范大学硕士学位论文,2008.

[5]吴海燕.地方高校教师赋权问题研究[D].河北师范大学硕士学位论文,2010.

[6]陈保红.略论高校教师权利的实现[D].吉林大学硕士学位论文,2006.

[7]李艳.教师专业自主探究[D].江西师范大学硕士学位论文,2008.

[8]郭卉.权利诉求与大学治理——中国大学教师利益表达的制度运作[D].华中科技大学博士学位论文,2006.

[9]张博.聘任制下教师权益保障研究[D].华中科技大学硕士学位论文,2007.

[10]高军.我国大学教师学术评价制度研究[D].南京师范大学硕士学位论文,2008.

[11]高晓清.自由,大学理念的回归与重构[D].华东师范大学博士学位

论文,2003.

[12]朱峰博.美国大学教授协会研究[D].吉林大学硕士学位论文,2008.

[13]文晓红.美国高校教师集体谈判研究[D].华中师范大学硕士学位论文,2010.

[14]陈琛.美国大学终身教职制度研究[D].华中师范大学硕士学位论文,2007.

三、期刊论文

[1]鲁小彬.大学教师心理压力和困惑的调查与分析[J].复旦教育论坛,2005(4).

[2]张影.科层制下教师专业自主权的规约与寻求[J].沈阳教育学院学报,2009(2).

[3]熊华军.教师权利观及其法律救济:教师专业化发展的前提[J].医学教育探索,2004(4).

[4]张意忠.大学教授学术权利的调查与思考[J].辽宁教育研究,2007(2).

[5]陈小明、杜学元.关于学术权利弱化问题思考[J].当代教育论坛,2007(2).

[6]江雪梅、赵明录.影响大学教师学术自由的因素分析[J].高等教育研究,2005,26(2).

[7]潘懋元、罗丹.高校教师发展简论[J].高校教师发展简论,2007(1).

[8]马敬华.美、日教师专业发展之比较[J].辽宁教育行政学院学报,2005(3).

[9]张磊、孙有平.我国教师专业自主研究的现状与趋势[J].当代教育论坛,2007(3).

[10]马学斌.关于我国中学教师专业自主权之探讨[J].教育探讨,2004(4).

[11]林成堂.教师专业自主权研究的述评[J].浙江工贸职业技术学院学报,2006(2).

[12]姚计海、钱美华.国外教师自主研究述评[J].外国教育研究,2004,31(9).

[13]王振宏.国外教师效能研究述评[J].心理学动态,2001(2).

[14]林杰.普通高校教师对高校现行制度安排满意度的分析[J].教育学

报,2009(3).

[15] 张应强.学校管理中的学术权利与行政权利[J].海军学校教育,2003(6).

[16] 周光礼.在控权与管理之间:中国高等教育行政的法理学取向[J].现代大学教育,2003(2).

[17] 谢海定.作为法律权利的学术自由权[J].中国法学,2005(6).

[18] 王玉伟.论高校教师专业权利[J].煤炭高等教育,2008(4).

[19] 吴小贻.教师专业自主权的解读及实现[J].教育研究,2006(7).

[20] 孙健.浅析大学学术自由及其实现条件[J].前沿,2004(1).

[21] 徐敏.专业自主权:从应有权利到现实权利的转化[J].集美大学学报,2009(3).

[22] 宋宏福.论教师专业自主权[J].中学教师培训,2004(3).

[23] 熊丙奇.四大问题困扰我国高校人事制度改革[J].中国改革,2006(11).

[24] 王洪才.去"行政化"与"纪宝成难题"求解[J].高等理科教育,2011(2).

[25] 王洪才.现代大学制度的内涵及其规定性[J].教育发展研究,2005(11).

[26] 贺春华.高校人事制度改革浅论[J].北京理工大学学报,2004(6).

[27] 刘剑虹.转型期大学人事制度改革的过渡性特征与制度重构[J].中国大学师资,2004(2).

[28] 王洪才.论大学内部治理模式与中位原则[J].江苏高教,2008(1).

[29] 王洪才.论现代大学制度的雏形[J].中国高等教育,2007(2).

[30] 沈文钦.美国联邦最高法院的学术自由判例及其法律意涵[J].比较教育研究,2007(1).

[31] 杨凤英,毛祖桓.美国高校教师权利的维护——以美国大学教授协会活动为例[J].比较教育研究,2008(2).

[32] 李子江.美国大学集体谈判制度的形成与发展[J].比较教育研究,2006(3).

[33] 陈芳.美国大学教师学术自由权利保障的制度分析[J].高教研究,2008(3).

[34] 张正峰.论西方大学教授权利实现的途径[J].理工高教研究,2008(5).

[35]陈芳、程红.美国大学教师学术自由权利法律保障探悉[J].福建论坛(社科教育版),2008(6).

[36]李子江.论美国学术自由的组织与制度保障——AAUP及其关于学术自由和终身职的原则声明[J].比较教育研究,2003(10).

[37]王保星、张斌贤."大学教师终身教职"的存废之争——美国大学教师学术自由权利保障的制度分析[J].教育研究,2004(9).

[38]王保星.美国大学教师的学术自由权利:历史的视角[J].高等教育研究,2004(6).

[39]谢安邦、阎光才.高校的权利结构与权利结构的调整[J].高等教育研究,1998(2).

四、网站

[1]搜狐网.国家中长期教育改革和发展规划纲要[EB/OL].http://news.sohu.com/20100729/n273862554.shtml,2010-07-29.

[2]中国教育和科研计算机网.中华人民共和国教师法[EB/OL].http://www.edu.cn/20010907/3000610.shtml,2001-09-07.

[3]复旦大学论坛.大学教师的权利如何保障[EB/OL].http://sh.xy.club.sohu.com/r-143513969-68279-0-1-900.html,2010-03-26.

[4]王保星、张斌贤.大学教师终身教职"的存废之争——美国大学教师学术自由权利保障的制度分析[EB/OL].http://paper.dic123.com/paper_34308721//,2010-04-28.

[5]中山大学(台湾).e-Thesys分享式学位论文共建共享计划网站[EB/OL].http://ethesys.lib.nsysu.edu.tw/link.shtml,2010-12-08.

[6]湖南大学经贸学院.高校教师薪酬现状调查问卷[EB/OL].http://www.diaochapai.com/fba5881a-9daa-4ec0-ba18-b4ba9b0a6381,2010-10-28.

[7]高校招生网.浙大哲学系2011年仅三名本科生毕业[EB/OL].http://www.yuloo.com/gxzs/news/2011/698075.shtml,2011-09-01.

[8]南方都市报.陈丹青辞职事件始末[EB/OL].http://news.163.com/05/0419/13/1HN34OAH0001122D.html,2005-04-19.豆瓣社区.[转]

[9]陈丹青的辞职[EB/OL].http://www.douban.com/group/topic/12562368/,2010-07-08.

[10]百度文库.陈丹青辞职报告[EB/OL].http://wenku.baidu.com/

view/db9b2ce79b89680203d82507.html,2005-04-02.

[11] 中华人民共和国中央人民政府门户网站. 国家中长期教育改革和发展规划纲要(2010-2020年)[EB/OL]. http://www.gov.cn/jrzg/2010-07/29/content_1667143.htm 2010-07-29.

[12] 中国教育和科研计算机网. 教育部关于印发《全面推进依法治校实施纲要》的通知[EB/OL]. http://teacher.eol.cn/teacher_news_10922/20130117/t20130117_894760.shtml 2013-01-17.

五、外文文献

[1] Philo A. Hutcheson. A Professional Professoriate Unionization, Bureaucratization, and AAUP[M]. Nashville: VanderbiltUniversity Press, 2000, 67: 136-137, 169, 169-170.

[2] AAUP 1966 Statementon Government of Colleges and Universities. In Louis Joughin Ed. Academic Freedom and Tenure: A Handbook of the American Association of University Professors[M]. The University of Wisconsin Press, 1967: 90-101.

[3] Pearson L. C., Hall B. W. Initial Construct Validaton of the Teaching Autonomy Scale[J]. Journal of Education Research, 1993, 86(3): 172-178.

[4] Scott P. A., Valimali Metal. Autonomy, Privacy and Informed Consent 1: Concepts and Definitions[J]. British Journal of Nursing. 2003, 12(1): 43-47.

[5] Rodgers D. B., Leslie A. L. Tension, Struggle, Crowth, Change: Automomy in Education[J]. Childhood Education. 2002, 78(5): 30-31.

[6] Trainor, Joseph C. Education Reform in Occupied Japan: Trainer's Memoir[M]. Meisei University Press, 1983.

六、辞书

[1] L. W. Anderson (ed). International Encyclopedia of Teaching and Teacher Education[S]. New York: Pergamon, 1995.

[2][英]A. S. 霍恩比. 牛津高阶英汉双解词典(第7版)(Oxford Advanced Learner's English-Chinese Dictionary)[S]. 北京: 商务印书馆, 2009.

七、报纸文章

[1] 佘峥. 厦大"头脑风暴"吹向全球[N]. 厦门日报, 2013-06-19.

后　　记

　　这本书是在我的博士论文基础上完成的。从 2009 年开始酝酿到 2011 年完成博士毕业论文，再到 2013 年形成书稿，历时数年，终于完成了！实现大学教师的专业自主权是一个非常复杂的问题，进行实证调查和数据分析亦非我所长。斗胆以此为题，对我来说实乃极大挑战，也是最好的学术锻炼。回想文稿写作，从选题时的彷徨到设计问卷时的苦思冥想，从发放问卷时的奔波与尴尬到分析数据时边做边学的摸索，从写作时的不分昼夜到书稿终于完成时的感慨万千，这是一个痛并快乐的过程，带给我极大的成长！

　　"饮其流时思其源，成吾学时念吾师。"得遇良师，是人生最大的幸运！从论文到书稿，离不开我生命中重要的两位恩师。论文的完成倾注了我的博导王洪才教授大量的心血，从选题到调研、收集材料，再到开题、写作和修改，都离不开导师的悉心指导。无论工作多忙，他都及时给予论文反馈，字斟句酌，反复推敲，即使标点符号，都一一标注出来，这种严谨治学的精神让我感动不已，受益匪浅。

　　感谢我的硕导吴温暖教授，为了保障我顺利完成学业，三年来恩师在工作上、学习上提供了大量的帮助。论文写好后他又鼓励我出版成书，书稿也是在他的积极帮助和资助之下得以出版的。

　　两位恩师都是治学严谨、学识渊博的严师，对我提出严格的学术要求，让我在踮起脚实现目标的过程中，体会到知识的魅力和思考的喜悦，教导我学会独立思考。在严格的要求后面是他们的热血心肠和对学生的无限关爱，他们不仅关注我的学术成长，更关心我的心灵成长，教导我在做学问中学做人，并以自身正直无私的品质、敏捷的思维、乐观向上的生活态度、诚实待人的作风深深地感染着我。

　　感谢帮助我完成此书的每一位朋友！厦门大学徐雅芬教授、洪虹老师、吴文绮老师、杜海林老师、周檩老师、杨呤老师、黄俊凌老师、陈金凤老师,集美大学的王华建老师、邹小琴老师,福建师范大学的桂肖燕老师、王伟宜老师,福州大学的张艺腾老师、肖曦老师,福建医科大学的江琴老师,漳州师院的杨君玉老师、王卓亮老师、陈文婷老师,闽江学院的蔡虹艳老师,在你们的帮助下,问卷才得以顺利发放并保障了问卷质量。感谢我的同事邵贵文老师、陈小伟同学、刘自团同学、高燕同学和陈娟师妹在实证调查方法上给予我的帮助和指导。感谢江利、李青合、周兴国、赵琳琳和向桂君等师弟妹们帮助校对文稿。感谢李皓老师、彭荣础老师对于问卷设计提供的宝贵建议。感谢所有接受我访谈、回答问卷的老师。书稿的完成离不开大家的关心与帮助!感谢厦门大学出版社和诸位编辑,我人生的第一本书能在这么好的平台出版是我的荣幸。

最后,感谢我的父母对我始终如一的支持和无私的爱,正是由于你们无微不至的关心和鼓励,使我坚定信心克服困难,顺利完成人生的第一本书!

谢素蓉
2013 年 9 月 26 日于厦门大学凌峰

图书在版编目(CIP)数据

权利与诉求:大学教师专业自主权实证研究/谢素蓉著. —厦门:厦门大学出版社,2014.10
ISBN 978-7-5615-5170-7

Ⅰ.①权… Ⅱ.①谢… Ⅲ.①高等学校-教师-专业设置-研究 Ⅳ.①G645.1

中国版本图书馆 CIP 数据核字(2014)第 159785 号

官方合作网络销售商:

厦门大学出版社出版发行

(地址:厦门市软件园二期望海路 39 号　邮编:361008)
总 编 办 电话:0592-2182177　传真:0592-2181253
营销中心电话:0592-2184458　传真:0592-2181365
网址:http://www.xmupress.com
邮箱:xmup @ xmupress.com

厦门集大印刷厂印刷

2014 年 10 月第 1 版　2014 年 10 月第 1 次印刷
开本:720×970　1/16　印张:15.5　插页:2
字数:270 千字
定价:45.00 元

本书如有印装质量问题请直接寄承印厂调换